[清华启迪创新译丛]

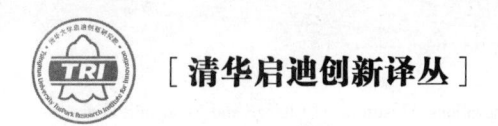

# 社会创新、制度变迁与经济绩效
## 产业、区域和社会的结构调整过程探索

［芬兰］蒂莫·J.海迈莱伊宁
［芬兰］里斯托·海斯卡拉　编著
清华大学启迪创新研究院　组织编译

**社会创新**的前沿研究
结构调整**典型案例**解读
创新决策者**必读之作**

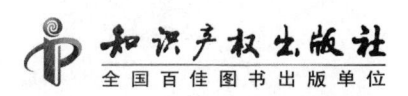

知识产权出版社
全国百佳图书出版单位

Translation from the English Language edition: "Social Innovations, Institutional Change and Economic Performances: Making Sense of Structural Adjustment Processes in Industrial Sectors" by Timo J. Hamalainen & Risto Heiskala.
ⓒ Sitra, the Finnish Innovation Fund 2007
All rights Reserved

责任编辑：段红梅　范红延　　　　　责任出版：卢运霞
执行编辑：王伟男　　　　　　　　　　封面设计：张　冀

## 图书在版编目（CIP）数据

社会创新、制度变迁与经济绩效——产业、区域和社会的结构调整过程探索／（芬）海迈莱伊宁（Hamalainen, T. J.），（芬）海斯卡拉（Heiskala, R.）编著；清华大学启迪创新研究院组织编译.—北京：知识产权出版社，2011.9
书名原文：Social Innovations, Institutional Change and Economic Performance
ISBN 978-7-5130-0813-6

Ⅰ.①社…　Ⅱ.①海…②海…③清…　Ⅲ.①社会制度-变迁-影响-经济绩效：文集②经济制度-变迁-影响-经济绩效-文集　Ⅳ.①F014.9-53

中国版本图书馆 CIP 数据核字（2011）第 192173 号

社会创新、制度变迁与经济绩效——产业、区域和社会的结构调整过程探索
〔芬兰〕蒂莫·J.海迈莱伊宁
〔芬兰〕里斯托·海斯卡拉　　编著
清华大学启迪创新研究院　　组织编译

---

| 出版发行 | 知识产权出版社 | | |
|---|---|---|---|
| 社　　址 | 北京市海淀区马甸南村1号 | 邮　　编 | 100088 |
| 网　　址 | http://www.ipph.com | 邮　　箱 | bjb@cnipr.com |
| 发行电话 | 010-82000860 转 8101/8102 | 传　　真 | 010-82000893/82000733 |
| 责编电话 | 010-82000860 转 8119 | 责编邮箱 | duanhongmei@cnipr.com |
| 印　　刷 | 北京富生印刷厂 | 经　　销 | 新华书店及相关销售网点 |
| 开　　本 | 720mm×960mm　1/16 | 印　　张 | 18.75 |
| 版　　次 | 2011年9月第1版 | 印　　次 | 2011年9月第1次印刷 |
| 字　　数 | 300千字 | 定　　价 | 45.00元 |
| 京权图字：01-2011-3055 | | | |
| ISBN 978-7-5130-0813-6/F·456　（3727） | | | |

出版权专有　侵权必究
如有印装质量问题，本社负责调换。

# 《清华启迪创新译丛》 编辑委员会

顾　问：
　　华建敏　张玉台　顾秉林　赵凤桐　徐冠华　陈清泰　王大中
　　吴敬琏　钱颖一　柳传志　李开复

主　任：
　　徐井宏

副主任：
　　秦　君　张红敏

委　员：
　　曹　新（中共中央党校教授、博士生导师）
　　程　萍（国家行政学院研究员）
　　段培君（中共中央党校教授、博士生导师）
　　方竹兰（中国人民大学经济学院教授、博士生导师）
　　高　建（清华大学经济管理学院教授、博士生导师）
　　高世楫（国务院发展研究中心研究员）
　　胡　钰（科技日报社理论部主任）

胡为雄　（中共中央党校教授、博士生导师）

柳卸林　（中国科学院教授、博士生导师）

苏　竣　（清华大学公共管理学院教授、博士生导师）

王大洲　（中国科学院教授）

王建民　（北京师范大学管理学院教授、博士生导师）

肖广岭　（清华大学人文社会学院教授、博士生导师）

肖显静　（中国科学院教授、博士生导师）

曾国屏　（清华大学人文社会学院教授、博士生导师）

# 《清华启迪创新译丛》总序

**清华大学启迪创新研究院**

"创新"是当今社会使用最频繁的词汇之一,然而提出"创新"的概念还要追溯到一个世纪前。1912年美籍奥地利人约瑟夫·阿洛伊斯·熊彼特在其出版的《经济发展理论》一书中,提出了创新的概念。按照熊彼特的观点和分析,创新就是建立一种新的生产函数,把一种从来没有过的关于生产要素和生产条件的新组合引入生产体系。熊彼特非常重视企业家在创新中的作用。他认为,企业家的职能就是实现创新,引进新组合。

哈佛商学院商学历史系教授托马斯·K.麦克罗对熊彼特赞赏有加。他认为,如果凯恩斯是20世纪最重要的经济学家,那么熊彼特将是21世纪最重要的经济学家。创新经济学之门被开启之后,其研究也日益精致和专门化。在创新研究领域,英美及其他欧洲国家远领先于国内。国外已涌现出一批创新经济学的研究者,例如纳尔逊(Nelson)、罗森博格(Rosenberg)、曼斯菲尔德(Mansfield)、多西(Dosi)、罗斯韦尔(Rothwell)、弗里曼(Freeman)、苏特(Soete)、波维特(Pavitt),等等。值得欣喜的是,国内一些著名大学和研究机构越来越重视创新领域的研究,不少学者及其研究团队已经完成了一批颇有影响的成果。

当前,肆虐的全球金融危机依然存在,能否实现像人类历史演进实践多次证明的那样,每一次危机之后,都伴随着科技的突飞猛进和新兴产业的成功孕育,值得期待。国际上，世界范围内生产力、生产方式、生活方式、经济社会发展格局正在发生深刻变革。世界主要经济大国也都在对自身经济发展进行战略筹划，纷纷把新能源、新材料、信息网络、生物医药、节能环保、低碳技术、绿色经济等领域作为新一轮产业发展的重点，期待借此走出危机的阴霾。在我国，经济发展方式转变更是迫在眉睫，能源短缺、生态环境恶化、收入差距扩大等经济社会问题考验着中国的可持续发展。借助于创新，突破经济发展中资源制约、摆脱制度掣肘已成国人的共识。能否顺利转型，更值得期待。

因此，将国际上创新研究的经典著作以及最新研究文献引入国内是一件非常有价值的工作。本着"传播创新思想，弘扬创新文化，推进创新研究，推广创新经验，提升创新能力"的共同目标，清华大学启迪创新研究院和知识产权出版社一拍即合，推出《清华启迪创新译丛》。组织一批知名专家学者，选择国际上创新研究领域的经典及研究前沿著作，译介至国内，以飨读者。

# 序　制度和社会创新

W. 理查德·斯科特（W. Richard. Scott）

再次重申，制度意义重大！经过了数十年的否认、忽视和误解——横跨20世纪的数十年间，它先后被冠以行为主义、个人主义和新古典主义经济学的标签——社会学家再次发现了制度在社会生活中发挥的关键作用。社会科学领域的学者——人类学家、经济学家、社会历史学家、管理学家、政治学家和社会学家——正在重提制度主义的理论观点。人们再次捧起科斯（Coase）、康芒斯（Commons）、涂尔干（Durkheim）、马克思（Marx）、韦伯（Weber）和凡勃伦（Veblen）的著作，重拾并发展了他们的深刻见解。制度的研究方法正在形成，从组、群到组织、组织群、组织域、行业、社会和跨国组织等所有分析层面审视社会过程和社会结构。

虽然制度的含义深远，在过去的20年间，人们对制度的研究兴趣和关注点更多地集中在宏观层面。在全球化热潮的推动下，国际贸易和经济相互依存的快速升级广受关注。大家仿佛都在谈论全球化。一些人说，所有人都受困于"失控的世界"当中，被迫坐上一列无人驾驶列车，在自由市场、弱化的国家边界和技术革新的助推下飞速奔驰。的确如此。我们所生活的世界越来越相互依赖，但是我本人及本书的编著者们都认为能够对其加以分析和干预。

正如纪廉（Guillén）所提示的（2001b），全球化时日已久，在这段漫长岁月里，不断有人试图提出有效的基本概念来解释和指导现代化和全球化过程，而我们刚刚才加入这些人的行列。此前有影响力的研究方法包括现代化理论（Rostow, 1960）、依存理论（Evans, 1979）、世界体系理论（Wallerstein, 1974）、后工业化理论（Gershenkron, 1962）和新古典主义理论（Leff, 1978）。相对于这些早期的理论，制度主义的研究方法❶具有一些重要的优势：

- 避免了对现代化过程和经济发展的绝对化和单一化视角；
- 鼓励在组织、行业或社会层面对制度种类的具体内容加以认真关注；❷
- 支持对多层次制度过程的复杂互动加以关注；
- 发现正在进行中的全球化不仅导致了结构和活动的趋同，也推动了多样化和创新。

## 制度的基本要素

当代制度主义理论或称为新制度主义理论发轫于上世纪七十年代，代表著作有伯杰（Berger）和卢克曼（Luckmann, 1967）、迪马乔（DiMaggio）和鲍威尔（Powell, 1983）、迈耶（Meyer）和斯科特（Scott, 1983）、莫（Moe, 1984）和威廉森（Willamson, 1985）等人的论著。从那时起至今，广泛的实证研究推动了理论的大发展，令制度主义理论成为社会科学内最具有活力的理论阵地之一。成长和进步显而易见，但是如何定义制度依然众说纷纭——可参见布尔迪厄（Bourdieu）和华康德（Wacquant, 1992）、坎贝尔（Campbell, 2004）、霍尔（Hall）和索斯吉斯（Soskice, 2001）、尼（Nee, 2005）、诺思（North, 1990, 2005）、奥斯特罗姆（Ostrom, 1990）、彼得斯（Peters, 1999）和皮尔逊（Pierson, 2004）等人的著作以窥一斑。所以，我提出自己对制度的定义也就不足为奇了：

---

❶ 当然，一些前辈的研究确实很重要，比如韦伯（1968年译自1924年本）、吉尔茨（Geertz, 1963）、多尔（Dore, 1973）等的研究。

❷ 近两个世纪前的瑞士历史学家、经济学家西斯蒙第（Simonde Sismondi, 1837: iv）认为：" 我相信，人们陷入了一个非常严重的错误，那就是总是希望归纳跟社会科学有关的一切。与之相反，很有必要来具体的研究人类的情况。人必须从一个具体的时期、具体的国家和具体的职业的角度来清楚地观察人为何物以及制度是如何作用于人类的。"

制度是一种具有高弹性的社会结构，由文化认知、准则和法令规章三个要素组成，并与活动和资源相联系，为社会生活提供稳定性和规则。

很幸运，基于当前的目的，这一概念已经被本书的编者们广泛地接受。

我的定义与同类定义在某些领域存在不同：

- 相对于其他定义，更重视文化认知——共同的信念、前提、组织模板和计划。相对于利益或责任，思想的主要性作为重要的主题贯穿本书各章。

- 强调组织是多层次的结构，强调符号的作用，但是坚持认为制度只在与社会活动、社会关系和物质资源联系起来并由他们反映出来才有意义。

- 强调法令规章、准则和文化认知三种不同要素的存在和关联具有差别：为规则和秩序提供了不同的基础；与不同的社会逻辑相联系；依靠不同的机制；由不同的指标确认；提供合法性的不同内容（参见表3.1）。

- 认为特定的制度体系对某些要素的依赖程度高于其他，并且（或者）随着时间的推移，要素的重要性也出现变化（参见 Hoffman，1997）。

- 借用吉登斯（Giddens）"结构化理论"（1979、1984），制度在转移和限制某些结构和行为的同时，也在支持和强化它们。

学者们对有关制度的众多争论源于各自对制度要素的不同关注点。强调法令规章的学者们——主要是经济学家和主张理性选择的政治学家——比较关心研究和设计。法令规章比较形式化、明确化，更容易设计和制定。重点放在明确的法令规章、奖惩机制的管控以及监督的重要性（North，1990；Williamson，1975，1985）。不过，规章和惩罚虽然更容易管控，收效更快，但内容也可能缺乏深度，效果难以持久（Roland，2004）。行为主体与制度"博弈"的可能性更大，以至于行为按照迈耶（Meyer）和罗恩（Rowan，1977）所描述的情况，与规章和正规结构脱钩。除非其他要素给予支持，否则依赖法令规章可能导致浅层的一致性和脆弱的稳定性。

重点关注准则的学者们——特别是社会学家和政治学领域的历史制度主义者或规范制度主义者——比较关心社会经济行为的内嵌（embeddedness）（Granovetter，1985；Peters，1999,：chap. 2）。行为主体并不被视为理性的权衡者，而是当做极度关心自己与外人的关系以及自身与义务（即身份）之间关系的社会人。他人的反应强化了行为范式，却被行为主体所内化。很多行为并不对"工具性"（instrumental）逻辑起反应，而是对"适当性"（appropriteness）逻辑起反应（March and Olsen, 1989）。行为主体和特定局势要求之间的非正式关系往往胜过狭义的利己主义或功利主义。

而那些强调文化认知的学者——主要是文化人类学家、社会学家和组织理论学家——关注的则是更深的层次，包括世界本质的大众观念（文化框架）和因果关系（社会逻辑）。这些观念是"文化的"，因为它们为形成个人看法和决定提供了重要的模板。它们提供了"思想的软件"作为我们"理性"选择的基础（Hofstede, 1991）。一些观念和逻辑是外在的、易于从思想上控制——把文化当成"工具箱"（Swidler, 1986），另一些则根深蒂固——把文化当做世界的既定概念（Berger and Luckmann, 1967）。后者必然不会很快改变。❶

## 制度改革

制度作为社会秩序和社会稳定的基本源长久以来都是社会学家的兴趣点，但是，最近数十年间，制度改革的起因得到了越来越多的关注。最初，人们假设，要想改变制度，就必须依靠外部力量——不可抗拒的自然力、战争、经济动荡或者科技突破——来打破其内部平衡。这些外部力量当然是存在的。但是，进一步的反思则令大多数学者转而相信，完全依靠或者主要依靠外部力量的想法过于简单：制度改革很大程度上依赖内部力量。下列理论发展指导了这种认识。

首先，吉登斯（1979，1984）有关结构化理论的开创性著作提醒我们，所有的社会结构——包括制度结构——都是由社会行为主体建构起来的❷。社会结构既是社会行为的前提也是社会行为的产物。所有的社会行为发生在既有的社会结构之内，受其

---

❶ 关于制度因素更广泛的讨论请参见 Scott（2001），第3~4章。
❷ 吉登斯（1984：24）把制度定义为"社会生活的更持久的特性……使得社会系统具有超越时间和空间的固态性质"。

支持和制约；社会行为或者复制既有的社会结构，或者引起既有社会结构的改变。将新的要素引入既有社会结构的能力被称为"中介"（agency）（DiMaggio, 1988; Emirbayer and Mische, 1998）。所涉及的行为主体或是个体或是集体。组织可以选择很多不同的方式回应制度，不仅仅是顺从，也可以战略性地妥协、操控和公开反对，奥利弗（Oliver）（1991）是最早几个指出这一事实的人。制度力量可以以自上而下的方式进行，如上层体系对下层单位施加一致性。这当中也存在着个体或组织对此进行抵制或挑战的"自下而上"的过程，从而向可利用的要素群引入新的模式和逻辑（Scott, 2001）。制度力量并非单向的、形式固定的，而是互动的双向过程。

其次，制度并非单一的一元化体系。弗里德兰（Friedland）和奥尔福德（Alford）从宏观层面指出（1991：232），制度包括可能互相矛盾的群体，这些群体向个体和组织提供多样性逻辑。个体和组织利用这些矛盾来改变社会的制度关系。例如，与亲属系统相关的观念和行为模式就与那些控制经济活动的观念和行为模式相矛盾。经济逻辑与政治逻辑关注不同的利益或价值。即使在单一的制度体系内——在行业层次或组织场域层次，也可能存在矛盾对立。这是因为：

- 无秩序的存在：长时间对秩序、结构和义务的侵蚀（Zucker, 1988）。
- 一般原则和具体状况的差距，宏观和微观层次之间的鸿沟或者不符（Sjöstrand, 1995）。
- 制度要素——规则、范式、信仰——的错位，例如对某个要素的关注引导着重要的个体和组织（Soott, 2001）。

最后，相比于其他观点，新制度主义更加承认思想在社会生活中所发挥的重要独立作用。著名的经济学家约翰·凯恩斯（John Keynes）也对此表示认可。在《通论》的最后一段，他这样写道：

有一些经济学家和政治哲学家的想法，不管是正确还是错误，都比普遍人的理解更加有力。而世界的确是由少数人统治的。一些务实主义者认为自己不受任何思想的影响，往往沦为某个已故的经济学家的奴隶。

试图解释或指挥制度变化的人——学者和政策提倡者，一般都重视利益的变更。

虽然思想是利益形成的基础和发展的规范，但思想和利益截然不同。坎贝尔详细说明了思想进入有关社会变革的政治决策过程的各种方式。在这些重要的思想中，就有那些提供了深植于既定前提的假设：广泛共有的行为模式和公众态度，诸如指导并限制选择的国民文化和文化范式。在前台的则是那些被用于为决策正名的文化模式，以及为解决这些问题提供具体指导原则的项目。执行这项工作的行为主体类型各异，从理论家和专业人士（如政客、竞选策划人）到舆论导向专家等定性专家，从媒体代表和顾问等载体，到代理人，即连接对话不同社会领域的中间方。

人们已经越发认识到，思想从一个领域向另一个领域传播的过程中，并非简单地传播普及，而是经过了编辑和翻译的过程（Czarniawska and Joerges, 1996; Sahlin-Andersson, 1996; Westney, 1987）。斯特朗（Strang）和迈耶研究发现，行为和结构要想普及，就必须进行理论化。"理论化就是指抽象分类的发展和细化以及因果关系链等关系模式的形成。这些条件下，我们认为，现在发生的就是对一些既有行为的完全复制。"

此外，思想传播的机制或者载体范围很广。我已经指出，载体形式各异，可能是符号系统（如那些通过大众媒体传播的思想），可能是理性系统（包括单个行为主体和群体行为主体通过联系和人类活动所进行的互动），可能是习惯（如规程和标准作业流程），可能是人工制品（包括工具和技术）（Scott, 2001, 2003）。我们必须承认，载体并无中立的传播者。正如阿伯内西（Abernethy, 2000）所论证的那样，新思想到底是随着侵略者的刺刀而到来，还是经由游商引入，还是随着传教士的福音传入，存在着明显的区别。

## 社会创新

本书的编著者们将主要精力集中在制度在新思想、新社会结构产生的过程中扮演的角色这一根本性难题。针对这一问题，制度学派基本分成两大阵营，他们之间的分歧自然反映在本书各章之中。一种观点被称为"制度的积极理论"（DiMaggio and Powell, 1991: 5–6），或者称为"以行为主体为中心的功能主义理论"（Pierson,

2004：104），主要以主张理性选择的经济学家和政治学家的研究成果为基础（Moe, 1984；Williamson 1981）。这些学者提出了有限理想、功利最大化的行为主体的概念，但是承认选择和行为在制度环境下发生。重点是制度的规范部分：制度是一个规则系统，通过运用制约手段即奖惩制度来限制行为。这个理论认为，行为主体建立了一个特定的制度，期待着这一制度将能够服务于那些实施这一制度的人的利益。因此，意图和权力的问题密切相关。

主张理性选择的制度学派学者已经为众多制度设计提供了解释，从组织和议会内部的激励和控制机制的构成，到行业管理政策的制定，再到国家和国际制度的建设（Shepsle, 1989；Williamson, 1985；Young, 1986）。这一工作为严谨的推理提供了坚实的基础，并引起了经济学家和政治学家的关注，让他们关注制度框架在经济和政治变革当中发挥的重要作用。但是，其充满疑问的假设也禁不起推敲，很多都在保罗·皮尔森（Paul Pierson）在其对制度设计局限性的深入批判中有所强调。简要地讲，皮尔森指出：

*行为主体可能发挥作用，具有远见，但是如此多样的目标令设计者的选择不会轻易地演化出制度性功能。行为主体在这种情况下可能不会发生作用。或者，他们发挥了作用，但却毫无远见。也许，最重要的是，他们实际上有一个能够发挥作用且有远见的目标，但是主要的制度性效果却是无意识的。最终，行为主体可能做出理性选择。但是做出选择，广义社会环境的变化以及（或者）行为主体本身特点的变化（例如他们的选择）可能明显地恶化行为主体和制度性安排的匹配关系（2004：108）。*

制度建设的第二个观点——这一观点与我的看法相一致——主要与社会学学者和组织学学者有关系。它强调行为主体理性的局限性，进而强调制度设计理性的有限性。这个观点较难总结，因为它更加松散，更加复杂，还有些凌乱。它将关注的重点从制度的法令规章层面转向规范层面和文化认知层面。制度的确制约着行为主体和行为，但是也构成行为主体和行为。制度框架和理念成为建构某种单个行为主体（资本家、企业家、政治家）或集体行为主体（行会、教会和公司）模式的基石。

*存在于法律、社会科学、习俗、语言、认识论以及其他社会文化基础中的制度规*

则令行为主体和行为之间的关系更加紧凑，而非凌乱无章。行为主体在能力范围内尽力活动，行为内容与行为主体本身的社会学定义相一致（Meyer et al.，1987：22）。

反观"理性的选择"，通常既不理性也非选择，而是执行由行为主体的身份和局势的要求所召唤出的现成脚本——或者是其他脚本的一个选段。

因此，要想理解创新和社会创造的源泉，而非找寻个体的特点，许多研究创业精神的当代学者反而强调语境的重要性。创业精神这个词传达了过多的意图和个性，以至于顽固的社会制度学者们不能接受。但是如果不理解成一种特征，而是作为一套推动变革的行为，那么这个词就能融入我们的话语当中。有必要说，行为主体拥有更大的选择能力和创新能力。制度的母本越复杂，就会出现越多的矛盾对立，行为主体能使用的物质也就越多。制度能够不限制行为主体而是赋予行为主体力量，这就是几种方式之一。

萨奇曼（Suchman）及其同事（2001）指出了与创业相关的三种文化过程：传播、重组和理解。

传播将既有模型引入了新领域。这个过程中，创业精神仅仅意味着在进行新尝试时模仿某一领域的组织结构。重组则更进一步，从既有的标准化部分中创建新的组织。最后，理解是建构性创业精神中最极端的部分，涉及建设全新的文化描述，强调意外的异常状况（2001：355）。

需要注意的是，前两个过程尽管牵涉新的环境或新的组合，却仅仅是执行既有的模型，而不是创造新的模型。正如迈耶（Meyer）和罗恩所指出的，在当代社会中，社会环境当中遍地都是"搭建组织的材料"，只要花费少许气力，便能将其组装成一个结构。

更加普遍的是，许多学者的经验研究都支持这样一个结论，即"创业精神是集体行为"（Schoonhoven and Romanelli，2001：387）。创业精神是由个体组成的团队集体协作创造新的组织，而非个人单打独斗，这些团队一般都在既有的同仁网络中形成。它们对于新的行业或组织性人口的形成往往更加重要。只有集体的努力才能合理创造出必要的规则、规范和文化认知，支撑新的行业或领域（Aldrich and Fiol，

1994)。

众所周知,制度性框架一旦创立就会得以延续。典型模式一旦形成,可能就在同样的框架下迅速发展。这就是被我们称为"路径依赖"(path dependents)的过程(David, 2000)。不同社会的发展条件和发展速度不同,因此,每个社会或多或少都呈现出不同的制度安排。这种制度的母本构成了"国家创新能力"(Murmann and Tushman, 2001: 181; Nelson, 1993)。

当前,有关全球化的长期影响在学者当中引起热议。❶一些人认为全球化将在国家和组织形式(如公司)当中不断趋同。新自由主义经济学家和政治学家断言金融资本所释放出的竞争力将迫使这些机构采取效果最好、效率最高(因此也相似)的制度(Mckenzie and Lee, 1991; Ohmae, 1990)。一些制度学者,例如约翰·迈耶(John Meyer)及其同事已经记录了引导国家和企业的、至少表面上接受相似结构的理性框架的同质化效果(Drori et al. 2006; Meyer and Hannan, 1979)。

但是,还有大量学者,包括很多制度学派学者,坚持认为,趋异化——分歧的存在和强化——既是全球化的预料结果也是实际结果。他们指向了国家和社会经济社会结构当中依然存在的基本分歧(Hall and Soskice, 2001),指向了国家政策文化中依然存在的分歧(Dobbin, 1994),指向了经济组织的前提以及建构经济系统的不同"配方"(recipe)之间依然存在的分歧(Orrù, Biggart and Hamilton, 1997; Whitley, 1992),指向了不同国家和产业面对"相同"的全球化竞争压力所做出的不同战略反应(Guillén, 2001b)。针对全球化如何影响国家和组织的争鸣还远未结束。确实,这些过程本身尚未结束,但是可以这样总结,在国家和行业层面,本书的主要编撰者看到更多的是趋异,而非趋同。

最后一点,虽然本书的核心是发生在国家内部的制度变迁,但是同样重要的是,我们不能忽视发生在跨国家层面上的制度建设。在当前这个时代,制度性因子的数量和种类越来越多,它们设定着新的规则、新的规范和新的模式。这些制度性因子的种类包括多国咨询组织、致力于改良和规范社会生活各个方面的专业组织,从婴幼儿保

---

❶ 对于更深入的总结性讨论,参见 Guillén (2001a) 和 Campbell (2004)。

健到环境保护，再到企业的质量保证，再到国际维权组织，如"维权国际"（Advocacy International）和"地球优先"（Earthfirst）、国际贸易制度的制定者和仲裁者（Boli and Thomas, 1999；Brunsson and Jacobsson, 2000；Smith, 2005；Young, 1986）。这些相关的行为主体和行为过程可能在不同社会中对经济发展发挥着强有力的影响。我们赞同杰利奇（Djelic）和夸克（Quack）所得出的结论：

我们认为，任何类型的经济活动都根植于一个广阔的制度框架当中。从这个观点出发，全球化这个字眼的广义含义的确是跨国市场。因此，我们认为，经济活动的全球化表明……跨国空间中的制度化过程。我们认为，全球化不仅仅是调整改变国家制度，也是在跨国领域进行制度建设，这一领域一般都被描述成一个无序的冲突的领域。（2003：3）

读者们在研读本书时会发现，在我们的时代，透过制度主义的视角观察和审视的内容实在太多太多。

## 参考文献

Abernethy, David B. (2000), *The Dynamics of Global Dominance: European Overseas Empires, 1415 – 1980*, New Haven, CT: Yale University Press.

Aldrich, Howard E. and C. Marlene Fiol(1994), 'Fools rush in? The institutional context of industry construction', *Academy of Management Review*, 19, 654 – 70.

Berger, Peter L. and Thomas Luckmann(1967), *The Social Construction of Reality*, New York: Doubleday Anchor.

Boli, John and George M. Thomas(ed.) (1999), *Constructing World Culture: International Nongovernmental Organizations since 1874*, Stanford, CA: Stanford University Press.

Bourdieu, Pierre and Loic Wacquant(1992), *An Invitation to Reflexive Sociology*, Chicago: University of Chicago Press.

Brunsson, Nils and Bengt Jacobsson(eds) (2000), *A World of Standards*, Oxford, UK: Oxford University Press.

Campbell, John L. (2004), *Institutional Change and Globalization*, Princeton, NJ: Princeton University Press.

Czarniawska, Barbara and B. Joerges(1996), 'Travels of ideas', in Barbara Czarniawska and G. Sevón(eds), *Translating Organizational Change*, Berlin: Walter de Gruyter, pp. 13 – 48.

David, Paul(2000), 'Path dependence, its critics, and the quest for "historical economics"', in P. Garrouste and S. Ioannides(eds), *Evolution and Path Dependence in Economic Ideas: Past and Present*, Cheltenham, UK and Northampton, MA, USA: Edward Elgar.

DiMaggio, Paul J. (1988), 'Interest and agency in institutional theory', in Lynn G. Zucker (ed.), *Institutional Patterns and Organizations: Culture and Environment*, Cambridge, MA: Ballinger, pp. 3 – 20.

DiMaggio, Paul J. and Walter W. Powell(1983), 'The iron cage revisited: Institutional isomorphism and collective rationality in organizational fields', *American Sociological Review*, **48**,

147 -60.
DiMaggio, Paul J. and Walter W. Powell(1991), 'Introduction', in Walter W. Powell and Paul J. DiMaggio(ed), *The New Institutionalism in Organizational Analysis*, Chicago: University of Chicago Press, pp. 1 -38.
Djelic, Marie - Laure and Sigrid Quack (2003), 'Introduction: Governing globalization - bringing institutions back in', in Marie-Laure Djelic and Sigrid Quack(eds), *Globalization and Institutions: Redefining the Rules of the Economic Game*, Cheltenham, UK and Northampton, MA, USA: Edward Elgar, pp. 1 -14.
Dobbin, Frank(1994), *Forging Industrial Policy: The United States, Britain, and France in the Railway Age*, New York: Cambridge University Press.
Dore, Ronald(1973), *British Factory, Japanese Factory: The Origins of National Diversity in Industrial Relations*, Berkeley, CA: University of California Press.
Drori, Gili S., John W. Meyer and Hokyu Hwang(eds) (2006), *Globalization and Organization: World Society and Organizational Change*, New York: Oxford University Press.
Emirbayer, Mustafa and Ann Mische(1998), 'What is agency? ', *American Journal of Sociology*, **103**, 281 -317.
Evans, Peter B. (1979), *Dependent Development*, Princeton, NJ: Princeton University Press.
Friedland, Roger and Robert R. Alford(1991), 'Bringing society back in: Symbols, practices, and institutional contradictions', in Walter W. Powell and Paul J. DiMaggio(eds), *The New Institutionalism in Organizational Analysis*, Chicago: University of Chicago Press, pp. 232 -63.
Geertz, Clifford(1963), *Peddlers and Princes: Social Development and Economic Change in Two Indonesian Towns*, Chicago: University of Chicago Press.
Gerschenkron, Alexander(1962), *Economic Backwardness in Historical Perspective*, Cambridge, MA: Harvard University Press.
Giddens, Anthony(1979), *Central Problems in Social Theory*, Berkeley: University of California Press.
Giddens, Anthony(1984), *The Constitution of Society*, Berkeley: University of California Press.
Granovetter, Mark (1985), 'Economic action and social structure: The problem of embeddedness', *American Journal of Sociology*, **91**, 481 -510.
Guillén, Mauro F. (2001 a), 'Is globalization civilizing, destructive or feeble? A critique of five key debates in the social science literature', *Annual Review of Sociology*, **27**, 235 -60.
Guillén, Mauro F. (2001b), *The Limits of Convergence: Globalization and Organizational Change in Argentina, South Korea, and Spain*, Princeton, NJ: Princeton University Press.
Hall, Peter A. (1986), *Governing the Economy: The Politics of State Intervention in Britain and France*, New York: Oxford University Press.
Hall, Peter A. and David Soskice(eds) (2001), *Varieties of Capitalism*, New York: Oxford University Press.
Hoffman, Andrew W. (1997), *From Heresy to Dogma: An Institutional History of Corporate Environmentalism*, San Francisco: New Lexington Press.
Hofstede, Geert(1991), *Cultures and Organizations: Software of the Mind*, New York: McGraw-Hill.
Keynes, John Maynard(1973[1936]), *The General Theory of Employment, Interest and Money*, London: Macmillan.
Leff, Nathaniel(1978), 'Industrial organization and entrepreneurship in developing countries: The economic groups', *Economic Development and Cultural Change*, **26**, 661 -75.
McKenzie, Richard B. and Dwight R. Lee(1991), *Quicksilver Capital*, New York: Free Press.
March, James G. and Johan P. Olsen(1984), 'The new institutionalism: Organizational factors in political life', *American Political Science Review*, **78**, 437 -49.
March, James G. and Johan P. Olsen(1989), *Rediscovering Institutions: The Organizational Basis of Politics*, New York: Free Press.
Meyer, John W. and Michael T. Hannan(eds) (1979), *National Development and the World System: Educational, Economic, and Political Change, 1950 -1970*, Chicago: University of Chicago

Press.

Meyer, John W. and Brian Rowan(1977), 'Institutionalized organizations: Formal structure as myth and ceremony', *American Journal of Sociology*, **83**, 340 −63.

Meyer, John W. and W. Richard Scott(1983), *Organizational Environments: Ritual and Rationality*, Beverly Hills, CA: Sage.

Meyer, John W., John Boli and George M. Thomas(1987), 'Ontology and rationalization in the Western cultural account', in George M. Thomas, John W. Meyer, Francisco O. Ramirez and John Boli(eds), *Institutional Structure: Constituting State, Society, and the Individual*, Newbury Park, CA: Sage, pp. 12 −37.

Moe, Terry(1984), 'The new economics of organization', *American Journal of Political Science*, **28**, 739 −77.

Murmann, Johann Peter and Michael L. Tushman(2001), 'From the technology cycle to the entrepreneurship dynamic', in Claudia Bird Schoonhoven and Elaine Romanelli(eds), *The Entrepreneurship Dynamic: The Origins of Entrepreneurship and its Role in Industry Evolution*, Stanford, CA: Stanford University Press, pp. 178 −203.

Nee, Victor(2005), 'The new institutionalisms in economics and sociology', in Neil J. Smelser and Richard Swedberg(eds), *The Handbook of Economic Sociology*, 2nd edn, Princeton, NJ and New York: Princeton University Press and Russell Sage Foundation, pp. 49 −74.

Nelson, Richard R. (ed.) (1993), *National Innovation Systems*, New York: Oxford University Press.

North, Douglass(1990), *Institutions, Institutional Change, and Economic Performance*, Cambridge: Cambridge University Press.

North, Douglass(2005), *Understanding the Process of Economic Change*, Princeton, NJ: Princeton University Press.

Ohmae, Kenichi(1990), *The Borderless World: Power and Strategy in the Interlinked Economy*, New York: Harper Collins.

Oliver, Christine(1991), 'Strategic responses to institutional processes', *Academy of Management Review*, **16**, 145 −79.

Orrù, Mauro, Nicole Woolsey Biggart and Gary G. Hamilton(1997), *The Economic Organization of East Asian Capitalism*, Thousand Oaks, CA: Sage.

Ostrom, Eleanor(1990), *Governing the Commons: The Evolution of Institutions for Collective Action*, Cambridge: Cambridge University Press.

Peters, B. Guy(1999), *Institutional Theory in Political Science: The 'New Institutionalism'*, London: Pinter.

Pierson, Paul(2004), *Politics in Time: History, Institutions and Social Analysis*, Princeton, NJ: Princeton University Press.

Roland, Gérard(2004), 'Understanding institutional change: Fast-moving and slowmoving institutions', *Studies in Comparative International Development*, **38**, 109 −31.

Rostow, Walt W. (1960), *The Stages of Economic Growth: A Non-Communist Manifesto*, Cambridge: Cambridge University Press.

Sahlin-Andersson, Karen(1996), 'Imitating by editing success: The construction of organizational fields', in Barbara Czarniawska and G. Sevón(eds), *Translating Organizational Change*, Berlin: Walter de Gruyter, pp. 69 −92.

Schoonhoven, Claudia Bird and Elaine Romanelli(2001), 'Emergent themes and the next wave of entrepreneurial research', in Claudia Bird Schoonhoven and Elaine Romanelli(eds), *The Entrepreneurship Dynamic: Origins of Entrepreneurship and the Evolution of Industries*, Stanford, CA: Stanford University Press, pp. 383 −408.

Scott, W. Richard(2001), *Institutions and Organizations*, 2nd edn, Thousand Oaks, CA: Sage.

Scott, W. Richard(2003), 'Institutional carriers: Reviewing modes of transporting ideas over time and space and considering their consequence', *Industrial and Corporate Change*, **12**, 879 −94.

Scott, W. Richard(forthcoming), 'The maturation of institutional theory', *Theory and Society*.

Shepsle, Kenneth A. (1989), 'Studying institutions: Some lessons from the rational choice approach', *Journal of Theoretical Politics*, **1**, 131 −47.

Simonde de Sismondi, J. C. L. (1837), *Études sur l'economie politique*, Vol. 1, Paris: Treuttel et Wü rtz.

Sjöstrand, Sven-Erik(1995), 'Toward a theory of institutional change', in John Groenewegen, Christos Pitelis and Sven-Erik Sjöstrand(eds), *On Economic Institutions: Theory and Applications*, Aldershot, UK and Brookfield, US: Edward Elgar, pp. 19 −44.

Smith, Jackie(2005), 'Globalization and transnational social movement organizations', in Gerald F. Davis, Doug McAdam, W. Richard Scott and Mayer N. Zald(eds), *Social Movements and Organization Theory*, New York: Cambridge University Press, pp. 226 −48.

Strang, David and John W. Meyer(1993), 'Institutional conditions for diffusion', *Theory and Society*, **22**, 487 −511.

Suchman, Mark C., Daviel J. Steward and Clifford A. Westfall(2001), 'The legal environment of entrepreneurship', in Claudia Bird Schoonhoven and Elaine Romanelli(eds), *The Entrepreneurship Dynamic: Origins of Entrepreneurship and the Evolution of Industries*, Stanford, CA: Stanford University Press, pp. 349 −82.

Swidler, Ann(1986), 'Culture in action: Symbols and strategies', *American Sociological Review*, **51**, 273 −86.

Wallerstein, Immanuel(1974), *The Modern World-System: Capitalist Agriculture and the Origins of the European World-Economy in the Sixteenth Century*, New York: Academic Press.

Weber, Max(1968 trans. [1924]), *Economy and Society: An Intrepretive Sociology*, 2 vols, ed. Guenther Roth and Claus Wittich. New York: Bedminister Press.

Westney, D. Eleanor(1987), *Imitation and Innovation: The Transfer of Western Organizational Patterns to Meiji Japan*, Cambridge, MA: Harvard University Press.

Whitley, Richard(1992), 'The social construction of organizations and markets: The comparative analysis of business recipes', in Michael Reed and Michael Hughes(eds), *Rethinking Organizations: New Directions in Organization Theory and Analysis*, Newbury Park, CA: Sage, pp. 120 −43.

Williamson, Oliver(1975), *Markets and Hierarchies*, New York: Free Press.

Williamson, Oliver(1981), 'The economics of organizations: The transactions cost approach', *American Journal of Sociology*, **87**, 548 −77.

Williamson, Oliver(1985), *The Economic Institutions of Capitalism*, New York: Free Press.

Young, Oren R. (1986), 'International regimes: Toward a new theory of Institutions', *Worm Politics*, 39, 104 −22.

Zucker, Lynn G. (1988), 'Where do institutional patterns come from? Organizations as actors in social systems', *Institutional Patterns and Organizations: Culture and Environment*, Cambridge, MA: Ballinger, pp. 23 −49.

# 目　录

第1章　前言：历史性变革挑战既有社会结构　　1

## 第一部分
## 结构变革的理论、实证、政策方面

第2章　社会创新，结构调整和经济绩效　　11
第3章　论社会创新：从结构和权力的角度　　47
第4章　社会创新还是霸权变化？
　　　　——20世纪80~90年代芬兰的迅速制度变革　　73
第5章　政策启示：如何促进先进社会的结构调整和重建　　85

## 第二部分
## 行业部门、地区及国家的结构调整之再思考

第6章　美国汽车业的结构调整和相互矛盾的产业食谱　　113

第7章　从路径依赖到路径创造？

　　——巴登－符腾堡州和德国模式的未来　　　　　　　　　151

第8章　成熟和富裕的工业化经济体之间的差别

　　——以瑞典进入新经济和直接经济为例　　　　　　　　202

第9章　20世纪末爱尔兰社会改革与公共制度创新

　　——从"富国中的最穷国"到"欧洲的希望之星"？　　256

# 第 1 章

## 前言：历史性变革挑战既有社会结构

里斯托·海斯卡拉（Risto Heiskala）、蒂莫·J. 海迈莱伊宁（Timo Hämäläine）

世界经济正在经历一场历史性变革（Freeman and Perez, 1998；Freeman and Louca, 2001；Perez, 2002）。其主要内容包括：（1）信息和通信技术飞快发展，迅速普及；（2）通过国际贸易、对外投资和跨境联盟合作，经济活动走向全球化；（3）生产环节趋于专业化、复杂化、知识密集化；（4）消费者市场和生产者市场的需求模式出现越来越大的差异；（5）经济体的对外合作范围不断扩大。虽然已被贴上诸如"信息社会的崛起"、"全球化"、"组织化资本主义的终结"和"网络社会的崛起"等各类标签（Hämäläinen, 2003；Hämäläinen and Heiskala），但即便是如此宽泛的定义也仅能涵盖当前这场制度变革（systemic transformation）的某一方面（Bell, 1980；Lash and Urry, 1987；Held et al., 1999；Castells, 2000）。

在这场历史性的模式转变中，结构性调整是工业化国家面临的一大挑战。面对迅速变化的技术环境和经济环境，战后几十年间形成的既有"社会—经济"结构已无所适从。在很多工业化国家，结构性失业人口居高不下，收入差距和地区差异不断扩大，僵化的经济模式和社会制度拖慢了经济发展的步伐。

为了应对世界经济模式的转变，不少国家已经加大了科研、教育以及基础建设的相关投入。但是，这并不足以确保经济形势在未来几十年能够良好运转。认识到这一点与采取这些政策同样重要。在这场历史性变革中，"社会—经济"体系需要更加全面和系统的创新和结构性调整。否则，迅速发展的"技术—经济"子系统与调整缓慢的"社会—制度"子系统之间的矛盾就会越来越大。社会体系中两大核心的失衡将会加大对国计民生的伤害（Freeman and Perez, 1988; Hämäläinen, 2003）。

不幸的是，在如今这场模式变革中，政策制定者鲜能依靠既有的创新理论成果去应对结构性调整带来的严峻挑战。相对于技术创新的丰富文献，社会创新的研究成果寥寥无几，且分散于不同的学科当中（Hämäläinen and Heiskala, 2004; Young Foundation, 2006）。本书将提供全新的理论性、经验性和政策性分析，从社会、地区和行业等三个层面来透视社会创新和结构性调整的过程。只有深入地认识这些过程，政策制定者们才能推出行之有效的政策，减少体制改革的阻力。

面对由"技术—经济"的迅速变化而引发的社会问题，每当既有的政策工具束手无策时，人们往往基于社会公平（equity）的考量，开口疾呼社会创新。而本书认为，要想取得良好的经济绩效（economic performance）也需要社会创新。大到社会、地区和行业，小到具体的企业，都是相互依存的整体，在某一点或者某个局部进行创新只能徒增矛盾，造成生产力低下、投资回报减少和收入增长停滞。为了协调整体，从而实现生产力发展的飞跃、投资回报的增加以及收入的稳定增长，我们需要在传统的技术创新和经济创新之外，对组织、政策、规章和制度等进行社会创新。

在我们看来，归纳出一套适用于各个分析层次的社会创新通论（general theory of social innovation）是完全有可能的，因为社会创新的核心就是社会大众——可能是某一国家或地区的居民，抑或某一行业的生产和管理人员，也可能是某个组织的成员——进行集体学习的过程。因此，本书纳入了不同的研究案例，通过各个分析层面——行业层面、地区层面和社会层面——来剖析社会创新和结构调整的过程。尽管每个案例的研究方法和制度背景不尽相同，但其结论的相似性表明，在社会科学研究领域，我们不应再轻视一般性理论出现的可能性。因为一般性理论一旦形成，不仅将是社会科学研究的重大成就，也将引起政策制定——不论是公共政策还是企业政策——的切实改进。

本书共分两大部分，两部分相辅相成。第一部分从长期的历史角度来审视当前的

"技术—经济"变革，认为当社会经济经历重大变革时，社会创新和（体制性）结构调整的相关能力对于保持经济良好运行至关重要。第 2 章和第 3 章提出了分析社会创新和结构调整的两个理论框架，二者相得益彰，并在第 4 章透过对芬兰 20 世纪 80～90 年代发生的重大社会变革这一案例的分析展现出其理论诠释力。在第一部分的结尾，本书讨论了决策者推进社会创新和结构调整的方式方法。

本书的第二部分由四个案例组成，分别从不同的分析层面（行业、地区和社会）和地域背景（美国、巴登－符腾堡州、瑞典和爱尔兰），对当前模式转变的结构性调整过程展开了理论性、经验性和政策性的补充论述。总体说来，通过理论分析和案例研究，本书为您理解现代经济体和决策领域中复杂多变的社会变革提供了全新的观点，并为试图对其加以引导的决策者们提供了理论工具。

第一部分的前两章均为理论分析。在第 2 章中，蒂莫·J. 海迈莱伊宁对既有的经济理论和社会理论进行了批判。他认为这些理论局限性大、静态化，不能完全抓住当前世界经济模式变革的本质。因此，他将从历史的角度分析当前的社会变革，提出了"社会—经济的长周期"理论。这些长周期自从第一次工业革命伊始就成为世界经济的特点。海迈莱伊宁认为，世界经济早已度过了战后的"赶超"（catch-up）阶段，进入了全新的发展时期。在这一阶段，哪些社会调整速度最快、程度最深，哪些社会的经济绩效就可能好于别人。因此，他提出了一种注重集体学习的社会创新理论，并指出了结构调整过程中的各类僵化表现。

社会创新并非一帆风顺，毫无阻力，能使相关各方均等受益。在第 3 章中，里斯托·海斯卡拉从结构和权力的角度对社会创新进行分析。首先，里斯托将社会创新定义为规章制度、社会行为模式和大众共同理念中产生的、能够引发新的社会实践或者改善经济（社会）成绩的发展变化。里斯托在本章引入了多层次分类研究的方法来研究社会结构，而技术创新、经济创新和社会创新在各个层次都与社会结构息息相关。海斯卡拉指出，社会创新不仅能够提高社会集体资源的价值，还能够推动这些资源在不同利益有关方的再分配。针对后一种好处，社会创新导致统治权利平衡出现了新的变化。

# 4　社会创新、制度变迁与经济绩效

本文第 4 章分别使用了海迈莱伊宁的集体学习理论和海斯卡拉的统治权力平衡理论对芬兰在 20 世纪 80~90 年代所经历的社会变革进行了分析。20 世纪 90 年代，芬兰在发生重大的结构性危机后进行了结构重建，导致芬兰经济和社会发生了根本性转变。结构性转变令芬兰一跃至国际竞争力排行的榜首，帮助芬兰在 21 世纪前后取得了强劲的经济增长。但是，同时，一些社会群体和地区因未能适应飞速的变化而被边缘化。

海斯卡拉和海迈莱伊宁认为，芬兰快速而成功的结构调整得益于一种另类的"心理范式"（mental paradigm）。这种质疑芬兰社会战后世界观、价值观、行为模式和发展战略的理念模式产生于 20 世纪 80 年代的芬兰社会边缘地带。随着旧式权利模式因严重的经济危机受到怀疑，这种理念模式在 20 世纪 90 年代被迅速采用为决策的基础。本书的撰稿者们认为，集体学习（和忘却）在芬兰的变革中发挥了首要作用。当然，芬兰的案例也可以作为从分级统筹计划、文化封锁闭塞的社会转变为更加开放、以市场为主导的技术密集型社会的出色样本。

在第 5 章，海迈莱伊宁通过分析社会创新的过程得出了一些政策性结论。他找到了"进步"（非正统的、着眼未来的）政策能够推动系统变革和结构调整的若干传统政策领域（科研、媒体和传播、教育、文化和社会安全）。不过，他指出这些领域的政策往往更加保守，更加倾向于维持现状。此外，海迈莱伊宁还指出了主动干预能够推动结构性调整和重建的新领域，包括战略政策分析（预判、评估、检验）、试点实验项目、人际网络和组织间网络的推进、相关各方共同未来战略的制定以及反思型组织文化的形成发展。

在第 6 章中，J.-C. 斯彭德（Spender）研究了美国汽车业的发展史及其与美国政府的关系。虽然他赞同海斯卡拉一派从权力角度来解释制度变迁的理论，但是斯彭德的案例同样支持海迈莱伊宁重视社会结构调整中既有理念模式（"产业食谱"）（industry recipe）的观点。斯彭德发现，尤其是面对日本同行日益激烈的竞争以及日益严格的环保规定，美国汽车行业之所以败下阵来，是因为美国的汽车制造商未能迅速转变既有的"产业食谱"，即企业领导人共有的理念模式。多来年，美国汽车业三巨头对国内市场和国内政治所形成的影响力令其未能很好地适应汽车行业全球化竞争的新形势。斯彭德认为，美国汽车行业需要深入分析业已变化了的经济环境，并且转变经营方式。但是，他对美国汽车企业是否会这样做并不乐观。

接下来的两章从地区层面分析了德国巴登-符腾堡州和瑞典梅拉湖地区（Lake Mälar）的社会变革。当然，这两个地区也是两国国家"经济模式"的优秀范例。在第7章中，格尔德·施恩斯托克（Schienstock）引入了"社会—经济"发展的理论，对"路径依赖"（path-dependence）的改良型过程和"路径创造"（path-creation）的改革性过程加以区分。他的理论与第2章论述的社会创新理论有些相似。通过这一理论，施恩斯托克不仅说明了巴登-符腾堡州在战后几十年里取得经济成功（"路径依赖"）的原因，还解释说，巴登-符腾堡州在20世纪80~90年代出现经济衰退是因为该州在面对不断增多的国际竞争时未能充分重建社会—经济结构（缺乏"路径创造"）。一旦快速变化的环境要求进行更加彻底全面的变革时，旧式经济模式的整体优势和多年来的成就就会变成结构性负担。虽然决策者们近来在新兴行业进行了"路径创造"的尝试，但是这些尝试是否能够产生长期的良好效果依然有待观察。不过，当地政府不具备引领变革的远见卓识令施恩斯托克十分悲观。

在第8章，贡纳尔·埃利亚松（Gunnar Eliasson）对梅拉湖地区展开了研究。作为瑞典的工业心脏，该地区包括斯德哥尔摩、南泰利耶、乌普萨拉和韦斯特罗斯四个城市，在三种重要的行业（信息通信技术、生物科技和工程）——或按照埃利亚松的说法叫做"能力集"（competence bloc）——实力不俗。这一案例再次展示了一个因解决了当前世界经济变革所产生的问题而变得工业发达、生活富足的地区。根据埃利亚松的理论，瑞典经济模式的制度和政策适应的是大型制造企业的需求。因而，梅拉湖地区要想实现经济的成功转型，就需要创办知识密集型企业，以吸收和利用从陷入困境的大企业中外流出的"高精尖"的人力资源。埃利亚松的"能力集"分析理论认为，梅拉湖地区缺乏能够阻止这些资源流失到境外的必要的接收能力，特别是高超的风险投资。如果梅拉湖地区能够具备这些能力，则其对人力资源和投资的地区吸引力又会加大瑞典国内的地区差异。因此，埃利亚松总结到，为了加强自身的"能力集"，瑞典需要吸引更多的外资和人力资源。

埃利亚松针的"能力集"理论同那些注重当前变革中整体调整能力的观点相一致。埃利亚松的分析强调，在结构大变革的时代里，一两个方面的优势（如研究和技术）不足以确保经济成功。他还强调说，新的制度框架和政策框架更加有益于产业革新，但瑞典公共政策制定者的僵化理念却成为这些框架产生的主要障碍。要想克服这些因长期成功而形成的僵化理念，可能需要等待一场严重的危机。

在本书的最后一章，朱莉娅·奥康纳（Julia O'Connor）分析了爱尔兰的成功奇迹。这一案例与海斯卡拉和海迈莱伊宁有关芬兰的案例极其相似。爱尔兰20世纪70~80年代发生的经济和社会危机导致了集体性社会重建，形成了崭新的、广泛接受的社会共识，即爱尔兰需要变得更加开放和更加有竞争力。爱尔兰模式的一大特点，就是通过广泛的政策对话形成社会普遍接受的成功战略。对话参与者包括所有重要的社会成员：政府、雇主、工会、农民以及社会和志愿者团体。结构调整中广泛的政策对话和普遍接受的战略在第5章中也有所强调。

奥康纳指出，在经济开放的前提下，以相对较低的社会开支既营造经济竞争力又保持开明的福利国家地位，爱尔兰政府发挥了积极的作用。在其他经济环境发生变化的工业化国家，这种以经济发展和竞争力创造为导向的政府角色也推动了经济的发展（见表2.5）。以往公共政策中有关公平和效率的重大取舍（Big Tradeoff）已经在全球经济中变得更加真切（Okun, 1975）。

最后，对于芬兰埃迪塔出版社（Edita Publishing Oy）允许本书使用该社曾以芬兰语出版的某些资料，我们表示由衷的感谢。

## 参考文献

Bell, Daniel(1980), 'The social framework of the information society', in T. Forrester( ed. ), *The Microelectronics Revolution*, Oxford: Blackwell.

Castells, Manuel(2000), *The Information Age: Economy, Society and Culture*, vol. I. *The Rise of the Network Society*, 2nd edition, Oxford: Blackwell.

Freeman, Chris and Francisco Louca(2001), *As Times Go By: From the Industrial Revolutions to the Information Revolution*, Oxford: Oxford University Press.

Freeman, Christopher and Carlota Perez(1988), 'Structural crises and adjustment, business cycles and investment behaviour', in Giovanni Dosi, Christopher Freeman, Richard Nelson,

G. Silverberg and Luc Soete(eds), *Technical Change and Economic Theory*, London: Pinter Publishers.

Hämäläinen, Timo J. (2003), *National Competitiveness and Economic Growth: The Changing Determinants of Economic Performance in the Worm Economy*, Cheltenham, UK and Northampton, MA, USA: Edward Elgar.

Hämäläinen, Timo J. and Risto Heiskala (2004), *Sosiaaliset innovaatiot ja yhteiskunnan uudistumiskyky*, Helsinki: Edita.

Held, David, Anthony McGrew, David Goldblatt and Jonathan Perrathon (1999), *Global Transformations. Politics, Economics and Culture*, Cambridge: Polity.

Lash, Scott and John Urry (1987), *End of Organized Capitalism*, Oxford: Blackwell. Okun, Arthur M. (1975), *Equality and Efficiency: The Big Tradeoff*, Washington, DC: Brookings Institution.

Okun, Arthur M. (1975), *Equality and Efficiency: The Big Tradeoff*, Washington, OC: Brookings Institution.

Perez, Carlota (2002), *Technological Revolutions and Financial Capital: The Dynamics of Bubbles and Golden Ages*, Cheltenham, UK and Northampton, MA, USA: Edward Elgar.

Young Foundation (2006), *Social Silicon Valleys. A Manifesto for Social Innovation, What It Is, Why It Matters, How It Can Be Accelerated*, London: Young Foundation.

# 第一部分

# 结构变革的理论、实证、政策方面

# 第2章

# 社会创新，结构调整和经济绩效

蒂莫·J.海迈莱伊宁

目前世界经济正在经历一场堪比第一次和第二次工业革命的巨大的经济技术转型（Freeman and Louca, 2002; Perez, 2002）。信息通信技术（ICTs）的快速进步和普及、生产和金融市场的全球整合、企业增值活动的不断专业化、组织机构新的合作和技能密集形式以及需求的细分，对工业化社会旧的经济和社会体制提出挑战（Hämäläinen, 2003a）。剧烈的技术—经济转变促使社会经济系统的各个阶层做出结构调整，这些社会经济系统包括私人的、公共的、第三部门组织、工商界、地区和国家经济，甚至超国家体制。❶在剧烈变化的环境下，上述系统的经济表现更多地取决于它们的结构调整能力。

## 结构调整的系统方法

对结构作出大的调整并不容易（North, 1990）。大量的例证表明，曾经强大的公司（Hämäläinen and Laitamäki, 1993; Christensen, 1997）、产业（Womack et al., 1991; Aoki, 2001）、地区（Schienstock, 见本书第7章; Eliasson, 见本书第8章）

---

❶ 在公众讨论中，经济"结构"一般等同于法律、规则、公共政策和建立的组织机构安排。而且，"制度"一词常常与"结构"可以互换使用。在本书中，我们将"制度"一词定义为正式与非正式的"游戏的规则"（法律、规则和文化嵌入行为规范）（Douglass North 1990），这是社会经济结构的子类别。

和经济（Harrison and Huntington，2001）不能调整自己的策略和结构以适应迅速变化的环境。改变的最大障碍是心理：僵硬的认知框架、信条和设想，价值观和行为准则（Harrison and Huntington，2001；Hämäläinen，2003a）。精心建立的心理构架可能会妨碍决策者全面认识结构问题。这会导致产生"正常"的反应和对策——这样的反应和对策在过去有效，但在变化的环境下不再有任何效果了。

近来，许多国家的政策制定者面对不断增加的结构问题和持续下降的增长率，被迫采用传统的宏观经济政策：加大财政赤字、降低利率、降低本币汇率，一些国家还支持综合性的收入政策协议。这些宏观政策对于刺激经济增长效果不明显，因为这些政策没有影响到成熟工业化经济体的深层结构问题。例如，日本20世纪90年代大量增加公共开支和零利率没有使经济走出十年衰退。相反，日本经济陷入了长期的通货紧缩和巨额公共债务。同样在欧洲，近年来的低利率和巨大公共赤字没有能够解决大多数欧洲经济体的增长停滞问题。

凯恩斯刺激政策的糟糕结果促使经济分析家们寻找工业化经济低增长率的新解释及政策工具。结果，活跃在90世纪70年代后期到80年代关于"结构刚性"的争论（还记得"欧洲僵化症"吗？）再次兴盛起来。如果在现有结构下提高需求没有效果，那么问题一定就出在结构本身。

用经济学方式应对结构调整的挑战源自新古典的"有效市场"的视角。新古典经济学家认为，结构问题主要是劳动力、生产及金融市场的僵硬和低效。快速变化的环境，要求将衰退的公司、产业、地区和国家的生产资源高效率地重新分配到新兴和高产的地方。僵化的劳动力、产品及金融市场不能有效地完成这一重新分配过程。

对于发达经济结构调整的挑战，上述的观察角度是重要的，但却是相当狭隘的。首先，有效的市场是旺盛经济的一个重要部分，但不是唯一影响工业化社会结构更新的组织机构安排。政府、第三部门组织、合作网络、协会和大型私人组织也在做出（重新）分配资源的重要决定。而且，在近几十年里，由于在先进经济中出现了普遍的市场失效，它们的作用变得更加重要（Stiglitz，1989；Hämäläinen，2003a）。

第二，因为关注分配的效率，关于结构调整的分析可能忽视两个其他类型的效率，即技术和协调效率，这在富裕、高度专业化和复杂的先进经济中越来越重要。在完善的市场中，假设组织是有效率的，即以最大的组织效率运转，而且假设价格机制有效地协调经济活动。如果完善市场的假设不成立，提高技术和协调效率就成了经济决策者在结构调整过程中的重要目标。管理学者已经表明了提高技术和协调效率对提高总体生产率的重要作用（Dertouzos et al., 1990；Womack et al., 1991）。

第三，从更为系统的角度看，对结构调整挑战的分析必须要超越组织效率的问题。在较早的研究中，笔者确定了在经历重要转变的经济系统中，决定竞争和增长的7个相辅相成的因素（Hämäläinen, 2003a），即这个系统的：生产资源、技术、组织机构安排、产品市场特性、外部商业活动、体制架构和政府的作用（见图2.1）。每一个竞争和增长的推动因素都与结构调整的挑战和刚性有关。

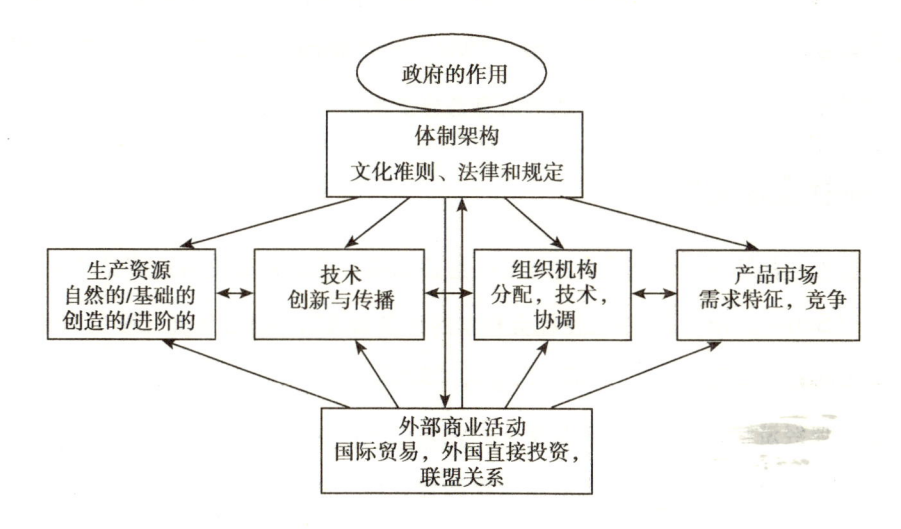

图2.1 系统竞争力增长的驱动因素

资料来源：Hämäläinen（2003a：26）。

与自然资源、低价劳动力和实际投资不同，社会经济系统的竞争和增长更加依赖复杂的创造性资本，如知识、技能和先进基础设施。信息和通信技术构成了世界经济的新技术模式。开发的能力，特别是在整个系统中应用这些技术，对长期的经济绩效起着决定性作用。组织机构的效率是通过与生产商、消费者、供应商以及周围的重要

## 表 2.2 相对美国的人均 GDP

| 国家 | 1980 | 1981 | 1982 | 1983 | 1984 | 1985 | 1986 | 1987 | 1988 | 1989 | 1990 | 1991 | 1992 | 1993 | 1994 | 1995 | 1996 | 1997 | 1998 | 1999 | 2000 | 与最高值差数[1] |
|---|---|---|---|---|---|---|---|---|---|---|---|---|---|---|---|---|---|---|---|---|---|---|
| 澳大利亚 | 81.10 | 81.12 | 80.56 | 81.17 | 77.97 | 76.80 | 75.34 | 77.39 | 78.49 | 78.84 | 76.14 | 76.67 | 76.25 | 76.75 | 76.91 | 78.05 | 78.22 | 77.96 | 77.57 | 78.11 | 76.35 | −1.70 |
| 奥地利 | 74.70 | 72.07 | 76.94 | 76.57 | 71.49 | 71.00 | 71.33 | 70.78 | 72.64 | 73.22 | 75.24 | 78.69 | 77.32 | 75.31 | 74.35 | 74.33 | 73.30 | 71.40 | 71.41 | 70.71 | 69.73 | −8.97 |
| 比利时 | 75.68 | 72.42 | 75.17 | 72.82 | 69.77 | 69.67 | 70.79 | 71.21 | 73.00 | 74.16 | 75.60 | 77.57 | 77.36 | 75.04 | 74.11 | 74.21 | 72.28 | 71.78 | 71.23 | 70.45 | 70.21 | −7.36 |
| 加拿大 | 90.66 | 91.97 | 89.82 | 88.70 | 87.14 | 88.01 | 86.60 | 88.07 | 89.40 | 88.32 | 85.43 | 83.04 | 80.16 | 79.25 | 79.56 | 80.48 | 79.09 | 79.27 | 77.39 | 78.52 | 80.66 | −11.31 |
| 丹麦 | 83.84 | 79.72 | 85.69 | 84.72 | 82.01 | 83.16 | 86.16 | 83.74 | 83.57 | 81.50 | 81.75 | 83.83 | 82.93 | 82.85 | 82.23 | 82.88 | 82.51 | 82.06 | 81.27 | 80.02 | 80.12 | −6.03 |
| 芬兰 | 71.80 | 71.26 | 76.39 | 75.11 | 72.73 | 72.57 | 72.93 | 74.46 | 76.34 | 78.40 | 77.04 | 72.02 | 66.93 | 64.07 | 64.45 | 66.38 | 66.76 | 67.70 | 68.93 | 67.99 | 68.55 | −9.85 |
| 法国 | 75.71 | 74.10 | 78.22 | 77.26 | 73.00 | 71.82 | 72.27 | 73.44 | 74.63 | 74.32 | 75.65 | 76.90 | 75.12 | 72.42 | 71.23 | 70.95 | 69.29 | 67.82 | 67.92 | 67.38 | 66.30 | −11.92 |
| 德国 | 73.75 | 71.79 | 74.64 | 74.01 | 70.94 | 70.90 | 72.76 | 72.51 | 72.56 | 72.46 | 73.67 | 78.13 | 77.72 | 75.22 | 74.27 | 74.12 | 72.34 | 70.26 | 69.61 | 68.62 | 67.15 | −10.98 |
| 希腊 | 53.88 | 52.35 | 52.69 | 50.01 | 46.92 | 46.49 | 46.06 | 43.95 | 44.57 | 44.56 | 44.15 | 46.43 | 45.35 | 43.83 | 43.41 | 43.80 | 43.68 | 43.74 | 43.73 | 43.75 | 43.68 | −10.20 |
| 爱尔兰 | 45.71 | 45.67 | 49.72 | 48.57 | 47.09 | 47.38 | 46.99 | 48.13 | 49.42 | 51.90 | 55.14 | 56.32 | 55.98 | 57.04 | 57.35 | 60.87 | 63.35 | 67.08 | 69.61 | 73.10 | 76.36 | 0.00 |
| 意大利 | 69.12 | 67.78 | 71.61 | 70.40 | 67.18 | 67.50 | 69.24 | 69.77 | 71.62 | 71.60 | 73.10 | 76.32 | 74.92 | 71.76 | 70.51 | 70.92 | 70.13 | 68.73 | 68.00 | 66.78 | 64.23 | −12.10 |
| 日本 | 73.16 | 73.98 | 78.72 | 77.27 | 74.47 | 75.60 | 76.64 | 77.78 | 80.20 | 81.69 | 84.47 | 87.19 | 87.12 | 85.57 | 83.11 | 82.33 | 82.37 | 80.32 | 76.52 | 74.07 | 72.78 | −16.51 |
| 荷兰 | 76.78 | 74.96 | 77.35 | 75.53 | 72.77 | 72.79 | 72.60 | 71.69 | 71.41 | 72.55 | 74.69 | 75.81 | 75.81 | 74.21 | 73.19 | 73.87 | 73.41 | 73.33 | 73.77 | 72.60 | 72.32 | −5.09 |
| 新西兰 | 64.61 | 65.27 | 70.68 | 69.28 | 66.33 | 64.94 | 66.22 | 65.60 | 64.10 | 62.71 | 60.69 | 58.57 | 57.46 | 59.99 | 60.75 | 61.21 | 60.65 | 58.27 | 56.11 | 56.36 | 56.17 | −14.51 |
| 挪威 | 89.30 | 89.40 | 92.46 | 91.79 | 91.03 | 91.69 | 85.46 | 83.35 | 79.43 | 78.75 | 79.86 | 83.35 | 80.93 | 81.31 | 81.04 | 82.51 | 85.42 | 86.42 | 81.65 | 81.90 | 90.00 | −2.46 |
| 葡萄牙 | 39.45 | 38.21 | 40.58 | 39.35 | 36.16 | 36.98 | 38.73 | 39.92 | 41.32 | 43.35 | 45.24 | 48.59 | 48.93 | 47.17 | 46.34 | 46.46 | 46.32 | 46.33 | 47.05 | 48.34 | 47.98 | −0.95 |
| 西班牙 | 52.97 | 38.21 | 40.58 | 52.02 | 49.27 | 48.63 | 49.73 | 50.99 | 51.98 | 52.81 | 54.44 | 57.04 | 55.98 | 53.69 | 52.94 | 57.33 | 53.21 | 53.29 | 53.77 | 54.00 | 53.45 | −3.88 |
| 瑞典 | 81.51 | 79.05 | 82.39 | 81.25 | 80.19 | 79.76 | 80.98 | 80.93 | 80.47 | 80.57 | 80.08 | 79.18 | 75.34 | 71.61 | 71.76 | 73.27 | 71.47 | 69.88 | 69.73 | 69.61 | 69.14 | −13.25 |
| 瑞士 | 97.44 | 96.24 | 100.01 | 97.30 | 93.16 | 92.75 | 94.91 | 93.25 | 91.64 | 92.75 | 95.73 | 96.00 | 91.55 | 89.41 | 87.45 | 86.43 | 83.79 | 81.65 | 81.57 | 80.52 | 79.20 | −20.81 |
| 土耳其 | 20.32 | 20.99 | 21.76 | 21.65 | 20.97 | 20.91 | 21.47 | 22.50 | 21.76 | 20.48 | 22.05 | 22.26 | 22.62 | 24.00 | 21.46 | 21.81 | 22.01 | 22.76 | 22.37 | 20.68 | 20.81 | −3.19 |
| 英国 | 67.41 | 65.19 | 69.34 | 69.49 | 66.02 | 66.80 | 66.95 | 68.18 | 69.69 | 69.30 | 69.25 | 69.58 | 68.37 | 68.58 | 68.84 | 68.79 | 68.73 | 69.10 | 69.27 | 68.57 | 68.09 | −1.60 |
| 美国 | 100 | 100 | 100 | 100 | 100 | 100 | 100 | 100 | 100 | 100 | 100 | 100 | 100 | 100 | 100 | 100 | 100 | 100 | 100 | 100 | 100 | |

资料来源：Penn World Tables 6.1。

---

[1] 此处数字计算有误。——译者著

今天，世界经济正进入一个新的"领先"（forging ahead）阶段，在这个阶段中，世界经济的领先国家似乎应该会从经济增长角度，把调整缓慢的社会甩在后面。这个新时代的开始已经从经济统计数据中反映出来。表 2.2 给出，在人均 GDP 增长率方面，美国几年前就已经走在其他发达国家前面。表中的黑体字表示特定国家达到它最高的相对于美国的人均 GDP 水平的年份。许多老的工业化国家在 20 世纪 80 年代初期开始追赶美国。例如法国和瑞典在 1982 年最接近美国的生活水平。另一个主要分水岭在 20 世纪 90 年代，此时意大利、日本、德国这些国家相对美国的人均 GDP 开始下降。只有很少的工业化国家能够在 90 年代后期与美国的经济表现相媲美。爱尔兰是个例外，它的增长数字自 80 年代后期以来确实出色。这些历史数据说明，赶超不是一个普遍现象，而是与社会经济长周期中某个特定阶段相关的现象。因此，社会—经济长周期中需要一个更复杂的赶超、领先的理论。我们将在下一节介绍这样的一个理论。

社会科学家们让政策制定者面对强大的利益集团和广泛的社会惰性，自己分析结构改变过程，并制定政策措施，促使这种变化顺利进行。为了应对这个挑战，政策制定者必须明确地回答下面的问题：

- 经济和社会结构如何改变？
- 结构改变对经济绩效有什么影响？
- 如何通过积极主动的政策促进结构改变？

本书将从理论的、历史的和经验的角度检验这些问题。我们在下面将介绍"双康德拉捷夫周期架构"的相关部分，使我们从一个长期的历史视角分析结构变化过程（Hämäläinen, 2003a）。同时，这揭示出在重大技术—经济转型过程中，结构和体制的调整能力对于经济绩效至关重要。

## 长周期中的追赶和领先

双康德拉捷夫理论产生于康德拉捷夫（Kondratiev）（1925）和熊彼特（1939）的创造性著作，以及近来的弗里曼（Freeman）和佩雷斯（Perez,

1988）的研究，还有其他新斯密学者、新马克思学者、新熊彼特学者的研究。这个理论表明，社会经济系统交替处于长期的进化性和革命性变化中。进化阶段的特点是社会经济系统的各个主要部分之间的关系处于相对平稳协同状态，而革命性变化阶段的特点是迅速的技术和经济变化，以及系统内、系统间和系统与环境不断加剧的紧张和矛盾。

跟随着康德拉捷夫和熊彼特的足迹而进行的长周期研究假设，每过 50 年到 60 年，重要的技术突破造成社会的组织和制度结构的全盘变化。然而，通过仔细观察发现，实证证据不支持这个理论。从组织机构与制度模式看，官僚、层级的组织机构与福利国家体制发展和存在的时间远远超过一个康德拉捷夫周期。事实上，它们的寿命大约是两个完整的康德拉捷夫周期。我们把这样两个连续的康德拉捷夫周期命名为"双康德拉捷夫周期"（表 2.3；Hämäläinen, 2003a：70~73）。历史上周期的第一个阶段是与新生产技术相关的（蒸汽机、珍妮纺纱机、电动机器、工业化学、信息与通信技术），双康德拉捷夫周期的第二个核心技术是市场或传播导向的（铁路、轮船、电报、喷气机、集装箱船）。我们把双康德拉捷夫周期的两个阶段分别称为"广泛的康德拉捷夫周期"和"集中的康德拉捷夫周期"。与生产相关的新技术是应旧生产模式积累的问题而产生，而扩大市场的创新解决了新生产技术和组织造成的产品积压。海关联盟、自由贸易协定和福利国家之类的社会体制创新也支持了市场的扩展。

在历史上，只有在集中的康德拉捷夫周期里（19 世纪后期，20 世纪的战后时期），技术和组织机构模式与制度模式之间是协同匹配的。这些协同匹配时期的特点是迅速而且稳定的社会经济发展。另一方面，广泛的康德拉捷夫周期的特点是新技术和组织机构模式与旧社会体制架构之间的不匹配。这些不稳定时期的特点是迅速的结构变化、社会不公平不断加剧、政治冲突甚至革命和战争。

在历史上，匹配的现象与成熟阶段的（集中的）康德拉捷夫周期相关。在这个阶段，技术经济前沿发展的速度开始放慢，同时对最优范例的模仿也更容易。因为在现有的技术轨道之外，激进的创新更加困难，领先国家的经济增长下降，这些国家最先

表 2.3　三个双康德拉捷夫周期的主要特点

| | 第一双康德拉捷夫 | | 第二双康德拉捷夫 | | 第三双康德拉捷夫 | |
|---|---|---|---|---|---|---|
| | 广泛 (1787~1842年) | 集中 (1843~1897年) | 广泛 (1898~1950年) | 集中 (1951~1989年) | 广泛 (1990年~) | |
| 1. 载体分支 | 纺织品 | 铁路设备、轮船 | 电子工程、化学药品 | 耐用消费品、汽车、航空、石化 | 计算机、电信、互联网、旅游、传媒、娱乐 | |
| 2. 基础设施 | 干渠、收费高速道路 | 铁路、运输 | 电力供应和分布 | 高速公路、机场 | 数字通信网络 | |
| 3. 关键资源 | 棉花、非技术劳工 | 煤（运输费用） | 钢 | 能量 | 知识和信息 | |
| 4. 能源 | 水 | 煤 | 电力、石油 | 油 | 核和太阳能 | |
| 5. 主要技术或市场创新拓展 | 蒸汽机、纺织机 | 铁路、轮船、电报、德国关税联盟、殖民主义 | 电动机械、化工原料、内燃机 | 喷气式引擎 | 信息与通信技术 | |
| 6. 组织 | 工厂、小公司、市场交流 | 与之前相同 | 垂直整合的公司大层次 | 与之前相同 | 网络的大、小公司，密切的横向合作 | |
| 7. 主导的市场需求（消费需求/工业） | (生理学的) 基本消费需求/新兴工业需求 | 资料（社会评估）需要生长在这些新上阶级/工业需求的材料和投资商品上升 | 物质需求和"炫耀性消费"传播至中产阶级/工业需求仍在继续上升 | 物质需求继续主导发达国家，20世纪60年代后期自我实现的需求加强（个人主义、社会政治激进主义、娱乐等）大型协调的信息和交易密度为新兴的信息和通信技术等结构性问题日益增加创造协调的需求 | 在发达国家自我实现需求驱动经济社会发展/交易成本和需求主宰的业务调整 | |
| 8. 主要国家 | 英国 | 英国 | 美国 | 美国 | 美国 | |
| 9. 第一竞争者 | 法国、比利时 | 德国、美国 | 德国、英国 | 日本、德国 | | |

续表

| | | 第一双康德拉捷夫 | | 第二双康德拉捷夫 | | 第三双康德拉捷夫 |
|---|---|---|---|---|---|---|
| | | 广泛（1787～1842年） | 集中（1843～1897年） | 广泛（1898～1950年） | 集中（1951～1989年） | 广泛（1990年～） |
| 10. 政府角色 | | 产权体系，内部和外部的安全 | 与以前一样，增加早期社会立法和污染控制 | 和以前一样，基础设施（公用事业）和强化社会保障 | 与以前一样，再加上充分成熟的社会福利和活跃的凯恩斯式需求管理 | 政府在商品和服务的生产过程中的作用减弱，收入转移减少，积极的竞争政策，本地市场失灵情况减少（外化，不确定，等） |
| 11. 制度框架 | | 封建公会、垄断和其他贸易限制的解体，自由主义的出现 | 自由资本主义的颠峰时期，竞争政策出现 | 不断增长的国家干预的市场，开放的国际金融和贸易系统 | 首先，日益增长的国家监管市场，有限的工会，日益强大的监管机构；其次，越来越多的问题出现在过时的商业监管，缺乏的超国家监管和知识产权等方面 | 综合的"法规改革"导致对私人和第三部门监管增加，加大超国家监管 |
| 12. 主要的社会剧变 | | 拿破仑战争，法国大革命，西班牙、葡萄牙、意大利革命，南美国家独立 | | 第一次世界大战期间，俄国革命，共产主义和法西斯主义的兴起，大萧条时期，第二次世界大战 | | |
| 13. 形成的经济学范式 | | 古典经济学出现 | 古典经济学的颠峰 | 凯恩斯革命，宏观经济学作为一个独立的领域的出现 | 凯恩斯宏观经济学的颠峰时期，通货膨胀增加带来主义的、竞争学派的矛盾 | |

资料来源：Hämäläinen（2003a：72～73），改编自 Freeman and Perez（1988）。

遇到成熟技术经济模式中越来越多的问题（关键资源的短缺、不断增多的组织机构问题、需求方式的变化、体制刚性等）。❶与此同时，旧式的核心生产技术和方法更加成熟与标准化，因此更容易跨过国界并被模仿。社会经济系统内逐渐增加的矛盾使这一时期社会经济发展的收益不断下降。

一旦技术经济模式开始转变，赶超过程更加容易，因为领先经济已经在旧模式的结构中进行了大量的投资（旧的基础设施、生产设备、人工技能、核心技术、组织机构安排和市场结构）。这些"沉没成本"延缓了新模式的传播，因为个人和组织机构都不愿为了转移到新的生产模式而放弃旧的财富（Christensen，1997）。改变的阻力加大的原因还来自领先社会在旧的社会经济模式下长期的成功，这种成功产生心理惰性并对旧模式积累的问题形成财政缓冲。结果，这些社会很容易与旧模式"锁定"在一起（Freeman，1995；Schienstock，1999）。只有很强大的动力，例如高度竞争的市场或者一场经济危机，才可以打破这种对于结构变化的心理刚性。我们将在下一节更详细地分析调整刚性问题。

因此，技术—经济模式的转变给更加灵活的赶超经济体提供了一个超过并领先于老牌先进经济体的"机会窗口"（window of opportunity）（Abramovitz，1986；Perez and Soete，1988）。最靠前的赶超经济体自然最有机会成为新模式领导者。落后于技术经济前沿更远的经济，在赶超新模式的过程中将遇到更多困难。

在世界经济发生重大模式转变过程中或以后，国家经济的竞争力和增长取决于这个国家的"社会经济起点"（starting point）——它的现有资源、技术、组织机构安排、产品市场结构、外部商业活动、制度和政府作用——这个国家的调整能力与改变技术经济的需求和社会体制环境相关（Abramovitz，1995；Lipsey，1997）。

一个好的起点和好的调整能力，使一个国家在社会经济发展中占据优势，因为根

---

❶ 曼瑟尔·奥尔森（Mancur Olson，1982）曾经分辨，在稳定的环境中，特殊利益集团通常会变得更加强大，而且它们日益增加的"寻租"活动产生的刚性对经济表现有不利影响。

据变化的环境做出迅速而平衡的调整将产生协同促进与收益递增。❶调整带来的收益递增来自社会经济新模式内部的系统的相互依赖性、互补性、协同作用、积极的外部性和反馈循环（Arthur，1994；Freeman，1995；Lipsey，1997；Hämäläinen，2003a）。根据系统的竞争力框架（见图2.1），收益递增来自迅速的和互补的：

a. 生产资源和基础设施的升级：
- 在选定领域投资专业知识和技能；
- 在这些领域开发先进的基础设施。

b. 开发和普及新技术：
- 在特定领域的研究开发活动；
- 在各个部门、地区和组织中推广新的通用技术。

c. 创造组织机构安排，因此能够：
- 重新分配生产资源（分配效率）；
- 提高专业化、知识和规模经济（技术效率）；
- 有效协调日益复杂的生产过程和更多的外部关系（协调效率，例如把互补的活动和工业集中起来）。

d. 发展长期的需求以及在产品市场上与对手竞争：
- 主要用户和生产开发商之间的紧密互动；
- 迅速掌握消费者关于新产品和消费机会的动向；
- 将相同或互补产品的消费者组成网络；
- 以创业者姿态进入上升市场，以新竞争者姿态进入现有市场。

e. 发展新的商业关系和活动取得变化的技术经济环境下经济的优势：
- 打开和开发新地区的市场或供应来源；
- 在国外建立生产设施和合作合资。

---

❶ 经济主体所面对的改变压力，在很大程度上取决于自然、技术、经济、人类和体制的环境。然而，每个系统都有自己的路径依赖的历史和需要人们接受的当地环境。由此，在同样的"宏观"环境下，系统就有了许多相似但又不同的"理想状态"（多重最优解）。工业化国家中不同版本的"福利国家"就是很好的例子。

f. 制定与变化的技术—经济环境相协调的新制度规章、法规和公共政策，因此：

- 支持重要竞争力与增长因素（a~e）的升级；
- 减少低效分配或未利用的资源，提高收入，降低收入差距和社会不平等；
- 降低因未解决的结构问题而产生的经济主体的不确定性；
- 改善对消费、投资和创业的激励机制；
- 促进经济活动的协调。

制度和政策方面的创新不仅促进了经济表现的供应方面各因素的改善，而且加大了经济的总需求。由于调整刚性以及变化的资源需求，技术—经济模式的转变一般与大量闲置、不良分配的资源及不断扩大的收入差距有关。这些是主政者要解决的重要问题。因此他们经常推出改善资源分配和降低收入差距的新制度和新政策。降低收入差距是对总需求的促进，因为它提高了消费倾向最高的低收入人群的收入。同时，收入转移支持了结构转变，因为在这一过程中不可避免出现的利益受损者得到了补偿（Chang and Rowthorn，1995）。

一旦制度和结构改革实际推行，关于改革时机和性质的不确定性就消除了。不确定性的降低将使消费者和投资者更有信心也更愿意花钱。通过在现有产品市场里创造新需求（例如通过放宽通信市场的管制），以及为全新市场制定监管框架（例如电子商务），监管的改革措施也会扩大总需求。

那些不能在广泛的康德拉捷夫周期初期阶段做出调整，或只是以局部和不平衡的方式调整的社会，将得不到新模式带来的收益递增，并开始落后于领先国家。同时，收益递增与迅速前进的技术—经济前沿相关，使调整滞后的社会的赶超更加困难。新资源、技术和组织的创新，最初多以非标准化的形式出现，不易传播，特别是不易跨国界传播。因此，世界经济新的领先者将会在重要技术变革之后领先于其他先进经济。❶

最后，在重大模式转变中和转变后产生收益递增的那些因素，投资特别技能、知

---

❶ 例如，在20世纪初期，美国扩大了它对其他工业化国家的经济领先，就像在19世纪初期的英国那样（Freeman，1995）。

识、技术以及基础设施，积累关于生产商、消费者、生产、外部消费和合作网络的知识，生产系统和体制政策架构之间的良好配合，也使成熟社会经济系统变得更加僵化。于是，建立完善的工业巨头或领先国家，它们技术—经济模式在很长时间里享受了收益递增制度，一旦环境发生重大变化，它们将面临严重的调整问题（Christensen, 1997; Hämäläine, 2003a）。它们变成了自己成功的囚徒。

## 结构竞争与经济增长

我们可以利用OECD国家的结构竞争力指标作为说明变量，对结构调整能力如何影响经济增长做实证研究。为了衡量调整能力，我们选择竞争力指标来代表世界经济的新技术经济模式，而不是第二次世界大战以后几十年旧的大生产大消费模式（Freeman and Perez 1988; Hämäläinen, 2003a）。例如，生产资源的竞争力不用实际投资而用无形资产衡量；在先进经济中，拥有高技能人力资源对竞争力的重要性大于单位劳动成本等。这表示，一个高度竞争的社会与缺乏竞争的社会相比，其社会—经济结构与新的技术—经济环境要求的联系更加密切。在以后的分析中，我们将从图2.1介绍的7因素竞争力框架中导出竞争力指标。

我们在前面曾经利用7因素竞争力框架分析结构竞争力与经济增长之间的关系（Hämäläinen, 2003a）。在研究中，我们可以很好地解释OECD国家从20世纪80年代初期到20世纪90年代中期的经济增长。每个竞争力因素被分为几个衡量因素不同方面的分指标。经验结果说明，在20世纪80年代到20世纪90年代之间世界经济发生了一次重大转型。另一个有趣的结果是在20世纪80年代到20世纪90年代，政府在经济中的作用对经济增长有巨大影响。社会把更多公共资源分配在直接支持经济竞争和增长上，比把公共资源配置到以社会公平为导向的活动上，经济增长更快。这个结果说明，因为世界经济对抗加剧，由亚瑟·奥肯（Arthur Okun）在20世纪70年代中期首次提出的（Okun, 1975）经济效率与公平之间的"大权衡"已成为工业化社会重大的政策挑战。最近OECD关于增长的研究支持了这个观点。根据OECD的研究，政府在预算中强调收入转移超过公共投资，会导致生活水平降低（OECD,

2003)。

表2.4列出先前对21世纪初期进行研究的竞争力数据组。表中的结构竞争力指标经过计算，作为各个国家在各时期7个竞争力因素的算术平均值。这些竞争力因素的值已经经过统一化处理，可以比较与合并。这意味着各个国家竞争力因素指标的绝对值没有特别的时间意义，只是用于在给定时间段内与其他国家比较。相对于其他国家结构竞争力指标越高，这个国家的竞争力越高。仔细观察表2.4，会发现德国和日本结构竞争力的长期下降。另一个大的工业化国家意大利，没有能够在20世纪80年代到20世纪90年代改善自己糟糕的结构竞争力问题。另一方面，爱尔兰在技术经济环境不断变化的过去15年间一直在改善自己的结构竞争力。芬兰则是20世纪90年代的另一个"竞争力奇迹"。它的结构竞争力在1980年代中持续恶化。然而，作为1990年代初期一场深刻的经济危机的结果，芬兰的结构竞争力跃居OECD国家首位，并一直保持下来。

随时间推移，社会的结构调整能力将影响其相对结构竞争力和经济增长率。在我们的研究中，20世纪90年代中相对结构竞争力的变化与相对人均GDP水平的变化显著相关（相关系数 $r = 0.58$）(Hämäläinen and Heiskala, 2004)。对于法国、德国和日本，结构竞争力的恶化与人均收入相对下降之间的相关性特别显著（比较表2.4和表2.2）。另一方面，由于迅速的结构调整和改善竞争力许多国家在人均GDP方面与美国的差距缩小了。再次指出，爱尔兰在OECD国家中如鹤立鸡群。

表 2.4　20 世纪 80 年代初期到 21 世纪初期 OECD 国家的结构竞争力

| 竞争力排名 | 80 年代早期 | | 80 年代后期 | | 90 年代早期 | | 90 年代中期 | | 90 年代后期 | | 21 世纪初 | |
|---|---|---|---|---|---|---|---|---|---|---|---|---|
| 1 | 加拿大 | 0.62 | 美国 | 1.27 | 日本 | 0.82 | 瑞典 | 0.85 | 美国 | 1.04 | 美国 | 1.18 |
| 2 | 瑞士 | 0.46 | 瑞士 | 1.19 | 美国 | 0.69 | 芬兰 | 0.71 | 芬兰 | 0.87 | 芬兰 | 1.00 |
| 3 | 澳大利亚 | 0.43 | 日本 | 0.7 | 瑞典 | 0.47 | 美国 | 0.62 | 瑞士 | 0.73 | 加拿大 | 0.75 |
| 4 | 美国 | 0.42 | 德国 | 0.65 | 荷兰 | 0.45 | 加拿大 | 0.59 | 荷兰 | 0.55 | 意大利 | 0.53 |
| 5 | 瑞典 | 0.41 | 英国 | 0.62 | 加拿大 | 0.42 | 瑞典 | 0.56 | 加拿大 | 0.53 | 瑞典 | 0.53 |
| 6 | 日本 | 0.42 | 瑞典 | 0.6 | 瑞士 | 0.38 | 英国 | 0.5 | 丹麦 | 0.43 | 瑞士 | 0.49 |
| 7 | 德国 | 0.2 | 加拿大 | 0.52 | 丹麦 | 0.34 | 日本 | 0.44 | 澳大利亚 | 0.41 | 荷兰 | 0.36 |
| 8 | 荷兰 | 0.18 | 荷兰 | 0.52 | 德国 | 0.29 | 挪威 | 0.41 | 瑞典 | 0.37 | 澳大利亚 | 0.29 |
| 9 | 芬兰 | 0.15 | 比利时 | 0.14 | 英国 | 0.27 | 丹麦 | 0.34 | 爱尔兰 | 0.30 | 丹麦 | 0.24 |
| 10 | 英国 | 0.11 | 澳大利亚 | 0.08 | 新西兰 | 0.2 | 荷兰 | 0.32 | 挪威 | 0.25 | 奥地利 | 0.21 |
| 11 | 新西兰 | 0.1 | 法国 | 0.01 | 比利时 | 0.16 | 澳大利亚 | 0.22 | 日本 | 0.24 | 比利时 | 0.12 |
| 12 | 法国 | 0.01 | 芬兰 | −0.02 | 澳大利亚 | −0.04 | 新西兰 | 0.21 | 英国 | 0.23 | 英国 | 0.08 |
| 13 | 挪威 | 0.01 | 丹麦 | −0.06 | 挪威 | −0.05 | 德国 | 0.1 | 比利时 | 0.11 | 日本 | 0.02 |
| 14 | 奥地利 | −0.01 | 奥地利 | −0.12 | 芬兰 | −0.08 | 法国 | 0.01 | 德国 | 0.06 | 新西兰 | 0.02 |
| 15 | 丹麦 | −0.02 | 新西兰 | −0.17 | 奥地利 | −0.12 | 比利时 | −0.02 | 新西兰 | −0.11 | 德国 | 0.02 |
| 16 | 比利时 | −0.06 | 挪威 | −0.24 | 法国 | −0.13 | 爱尔兰 | −0.04 | 奥地利 | −0.27 | 挪威 | −0.05 |
| 17 | 希腊 | −0.27 | 爱尔兰 | −0.3 | 爱尔兰 | −0.18 | 奥地利 | −0.09 | 法国 | −0.37 | 法国 | −0.41 |
| 18 | 爱尔兰 | −0.27 | 葡萄牙 | −0.79 | 葡萄牙 | −0.63 | 葡萄牙 | −0.75 | 葡萄牙 | −0.45 | 西班牙 | −0.70 |
| 19 | 西班牙 | −0.38 | 爱尔兰 | −0.8 | 土耳其 | −0.63 | 西班牙 | −0.83 | 西班牙 | −0.62 | 葡萄牙 | −0.86 |
| 20 | 葡萄牙 | −0.62 | 西班牙 | −1.0 | 希腊 | −0.66 | 意大利 | −1.06 | 意大利 | −1.32 | 意大利 | −0.90 |
| 21 | 意大利 | −0.63 | 希腊 | −1.18 | 西班牙 | −0.9 | 希腊 | −1.47 | 土耳其 | −1.35 | 土耳其 | −1.42 |
| 22 | 土耳其 | −1.05 | 土耳其 | −1.6 | 意大利 | −1.1 | 土耳其 | −1.62 | 希腊 | −1.64 | 希腊 | −1.51 |

## 第2章 社会创新，结构调整和经济绩效

最后，我们利用统计回归分析方法检验结构竞争力对经济增长（GDP 增长）的影响。[1]我们的独立变量包括前述的 7 个竞争力因素（生产资源、技术、组织机构安排、产品市场特性、外部商业活动、体制架构、政府的作用），一个赶超变量（初始人均 GDP）和两个宏观经济控制变量（通货膨胀和长期利率）（Hämäläinen 2003a）。数据覆盖 22 个 OECD 国家，6 个不同时间段：20 世纪 80 年代早期、晚期，20 世纪 90 年代早期、中期、晚期，21 世纪初期（案例数 n = 22 ×6 =132）。关于增长、通货膨胀、利率和赶超变量的数据主要来自 OECD 数据库，还利用了一些欧盟的统计数据。

对所有数据（从 20 世纪 80 年代初期到 21 世纪初期）进行的第一次回归分析没有得到很好的结果。根据我们先前的经验性研究，这样的结果是可以预见的。先前的研究揭示了在 20 世纪 80 年代到 20 世纪 90 年代之间，世界经济发生了一次重大结构变化（Hämäläinen，2003a）。预计对各个时期的分别回归模型会得到更好结果。

对 20 世纪 80 年代数据进行的回归分析得到了很好的结果，分析报告见表 2.5（模型 1）。模型解释了 20 世纪 80 年代 OECD 国家的经济增长（n = 40，$R^2$ =0.51）。20 世纪 80 年代，有 4 个增长因素在统计学意义上是显著的，它们是：产品市场的复杂程度、赶超变量、通货膨胀和长期利率。这个结果说明：20 世纪 80 年代世界经济处于战后生产模式的成熟状态：与多数结构竞争力因素相比，宏观因素和赶超收益仍然对增长更为重要。一些竞争力因素还是出乎意料的负值。其原因可能是关键的竞争力变量之间的强烈相关性（资源、技术、组织效率和产品市场复杂性）（Neter et al., 1990：408）。而且，长期利率出乎意料的正号可以反映增长与利率的负相关关系。

---

[1] 在回归分析中采用人均 GDP 作为独立变量时，统计结果非常相似。

表 2.5　OECD 国家经济增长的变化要素

| 时期 | 模型 1<br>20 世纪 80 年代 | 模型 2<br>1994～2002 | 模型 3<br>1997～2002 |
|---|---|---|---|
| 案例（n） | 40 | 65 | 43 |
| 常量 | 56.239 ***<br>(-0.155) | 18.321<br>(1.167) | 42.521 *<br>(2.024) |
| 生产资源 | -0.048<br>(-0.155) | 0.383 *<br>(-1.981) | 0.519 *<br>(2.002) |
| 技术 | -0.044<br>(-0.168) | -0.215<br>(-1.075) | -0.505 **<br>(2.050) |
| 组织效率 | 0.122<br>(0.623) | -0.262<br>(-1.344) | -0.548 **<br>(-2.231) |
| 产品市场发展 | 0.724 ***<br>(-2.928) | -0.098<br>(-0.270) | 0.539<br>(1.074) |
| 国际商务 | 0.185<br>(-1.156) | 0.348 ***<br>(-3.151) | 0.428 ***<br>(3.517) |
| 机构 | -0.135<br>(-0.812) | 0.323 **<br>(-2.382) | 0.229<br>(1.249) |
| 公共部门 | 0.226<br>(-1.153) | 0.259 **<br>(-2.017) | 0.336 **<br>(2.057) |
| LOG（GDP/人均） | -1.329 ***<br>(-3.610) | -0.301<br>(-0.987) | -0.738 *<br>(-1.900) |
| 通货膨胀 | -1.665 **<br>(-2.698) | -0.401<br>(-0.345) | -1.498<br>(-1.175) |
| 长期利率 | 1.226 *<br>(-1.848) | 0.289<br>(0.243) | 1.191<br>(0.943) |
| $R^2$ | 0.512 | 0.409 | 0.558 |
| F（sig.） | 3.145 *** | 3.801 *** | 4.161 *** |

注释：＊＊＊＝$P<0.01$，＊＊＝$0.01<P<0.05$，＊＝$0.05<P<0.10$。

在 20 世纪 90 年代初期，世界经济模式的转变对国家经济结构造成强烈冲击。迅速的结构改变，使利用 20 世纪 90 年代初期到 21 世纪初期的数据建立的预测模型的解释力降低（n=87，$R^2$=0.23）。如果在回归分析中去掉 20 世纪 90 年代初期的数据，集中分析 20 世纪 90 年代中期到 21 世纪初期，模型的统计显著性就会改善（表 2.5，模型 2）。自 20 世纪 90 年代中期起，有 4 个统计学显著的经济增长要素：生产资源、外部商业活动、制度框架和政府的作用。这个结果反映了新技术经济模式的主要挑战，特别是商业活动全球化❶以及更新旧的社会体制结构的要求。正如我们前面看到的，在20世纪80年代这些因素对经济增长并不显著。对分析结果的解释涉及生产资源、技术、组织效率和产品市场，由于自相关问题，解释是有难度的。

在采用最近时期的数据（20世纪90年代后期到21世纪初期）进行回归分析时，模型的解释力变得更强了（模型3，$R^2=0.56$）。外部商业活动和政府的作用因素仍然与前面一样显著。生产资源、技术和组织机构安排因素全都显著，但是后两个因素是出乎意料的负值。在这里我们必须再次提到以前关于相关的解释。在统计显著的因素中，赶超因素的回升令人意外。这不能解释为相对贫穷的OECD国家的迅速增长，而应解释为一些富裕的OECD国家（例如瑞士、日本和德国）的增长乏力。

我们的统计分析支持早先得出的结论，即在20世纪90年代世界经济发生了一次模式转变，明显改变了不同增长因素的性质、关系和显著性。宏观经济变量和赶超位置变得不如以前那样重要了。另外，结构竞争力因素，特别是经济的全球化和制度与政府的竞争力成为经济增长的关键因素。这个结论与前面的理论性和历史性分析完全一致。它还强调了社会创新对于经济发展的重要性。制度和政府的重建需要引起政策制定者更多的关注。

## 社会创新过程的理论

我们曾在前面指出，在今天迅速变化的环境中，系统的改变能力是经济运行最重要的动力。不幸的是，社会科学通常将社会结构和制度作为既定的，而关注于它们对人和组织机构行为的作用（Scott，2001；North，2003）。因此，有迫切需要对结构变化过程做更多的研究。目前，有关的研究工作散布在各个学科领域：制度经济学、管理科学中的"新制度主义"、认知科学、心理学、文化研究、知识社会学、历史等。研究方向的多样，说明结构变化过程的分析也同样是多层次的：个人、群体、组织、部门、地区、国家以至文明（Argyris and Schön，1978；Gardner，2004；Gersick，

---

❶ 我们将外部商业活动作为强调国际商业活动重要性的竞争力因素。一个国家的国际商业活动（贸易、国外直接投资和战略联盟）越国际化，人们认为这个国家的经济竞争力就越强（Hämäläinen，2003a）。

1991; Huff and Huff, 2000; Scott, 2001; Seo and Creed, 2002; Van de Ven and Hargrave, 2003; Schön, 1973; Fairbanks and Lindsay, 1997; Harrison and Huntington, 2001)。

在不同的社会经济系统中相似的社会变化过程，可以用在所有人类社区中（工作和休闲小组、职业、组织、开业者网络、一个地区的居民、一个国家的公民和一个文明的成员）相似的集体学习过程来解释。社区中重叠的规则、政策和组织机构形成一种多层的"嵌套层次"（nested hierarchy），在其中人们以不同的角色从事自己的日常活动，观察他们的结果，共同维持或改变有关的结构（Scott, 2001; Seo and Creed, 2002; Van de Ven and Hargrave, 2003）。

在本节的以下部分，我们将建立一个理论的框架，综合社会经济系统中结构变化过程的一般特点。回应范德芬（Van de Ven）和哈格雷夫（Hargrave）的呼吁（2003），这个理论结合了进化性的和革命性的变化理论。然而，在介绍我们的框架之前，我们必须限定"制度"和"结构"的含义，因为这些词在不同学科里被不同和重叠地使用。对于制度，我们采用理查德·斯科特（Richard Scott）的"三个体制支柱"的定义（见表3.1）。这包括体制的文化认知、准则和监管方面（Scott, 2001）。另一方面，经济结构通常等同于公共政策、规则和现有的组织机构安排。因此，"制度"和"结构"有些重叠，常常互换使用。

在发展的进化阶段，社会经济体制和结构约束、塑造和促成个人和组织机构的行为。在最动荡的时期，社会经济体制和结构也变成"制度企业家"（institutional entrepreneur）的竞技场，他们试图根据自己的或他们的参考群体的利益，自己动手改变制度和结构（Scott, 2001）。因此，积极的制度企业家精神和创新（"中介"）为一方面，旧体制内部的组织同构（结构、镶嵌）为另一方面，它们之间的随时间交替的平衡，取决于环境改变的快慢以及系统中积累问题和矛盾的程度。

我们的制度和结构变革理论包括进化的（第一次序）阶段，这时主要的制度和结构得到逐渐加强和改进，还有革命的（第二次序）阶段，这时制度和结构被从根本上重建。图2.2给出这个理论的框架。斯科特的体制三个支柱对应我们理论中的调控框架、共同的价值和准则以及合作框架、理论模式及心理模式。流程图中,实线框和箭头解释进化的第一次序变化过程,同时虚线框和箭头代表革命的第二次序变化过程。

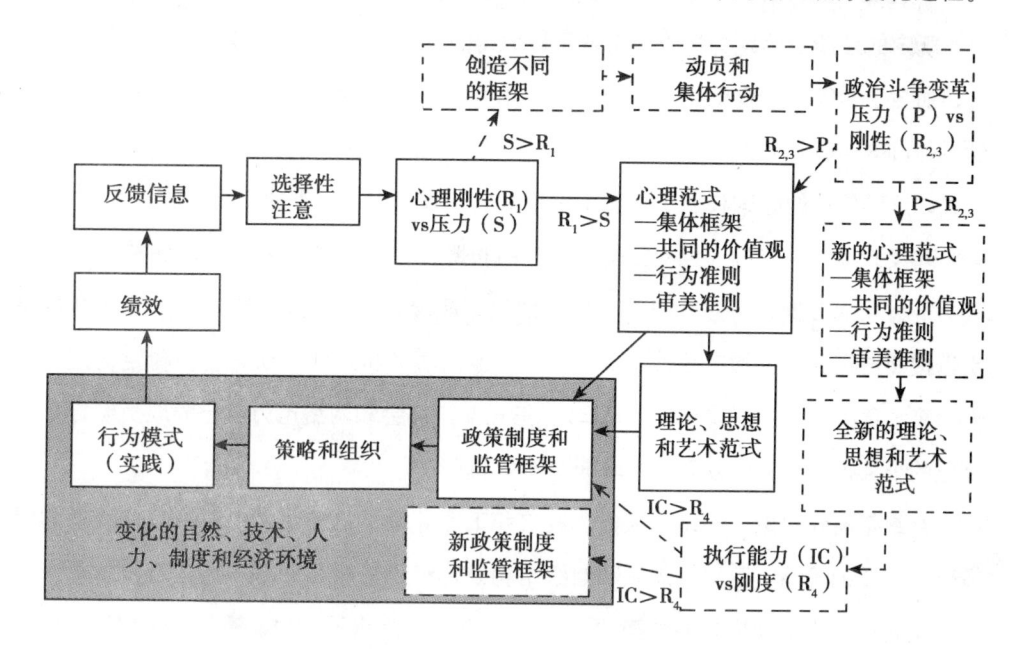

图 2.2 进化的和革命的结构变化

个人和组织的行为在一个进化的自然、技术、人类、体制和经济环境中发生。我们在本节的开始曾讨论了一些长期的技术变化,在上节讨论了经济变化。自然环境随时间的变化源于自然进化和人类活动的影响。个人的需要和喜好随着他们的财富、知识以及其他条件的变化而改变(Hämäläinen, 2003a: 50~51)。在制度的嵌套层次中,一个层面上的制度改变,受到系统其他层面的制度进化的影响(Van de Ven and Hargrave, 2003)。例如,欧盟层面的新制度规则,在国家和地区层面形成法规和政策。环境变化影响了已有的行为模式和惯例的绩效。不断下降的绩效产生了改变原有社会结构的需求,这个社会结构塑造了个人和组织的行为。

## 稳定环境下的进化性变化

社会经济系统的技术、经济、组织、政治和结构,在稳定或缓慢进化的环境中,倾向于形成一种相当稳定和贯通的系统。系统的各个元素逐步发展，在系统的每个方面都不造成严重的紧张和调整问题。个人和组织的行为沿着历史格局高度程式化。

既定的活动在固定的情景中常常可以取得成功。系统的良好表现提供了正反馈信息，加强了共同认知框架（世界观）、价值观（道德、伦理、审美等）和行为准则（Fairbanks and Lindsay, 1997：246）。这些反过来巩固了被广泛接受的理论和心理模式。这种集体的心理模式支持着系统正式的、政治的、规则的和组织的结构。

政策制度包括安排产生社区的公共产品和服务。规则框架包含安排保持和强化社区的行为规则（例如，法律规则、合作协议、标准）。除政策制定者外，特殊利益集团也按照自己的需要指定政策和法规，在对他们动员和组织行动有利的稳定时期，他们聚集了更大的力量（Olson, 1982）。第三部门协会和网络也为自己的成员制定了更专业的公共产品和体制规则（Hämäläinen, 2003a）。

组织策略在自然、技术、人类、经济和工业环境不断变化之中形成。环境变化缓慢时，在旧的思想、政治、规则和组织结构里，组织策略和安排一般还合身。个人和组织机构的日常活动嵌在旧的思想、政治、规则和组织结构里。❶来自日常活动的令人满意的体验，没给制度企业家们留下多少空间。行为模式一旦建立起来并传播和分享，它就在生活的各个方面形成独特的风格和惯例（生活方式、艺术风格、组织机构惯例等）。

共同的认知框架会将个人的注意力限制在那些与共同认知框架一致的体验和信息上（Bohm, 2004）。不一致或矛盾的信息被忽视或做出专门解释（ad hoc explanation），以此降低个人心中的不愉快、不确定和焦虑，即"认知失调"（cognitive dissonanle）（Festinger, 1957）。异常引起的焦虑不能被忽视或做出专门解释时，由系统内小稳态（small homeostatic），或者说状况维持的改变来解决（Huff and Huff, 2000：64）。

新的体验和信息也许与一个人的道德价值观、信仰和规则冲突。我们称这种由道

---

❶ 个人和组织机构的行为如果与现有的体制和政治框架和谐，那就被认为是合理的。合理的行为一般被认为是可取的、正确的和适当的。这是被系统现有体制和结构支持的（Suchman, 1995; Scott, 2001：59）。

德价值观冲突引起的焦虑为"道德失调"（moral dissonance）。现实中，相同的体验和信息可能同时产生认知失调和道德失调，二者对个人行为的影响相互交织。

社会经济系统在稳定的环境下积累着心理的、经济的、社会的和系统的刚性。这些系统的刚性在稳定的时候，将经济社会系统凝聚起来，使组织有效率，但在迅速变化的环境中它们造成调整的问题（Lindblom，1990）。

## 心理刚性

系统持续的良好表现以及个人在日常活动中的正面经验，逐步加强共同认知框架、价值观和准则，最终达到不愿且不能质疑它们的程度（Huff and Huff，2000：81；Senge，2004）。知识分子的自尊和威望建立于已有的思想、理论和科学模式，人们发现他们的思想特别难改变。正如加德纳（Gardner）指出的（2004：183）：

局外人很难理解，知识分子有多么在乎"保持正确"的重要性，多么在乎精确地保卫自己的观点，并保持前后一致；对于任何一个知识分子来说，思想是中心轴。知识分子特别容易受到认知失调造成的紧张的感染。当发生了与他们的理论相反的事情，为了消除不一致他们会激动地重新解释事情。

心理刚性（图2.2中$R_1$）左右着那些可以进入公众讨论和集体学习过程的议题。社区中的成员通常认识不到他们共同的基本假定（心理模式），然而在遇到挑战时又会激发情绪反应（Bohm，2004）。已有的心理模式一般服务于最强大利益集团的经济和政治利益。这就限制了社会的集体学习能力和结构调整能力：

一旦关于世界观、自我观、他人观、战略学说等等基本假定也形成共识，精英们要转换这些假定需要付出政治的、经济的和心理的高昂代价（Janis，1972）。因此这变成了忌讳的假定，产生的知识一般限定在假定的范围之内。同时，转换基本观点的能力和社会自我转型的能力严重降低。（Etzioni，1991：30~31）

## 经济刚性

在重大的系统转变中，个人、团体和组织的特别技能和财富常常会失去价值（Williamson，1985），使得技能和财富的拥有者反对这样的变化。因此，已形成的特殊利益集团常常成为反对改变的最强大说客（Benson，1997；Olson，1982）。当看到一个社会问题，围绕结构调整的需要和方向的一场政治斗争已经开始时，经济刚性（$R_2$）影响着结构转变过程。

## 社会刚性

随时间推移，在一个社会系统中持续的和成功的人际交往产生了社会纽带、网络和共享框架，使社会系统的柔性持续下降（Seo and Creed, 2002）。在环境变化加快时，这类强联结的社会资本可能会减缓结构调整（Woolcock, 2000; Schienstock and Hämäläine, 2001）。创新的个人和组织机构可能会将自己的新思想和社会创新藏起来，因为这些新思想和社会创新对同伴的活动有短期的负面影响所以会"惹麻烦"（Bohm, 2004: 66）。这样的负面影响可以是心理的或是经济的。在一个紧密联系的网络中，某个结点激进的结构变化可能会扰动旧的集体框架、价值观和规则，还会造成网络内一些伙伴的经济损失。社会刚性（$R_3$）因此会降低联系紧密的个人和组织启动结构改变过程的愿望。

## 系统刚性

稳定的社会经济系统不断强化专业化、相互依存度和复杂性，使结构改变更加难以完成（$R_4$）。由于相互影响，不改变整个系统而改变紧密配合系统的一个部分是很困难的（North, 1990; Huff and Huff, 2000; Bruijn et al., 2004）。然而，动员和协调集体行动需要全系统的改变，其代价常常超过它为系统中任何单个成员带来的利益（Hämäläinen and Schienstock, 2001）。系统改变的施行涉及公共利益问题。尽管人们逐渐认识到需要进行系统改变，并且有新的心理模式支持，系统改变仍然会难以完成。

## 模式转变中的革命性变化

由于各个调整刚性的存在，现有的行为方式、认知框架、价值观、准则、理论、思想意识和社会经济结构的变化会逐渐增加（North, 1990; Van de Ven and Hargrave, 2003）。然而，有时社会经济系统的进化被引起重大心理、结构和行为变化的革命阶段所打断。这些革命性变化常常在不断增长的系统性矛盾、不确定和压力之后出现，它们吸引人们注意新的问题（或机会），降低了旧体制和结构的合法性，最终压倒了系统的刚性，并开始了激进的二阶变化过程（Schön, 1973; Benson, 1977; Porter, 1997; Fairbanks and Lindsy, 1997; Almond, 1999; Huff and Huff, 2000; Seo and Creed, 2002; Van de Ven and Hargrave, 2003; Bruijn et al., 2004; Bohm, 2004）。

引起革命性变化的矛盾源自两个方面：在稳定环境中个人和组织活动的路径依赖的专业化以及系统环境变化加快。随时间推移，个人和组织活动的路径依赖的专业化，在个人和组织之间以及这些活动和旧的社会经济结构之间产生内部矛盾（异化）（Benson, 1977; North, 1981; Seo and Creed, 2002; Hämäläinen, 2003a）。其他的矛盾则与系统的自然（气候和资源）、人（需求和喜好）、技术、经济和（上层）政治和体制环境变化相关，它们难以与旧的行为方式和结构相容（Oliver, 1992; Barley and Tolbert, 1997; Scott, 2001：187）。内部和外部矛盾的积累造成了一种状况，就是现有的结构不再服务于结构内人们的利益（Scott, 2001; Seo and Creed, 2002）。这就给有志于改变的制度企业家们提供了动力。

当一些人的观念和利益在现有的社会安排下不能得到很好的满足时，他们就会强调新的问题。这些人数的多少以及他们的需求没被满足的程度直接影响到发生变化的机会（Seo and Creed, 2002）。

新生的系统矛盾常常被系统中的新成员或年轻成员最先认识，他们还没被旧的心理模式"社会化"（Huff and Huff, 2000; Seo and Creed, 2002; Van de Ven and Hargrave, 2003; Weick, 2003）。系统中的老成员多已建立起周密的认知框架、价值观和准则，使他们的行为和注意力指向强化认知框架、价值观和准则的活动。来自旧有行为方式、结构和体制的正面体验时间越长，他们越难以改变自己的心理结构和行为（Gardner, 2004）。在环境迅速变化时期，这在社会经济系统的新老成员中产生了越来越大的思想隔阂。

另外一组对系统矛盾敏感的人是艺术家，他们在自己的作品中反映"时代精神"。艺术家强调现象的特异性和差别，对现实给予主观的解释，更容易打破固定思维的障碍而提出新议题供公众讨论,而科学家和政策制定者要受到证据和客观性标准的限制。艺术家常常给予新社会现象的第一意义和解释,以后也许会被科学家、政策制定者以及其他社会分析家采用(Hauser,1982;Venkula,2003;Gardner,2004)。而且,除集体框架之外,他们还能挑战社会的主流价值观和规则。

在人们试图理解错综复杂的、没有现成认知框架或现成理论的新课题时,艺术作品能够有特别的重要性。艺术作品常常通过叙述、寓言和故事的艺术表达构成课题(Hakkarainen et al., 2004)。艺术家常常能把现实最相关的部分组织起来并对新现象提出整体观点。然而,不是所有的艺术家都这样进步。大多数艺术家试图通过满足大众传统的娱乐、戏剧等的需求来取悦一般大众,而不用矛盾的视角或解释现实来扰动他们平静的心灵(认知与道德和谐)(Venkula,2003)。不断增加的经济压力,把艺术家推向非争议和非激进艺术(Mäki,2004)。

系统的矛盾来源于绩效下降和实践活动的负面反馈。绩效糟糕可能有几种形式:经济的(利润下降,增长缓慢)、社会的(不公平加剧,不安全或失业)、环境的(不可持续发展),以此类推。❶因为心理刚性等原因,绩效糟糕不会自动引起纠正行动和系统的改进。

## 个人的反应

如果人们对好的绩效习以为常也不想有负面的反馈,小幅度的绩效下降可能长时间不被注意。而且,正如前面提到的,绝大多数人想要躲避矛盾和结构变化带来的不确定和压力(认知和道德不和谐)等不好的感觉(Festinger,1957)。❷他们喜欢生活所有方面的"稳定状态"(Schön,1973)。因此,绩效下降的最初迹象常常被专门解释和其他行为策略的抹布抹掉。

个人可能会避免看到增长矛盾意识(即认知和道德不和谐)的信息、体验、社会

---

❶ 人们对"绩效糟糕"的定义也许各不相同。例如,人们可能不认同低增长和不公平之"不宜"。

❷ 与体制和结构变化有关的个人和集体的不确定感,源自信息不充分或不适当的认知框架、价值观、规则。后一种不确定感会造成人们特别焦虑,因为人类安全的根本基础受到了挑战(Schön,1973;13)。世界经济近来发生的变化使这两种对现代经济的不确定感都增加了(Hämäläinen,2003a)。

状况和环境,而去寻求与已有框架、价值观和规则相容的信息、体验、社会状况和环境(Festinger, 1957; Schön, 1973; Bohm, 2004)。由于自然、技术、体制和经济环境很难改变,人们降低不和谐的办法倾向于以自己的心理结构和社会环境为重点。例如,人们可以改变自己认知框架中一个出问题的元素,降低另一个元素的重要性或者在自己旧的框架中添加一个新的和谐元素。个人还可以为了应付自己生活某方面的巨大不确定性,而在其他部分创造稳定作为补偿。舍恩(Schön)曾观察到(1973: 15)"发明家、创新者、艺术家和发现者的私生活常常有规律到枯燥的程度"。有些人可以通过积极寻求观点相同的社会小组的支持来改变对社会经济环境的认知。在极端的情况下,强大的社会支持甚至可以做到"否认现实",即无视明显的证据(Festinger, 1957)。

人们为了减少不安全感,还会执著于传统意识和价值(如民族主义、家庭、宗教)以及支持强势领袖(希特勒、墨索里尼等),他们编造简单的故事,许诺保持社会安定("法律和秩序")。❶人们还会投身于有强烈价值观和严格行为准则的邪教和原教旨主义运动(摩托帮、极端政治组织、恐怖组织等)(Hämäläinen, 2003a; Gardner, 2004)。同时,决策者对系统问题的反应可能是做出没有可持续性结果的传统短期修理。他们只能造成将来更剧烈的改变(Bohm and Peat, 1987: 209; Seo and Creed, 2002)。

除了努力保持自己生活的安定,人们会参加政治或公民运动,从事一些活动改变当前的社会条件,使其更符合自己的世界观、价值观和准则。近年来获得巨大支持的反全球化运动可以解释为,参加者试图减少因迅速全球化带来的认知和道德的失调。❷

由于思想的惰性,一个社区的现有心理模式可能落后于变化的现实世界,有时是戏剧化的:"思想成为有效流通手段的过程常常很慢;然而,一旦成了有效流通手段

---

❶ 近年来,"好故事"对于销售品牌产品和服务也变得重要(Aaltonen and Heikkilä, 2003)。这些故事使产品和服务具有易于理解的和积极的背景,因此支持了销售。

❷ 埃齐奥尼(Etzioni)指出,在一些情况下,与个人幸福的一些需求相比,道德失调更能解释个人行为(Etzioni, 1991)。

并体制化，它们消逝得也慢。在思想成为有效流通手段的时候，它们常常已不再能反映事情的状态。"（Schön，1973：127）根据舍恩的观点，有效的学习系统面临的重要挑战是减少主导思想与系统现实之间的滞后，这个滞后可能是数月、数年甚至数十年，要让已成为有效流通手段的思想反映现在的问题，而不是历史问题（Schön，1973：123，130）。❶

**改变的门槛**

由于心理和其他方面的刚性，在能够广泛接受新的心理范式和重大结构改变之前，系统的矛盾需要达到一个特定的阈值水平。这个门槛或称为"引爆点"，因矛盾积累的压力超过了在系统中积累的刚性（Huff and Huff，2000；Gardner，2004）。❷这个结构改变的"机会之窗"常常只能由一次重大系统危机打开（Schön，1973：128；Fairbanks and Lindsy，1997：259；Seo and Creed，2002）。然而，系统危机并不总是由一个问题引起的。新机会的出现还会产生一个状况：现有的思想和心理结构不再符合实际（Schön，1973：129，251）。

最近一项对 OECD 国家的研究确定了一个衰退阈值水平，超过这个阈值的国家开始改进它们的结构竞争力（Schienstock and Hämäläinen，2001：37）。在 20 世纪 90 年代初期世界经济经历了一次温和的衰退，在 OECD 的 22 个国家中只有 10 个表现最差国家的结构竞争力升级与经济增长率显著（负）相关。在 1991 至 1993 的 3 年中，它们的平均增长率在 -3.6~0.7 之间。另一方面，对于经济增长率超过 1% 的国家，结构竞争力升级与经济增长率的相关率接近于零。也就是说，国家经济的小衰退不足以引发结构升级，只有重大经济危机才行。

---

❶ 舍恩也承认社会系统的相反病理，即重要议题的"沉淀放弃"（Precipitate abandonment）。有时，公共疲劳或公众注意广度有限，使未解决的问题被从公共议程上拿掉（Schön，1973；249）。

❷ 莱本施泰因（Leibenstein，1978：34）指出推动力必须超过个人的惯性成本，然后他们才会改变行为做出更大努力。如果个人的惯性成本很高，而且推动力没有超过"反应点"，他们的努力程度可能长时间不变。与绩效的逐渐降低相比，人们对巨大的、突然的和意料之外的压力变化更为敏感（Schön，1973；11；Porter，1990：84；Hämäläinen，2003a：118~119）。

**制度企业家**

系统的矛盾增多和表现糟糕,更加需要新思想来解释、诊断和解决问题(Schön,1973:128;Almond,1999)。这时,认真考虑变更行为策略和结构解决方案变得更合理(Scott,2001)。这表明,合作意识从被动的和不进行反思的方式转移到主动和反思的方式(Seo and Creed,2002)。

系统绩效的降低激励一些个人和团体去寻求、思考和发展能够解决系统的矛盾和问题的新构思、新框架和新思想(Schön,1973;Suchman,1995;Scott,2001)。舍恩指出,新思想常常在社会的边缘发展起来,在那里新思想不会一开始就遇到强大的抵抗。新思想也可从别的更成功的系统那里得到。因为有相同的境况和挑战,新思想常常产生于相互强化的群体(Schön,1973:130,140)。

起初,由于没有得到广泛的公众支持,新思想对体制和结构一般没有什么实际的冲击。像个人一样,社会系统和社区也有各种方法保护自己不受破坏性新思想影响。在开始,新思想可能被贬谪到私人领域或社会边缘。它们还可能被压制,被有意地藏起来或被指为学术话语的"乌有之乡"。然而,如果新思想得到明确的关注,至少得到少数人关注,他们可能会受到压制,禁止进入公共问询和辩论的平台(Schön,1973:129)。如果新思想的发明人还在设法公开他们的新思想,他们的论点将受到技术细节上的攻击,以此削弱全部论点的合理性。

由于各种类型的惰性,新思想需要一个能把它送进公众意识的先锋。根据情况,他可能是黑幕揭发者,让人们看到破坏性的实例;也可能是艺术家,提供了观察现实的新方式;或是幻想家,奉献诱人的愿景并指出现实环境的缺点;或是预言家,给出系统现在趋势的遥远后果,指出人们的忽视和压制之罪;或者他是这些角色的组合(Schön,1973:131~132;Bruijn et al.,2004)。先锋的角色常常由哲学家、科学家、艺术家和其他知识分子担当,他们使公众关注新问题,挑战现有的真理、理论、思想体系,为决策者和公众提供新的视角、眼光和知识(Schön,1973:134;Laszlo,1987:146;Etzioni,1991:31)。政策制定者特别会注意到简单明确的强调矛盾的信息(Bruijn et al.,2004)。结果,先锋们提高了认知失调的水平和系统内的压力,因此增大了结构改变的机会。

一旦系统矛盾积累，新加入者、心怀不满的个人和知识分子成了潜在的变化媒介或"体制企业家"，他们可能要改变现行的社会经济结构。在改变过程中，他们必须能够削弱旧心理模式的合理性并创造新的心理模式，或综合各种新思想给系统一个新未来的"思想体系"。他们还必须向公众传播新模式，并动员其后的政治支持（Almond, 1999; Gardner, 2004）。

为了被人理解，一个成功的新模式中必然包含旧体制的一些元素，❶ 但也有相当多的不同之处，这样才能成为新模式（Huff and Huff, 2000; Scott, 2001: 129; Seo and Creed, 2001; Van de Ven and Hargrave, 2003; Gardner, 2004）。这样的一个模式通常由两部分组成：确定关键问题及谁应为此负责的诊断部分（diagnostic part），以及确定解决方案与实现方法的预后部分（prognostic part）(Almond, 1999; Seo and Creed, 2002; Van de Ven and Hargrave, 2003）。它必须反映人们急切的个人需求（如安全、经济福祉等），并从更深、更本能层次吸引他们（Gardner, 2004: 83）。

新心理模式的复杂性应该根据相关社区的多样性而变化。简单的框架和故事比专业的理论更容易被大众理解和接受。繁复的理论一般需要专业知识背景，这只在更同质的人群中才具备（Gardner, 2004: 66）。

**政治斗争**

如果制度企业家们成功地动员足够的政治支持去挑战旧的心理范式和利益集团，新心理范式的出现将导致一场政治斗争（Huff and Huff, 2000; Van de Ven and Hargrave, 2003）。这样一场政治斗争的结果取决于对垒各方的实力。加尔布雷斯（Galbraith）(1984) 指出，有三个主要的实力来源：政治企业家的个性、政治运动的资源和有效的组织。最强有力的政治运动通常结合了这三个实力来源。

实力可以通过三个不同的工具来使用：社会调节、补偿和惩罚。加尔雷斯指

---

❶ 阿尔蒙德（Almond）指出，最好的思想意识是足够简单，因地制宜，从而被广泛理解的（Almond, 1999: 17）。

第 2 章 社会创新，结构调整和经济绩效 41

出，在现代社会和组织中社会调节已成为最重要的实力工具，工业化社会注重补偿而农业社会则重惩罚。而且，社会运动或利益集团的政治力量一般与它们的目标数目呈负相关关系。政治运动的目标更集中，它的政治力量就更大（Olson，1982；Galbraith，1984）。

制度企业家的个性是重要的，因为这决定了他使用不同权力工具的能力和在关键选区产生"共振"的能力（Galbraith，1984）。在现代社会中，体制企业家需要有特殊的认知、情商、交流技巧、勇气和魅力，开发、选择、剪裁和交流最有效的构思、框架和愿景，说服没打定主意的人去支持改变，劝说富裕的捐款人去提供资源，并且战胜既得利益的反抗。❶

制度企业家利用灵巧的交流策略甚至宣传，强调旧模式的问题和采用新模式的益处，可以提高自己赢得政治斗争的机会（Bruijn *et al.*，2004）。同时，他自然会淡化旧模式的好处和新模式的缺点。他还可以把交流的目标定在将从改变中得到好处的相对集中的人群。在利益集中于特定群体，而坏处十分分散时，发生结构改变的机会更大（Olson，1982；Bruijn *et al.*，2004）。❷最后，一个有效率的制度企业家通常在传播他的信息时采用多种"表征重复"（representational redescription）（格式、符号系统）（Gardner，2004）。同一个故事的不同形式互相补充和加强，确保各种智力类型（语言的、逻辑数学的、音乐的、空间的、身体动觉的等）和交流倾向类型的人都了解这些信息。

为了使那些还没有决定是否接受改变的犹豫不定者信服，体制企业家必须坚定地投入到自己的使命中（Almond，1999：17；Gardner，2004）。正如加尔布雷斯所说："对自己信仰和主张的至高肯定，对于赢得他人的信任和服从是至关重要的。"（Galbraith，1984：41）同样重要的是，为了赢得公众的信誉、尊敬和信任，制度企

---

❶ 研究社会运动的学者和研究革命的学者分析了政治调整和动员过程，前者重点关注通过抗议、政治行动和草根动员行动引发的体制变化（Van de Ven and Hargrave，2003），后者则重点关注历史上的重大政治动荡（Eisenstadt，1978；Almond，1999）。

❷ 确实，许多改变的努力因为相反的情况而失败了：有关改变的不好结果将落在小而强大的团体头上，而改变的益处将散布得很广。

业家必须在日常生活中体现他的使命和公共议题（Gardner，2004）。如果实力人物接纳和赞同新构思，这对它们的合理性和传播是个帮助（Schön，1973：128）。

当然，财政和人力资源总是重要的实力来源。随时间推移，经济实力从自然资本掌控者手中转移到财政资本掌控者手中，最近又转向了掌握稀缺人力资本的人手中。在政治战线，将多种资源用于社会调节变得更加重要（Galbraith，1984）。在今天信息密集的世界中，有效的广告、联络、公关、草根运动等需要大量的资源。筹款活动对于美国总统选举的重要性就是例证。掌控公共议程和公众思想的人一般都有政治实力。然而，将财政和其他资源用做正面奖励或用做损失补偿，可减少心理和经济刚性（Chang and Rowthorn，1995；Gardner，2004；Bruijn et al.，2004）。

加尔布雷斯还强调了有效组织对获得权利的重要性。组织松懈的军队难以赢得战争的胜利；组织效率低下的公司也不会成为业界领导。这对政治运动也同样适用。在建设有效率的组织方面，社会调节起着重要的作用（Galbraith，1984：62）。对于动员支持改变的人，社会调节的作用尤为重要，变革的支持者必须克服各种刚性，还要面对既得利益的反对："重大的社会转变，例如革命和获得国家独立，通常涉及广泛的动员。社会运动力量的秘密之一就是广泛的动员，这是其成员的苦行主义和热情投入所实现的。"（Etzioni，1991：36）如果制度企业家在政治斗争中取胜，可能就开始了一个制度和结构转变的新阶段。如果可以解决系统协调问题，新的心理范式开始影响政治决策过程，这个过程决定系统的协作产品和服务及其行为规则。新的心理、政治和监管结构共同形成社会体制以及个人和组织机构的行为动力。然而，如果制度企业家输掉了这场与既得利益的斗争，系统又会回到旧的、而且得到加强的心理范式。在一场特定的政治斗争中失利，并不会将新构思和模式彻底埋葬。一旦变化的政治环境提供机会，新构思和模式就会卷土重来（Schön，1973；138）。

通常紧随重大的制度转变而来的就是"蜜月"时期（Huff and Huff，2000）。系统的成员已厌倦变化，希望给新领导人一个"公平的机会"。如果新结构被证实成功，绩效得到改善，它就建立起来，系统回到一个稳定和进化状态。

## 参考文献

Aaltonen, Mika and Titi Heikkilä (2003), *Tarinoiden voima*, Helsinki: Talentum media.
Abramovitz, Moses (1986), 'Catching up, forging ahead and falling behind', *Journal of Economic History*, **46**(2), 385 -406.
Abramovitz, Moses (1995), 'The origins of postwar catch-up and convergence boom', in Jan Fagerberg, Bart Verspagen and N. Tunzelmann (eds), *The Dynamics of Technology, Trade and Growth*, Aldershot, UK and Brookfield, USA: Edward Elgar, pp. 21 -52.
Almond, Mark (1999), *Vallankumous: 500 vuotta taistelua muutoksen puolesta*, Helsinki: Kustannusosakeyhtiö Otava.
Aoki, Masahiko (2001), *Toward a Comparative Institutional Analysis*, Cambridge, MA: MIT Press.
Argyris, Chris and Donald A. Schön (1978), *Organizational Learning: A Theory of Action Perspective*, Reading, MA: Addison-Wesley.
Arthur, W. Brian (1994), *Increasing Returns and Path Dependence in the Economy*, Ann Arbor: University of Michigan Press.
Barley, Stephen, R. and Pamela S. Tolbert (1997), 'Institutionalization and structuration: Studying the links between action and institution', *Organization Studies*, **18**, 93 -117.
Barro, Robert and Xavier Sala-I-Martin (1995), *Economic Growth*, New York: McGraw-Hill.
Beck, Ulrich (1998), *Democracy without Enemies*, Cambridge: Polity Press.
Benson, Kenneth, J. (1977), 'Organizations: A dialectical view', *Administrative Science Quarterly*, **22**, 1 -21.
Bohm, David (2004), *On Dialogue*, London: Routledge.
Bohm, David and David Peat (1987), *Science, Order and Creativity*, New York: Bantam Books.
Bruijn, Hans de, Haiko van der Voort, Willemijn Dicke, Martin de Jong and Wijnand Veeneman (2004), *Creating System Innovation: How Large Scale Transitions Emerge*, Leiden: A. A. Balkema Publishers.
Chang, H.-J. and Bob Rowthorn (1995), 'Role of state in economic change entrepreneurship and conflict management', in H.-J. Chang and Bob Rowthorn (eds), *Role of State in Economic Change*, Oxford: Oxford University Press.
Christensen, Clayton M. (1997), *The Innovator's Dilemma. 'When New Technologies Cause Great Firms to Fail*, Boston, MA: Harvard Business School Press.
Dertouzos, Michael L., Richard K. Lester and Robert M. Solow (1990), *Made in America: Regaining the Productive Edge*, New York: Harper Perennial.
Eisenstadt, S. N. (1978), *Revolution and the Transformation of Societies: A Comparative Study of Civilizations*, New York: Free Press.
Etzioni, Amitai (1991), *A Responsive Society: Collected Essays on Guiding Deliberate Social Change*, San Francisco: Jossey-Bass Publishers.
Fairbanks, Michael and Stace Lindsay (1997), *Plowing the Sea: Nurturing the Hidden Sources of Growth in the Developing World*, Boston, MA: Harvard Business School Press.
Festinger, Leon (1957), *A Theory of Cognitive Dissonance*, Evanston, IL: Row, Peterson and Company.
Fogel, Robert W. (1999), 'Catching up with the economy', *American Economic Review*, **89**(1), 1 -21.
Freeman, Christopher (1995), 'History, co-evolution and economic growth', IIASA WP-95-76, September.
Freeman, Chris and Francisco Louca (2002), *As Times Go By: From the Industrial Revolutions to the Information Revolution*, Oxford: Oxford University Press.
Freeman, Christopher and Carlota Perez (1988), 'Structural crises and adjustment, business cycles and investment behaviour', in Giovanni Dosi, Christopher Freeman, Richard Nelson,

G. Silverberg and Luc Soete (eds), *Technical Change and Economic Theory*, London: Pinter Publishers.
Galbraith, John Kenneth (1984), *The Anatomy of Power*, London: Hamish Hamilton.
Gardner, Howard (2004), *Changing Minds. 'The Art and Science of Changing Our Own and Other People's Minds*, Boston, MA: Harvard Business School Press.
Gersick, C. J. (1991), 'Revolutionary change theories: A multilevel exploration of the punctuated equilibrium paradigm', *Academy of Management Review*, **16**, 10 −36.
Hakkarainen, Kai, Kirsti Lonka and Lasse Lipponen (2004), *Tutkiva oppiminen: Järkh tunteetja kulttuuri oppimisen sytyttäjänä*, Porvvo: WSOY.
Hämäläinen, Timo J. (2003a), *National Competitiveness and Economic Growth: The Changing Determinants of Economic Performance in the World Economy*, Cheltenham, UK and Northampton, MA, USA: Edward Elgar.
Hämäläinen, Timo J. (2003b), 'A theory of systemic adjustment and economic growth: The case of Finland', in H. Peter Gray (ed.), *Extending the Eclectic Paradigm in International Business: Essays in Honor of John Dunning*, Cheltenham, UK and Northampton, MA, USA: Edward Elgar.
Hämäläinen, Timo J. and Risto Heiskala (2004), *Sosiaaliset innovaatiot ja yhteiskunnan uudistumiskyky*, Helsinki: Edita.
Hämäläinen, Timo J. and Jukka Laitamaki (1993), 'A value-added theory of the firm: An explanation for the destruction of large hierarchies in the computer industries', paper presented at the Strategic Management Society Conference, Chicago, September.
Hämäläinen, Timo and Gerd Schienstock (2001), *Transformation of the Finnish Innovation System: A Network Approach*, Sitra Reports series 7, Helsinki, Sitra.
Harrison, Lawrence E. and Samuel P. Huntington (2001), *Culture Matters*, New York: Free Press.
Hauser, Arnold (1982), *The Sociology of Art*, London: Routledge & Kegan Paul.
Heilbroner, Robert and W. Milberg (1997), *The Crisis of Vision in Modern Economic Thought*, New York: Cambridge University Press.
Huff, Anne S. and James O. Huff (2000), *When Firms Change Direction*, Oxford: Oxford University Press.
Janis, Irving (1972), *Victims of Group Think*, Boston: Houghton Mifflin.
Kerkelä, Heikki (2004), 'Yhteiskunnallisten muutosten käsitteellistämisestä', *Sosiologia*, **2**, 81 −93.
Kondratiev, Nikolai (1925), 'The long wave in economic life', *Review of Economic Statistics*, **17**, 105 −15.
Laszlo, Erwin (1987), *Evolution. 'The Grand Synthesis*, New Science Library, Boston, MA: Shambhala Publications.
Leibenstein, Harvey (1978), *General X-Efficiency Theory and Economic Development*, New York: Oxford University Press.
Lindblom, Charles E. (1990), *Inquiry and Change. 'The Troubled Attempt to Understand and Shape Society*, New Haven, CT: Yale University Press.
Lipsey, Richard G. (1997), 'Globalization and national government policies: An economist's view', in John H. Dunning (ed.), *Governments, Globalization, and International Business*, London: Oxford University Press.
Maddison, Angus (1995), *Explaining the Economic Performance of Nations: Essays in Time and Space*, Aldershot, . UK and Brookfield, US: Edward Elgar.
Mäki, Teemu (2004), 'Kriittinen taide ei ole moraalin kertosäe', *Helsingin Sanomat*, 30 May, p. D5.
Neter, John. William Wasserman and Michael H. Kutner (1990), *Applied Linear Statistical Models. 'Regression, Analysis of Variance, and Experinwntal Designs*, Boston. MA: Irwin.
North. Douglass C. (1981), *Structure and Change in Economic History*, New York: W. W. Norton & Company.

North, Douglass C. (1990). *Institutions, Institutional Change and Econonlic Performance*, Cambridge: Cambridge University Press.

North. Douglass C. (2003), 'Understanding the process of economic change', keynote lecture at 7th Annual Conference of the International Society for New Institutional Economics (ISNIE), Budapest, Hungary, 11 September.

OECD (2003), *The Sources of Economic Growth in OECD Countries*, Paris: Organisation for Economic Co-operation and Development.

Okun, Arthur M. (1975), *Equality and Efficiency: The Big Tradeoff*, Washington, DC: Brookings Institution.

Oliver, Christine (1992), 'The antecedents of deinstitutionalization', *Organization Studies*, **13**, 563 −88.

Olson, Mancur (1982), *The Rise and Decline of Nations*, New Haven, CT: Yale University Press.

Perez, Carlota (2002), *Technological Re volutions and Financial Capital: The Dynamics of Bubbles and Golden Ages*, Cheltenham, UK and Northampton, MA, USA: Edward Elgar.

Perez, Carlota and Luc Soete (1988), 'Catching up in technology: Entry barriers and windows of opportunity', in Giovanni Dosi, Christopher Freeman, Richard Nelson, G. Silverberg and Luc Soete (eds), *Technical Change and Economic Theory*, London: Pinter Publishers.

Porter, Michael E. (1990), *The Competitive Advantage of Nations*, New York: Free Press.

Porter, Michael E. (1997), 'Building competitive advantage: Lessons from other countries', World Bank Mediterranean Development Forum I, 'Towards competitive and caring societies in the Middle East and North Africa', Marrakech, Morocco, 12 − 17 May, http://www, worldbank. org/wbi/mdf/mdfl/advantge, htm.

Schienstock, Gerd (1999), 'Transformation and learning: A new perspective on national innovation systems', in Gerd Schienstock and Osmo Kuusi (eds), *Tran, sJbrmation towards a Learning Econonov The Challenge .for the Finnish Innovation System*, Helsinki: Sitra, p. 213.

Schienstock, Gerd and Timo J. Hämäläinen (2001), *Transformation of the Finnish innovation System: A Network Approach*, Sitra Report Series, No. 7, Helsinki: Sirra.

Schön, Donald A. (1973), *Beyond the Stable State*, New York: W. W. Norton & Company.

Schumpeter. Joseph (1939). *Business Cycles: A Theoretical, Historical, and Statistical Analysis of the Capitalist Process*, New York: McGraw-Hill.

Scott. Richard W. (2001), *Institutions and Organizations*, 2nd edn, Foundations for Organizational Science. Thousand Oaks, CA: Sage Publications.

Senge. Peter (2004), 'Preface', in David Bohm (2004), *On Dialogue*, London: Routledge, pp. vii − xiv.

Seo, Myeong-Gu and W. E. Douglas Creed (2002), 'Institutional contradictions, praxis, and institutional change: A dialectical perspective', *Academy of Management Review*, **27** (2), 222 − 7.

Seo, Myeong-Gu and W. E. Douglas Creed (2002), 'Institutional contradictions, praxis, and institutional change: a dialectical perspective', *Academy of Management Reriew*, **27** (2), 222 − 47.

Stiglitz, Joseph, E. (1989), 'On the economic role of state', in Joseph E. Stiglitz (ed.). *The Economic Role of State*, Oxford: Basil Blackwell.

Suchman, Mark C. (1995), 'Managing legitimacy: Strategic and institutional approaches', *Academy of Management Review*, **20**, 571 −610.

Van de Ven, Andrew H. and Timothy J. Hargrave (2003), 'Social, technical, and institutional change: A literature review and synthesis', in M. S. Poole and A. H. Van de Ven (eds), *Handbook qf Organizational Change*, New York: Oxford University Press.

Venkula, Jaana (2003), *Taiteen välttämättömyvdestä*, Helsinki: Kirjapaja.

Weick, Karl (2003), 'Sense and reliability: A conversation with celebrated psychologist Karl E. Weick', by Diane L. Coutu, *Harvard Business Review*, April, 84 −90.

Williamson, Oliver (1985), *The Economic Institutions of Capitalism*, New York: Free Press.

Womack, James P., Daniel T. Jones and Daniel Roos (1991), *The Machine that Changed the World.' The Story of Lean Production*, New York: Harper Perennial.

Woolcock, Michael (2000), 'Social capital: The state of the notion', in Jouko Kajanoja and Jussi Simpura (eds), *Social Capital: Global and Local Perspectives*, Helsinki: Government Institute for Economic Research.

# 第3章

# 论社会创新：从结构和权力的角度

里斯托·海斯卡拉

## 引言

目前，世界经济正经历第三次工业革命，其主要特征是：(1) 信息通信技术的迅猛发展和传播；(2) 通过外方直接投资、国际贸易和跨国联盟进行的经济活动全球化；(3) 生产流程不断专业化、复杂化及知识密集化；(4) 消费者与生产商市场需求模式不断差异化；(5) 合作网络组织不断壮大（Hämäläinen, 2003; Hämäläinen and Heiskala, 2004）。这次转变加强了创新作为经济竞争力和增长决定因素的重要性。目前为止，关于创新的学术研究和公众舆论主要集中在技术创新上。我们认为，除技术经济调整带来的挑战外，第三次工业革命还需要进行社会创新，通过社会创新，社会制度的法规、准则和文化方面会发生翻天覆地的变化，还会改变上述方面之间的相互作用，以及技术—经济结构。本章提出社会创新的概念以及诸如社会结构、制度和社会变革等相关概念，丰富了对社会创新和集体学习过程的研究。我们分析概念的目的旨在提供实证研究的工具，从而推动政策发展，促进建立拥有持续学习能力和调整能力的反射性社会结构（reflexive social organization）。

从理论上讲，我们假设团体可理解成结构化的行为整体。这就表明，没有各种各样的行为人的行为，社会也就不存在；甚至，集体行为人的活动归根结底应理解为个人的行为（Weber, 1968 [1922]; Coleman, 1990）。然而，行为人不能为所欲为。相反，他们的行为与若干结构类型相关，一方面促进他们的行为，另一方面指导他们的行为（结构的许可性和限制性）。正常情况下，行为人通过其行为复制结构，有时还可有意识地改变这种结构（Giddens，1984；Bourdieu，1990）。这种总体思路通常称为团体及其他社会体系的"结构化观点"（structuration perspective）。下文中我们将阐述结构化观点的一种变体。

本章的下一节讲述了创新的一般定义，并将此类定义用于特定水平的社会结构，以便对社会创新的概念进行定义。为此，我们制订了社会结构的多层分类法。第三节将讨论不同版本的、有关制度变化的制度主义、技术经济和文化导向的理论。第四节讲述了社会变革的不同类型，并试图确定涉及社会创新的转变过程的性质。这节阐明了社会创新与霸权格局变化之间的分界线，并试图在不会混淆集体学习和社会冲突概念的情况下讨论社会创新。第五节讲述了第三次工业革命的结构调整带来的社会创新的新需求。

## 创新与社会结构

什么是创新？约瑟夫·熊彼特（Joseph Schumpeter）的经典定义指明了五类创新：（1）推出新产品……或提高原有产品质量；（2）提出新的生产工艺……；（3）打开新市场……；（4）获得原材料和半成品的新来源……；（5）成立新的行业组织，例如形成垄断局面……或打断垄断局面。（Schumpeter，1934：66，引用于 Swedberg，1991：34）

熊彼特的时代之后，尤其是最近几十年，技术创新方面的研究工作进展迅速（Rogers，1995；Castells，2000；Schienstock and Hämäläinen，2001；Tuomi，2002）。我们还考虑了促进或妨碍技术创新有效传播和利用的社会因素。但是，即使"组织创新"（熊彼特的上述经典定义5）的概念有时也用于技术经济创新的研究，社会创新本身却很少得到验证。本节提出了一种社会结构的分类法，包含七种不同类型，并将该分类法用于定义"社会创新"这一词语。

我们先从创新的一般定义开始讲起。根据我们的定义，创新是指：

1. 被定义为新产生的思路或模式；
2. 对社会实践的改变有影响；
3. 其结果会给社会或经济绩效带来促进作用。

第 1 点是任何有关创新定义的标准要素（有时甚至是惟一要素）。埃弗里特·罗杰斯（Everett M. Rogers）曾在他的著作《创新传播》（1995：11；1962 年第一版）中提出了以下广为人知的公式：

创新是被采纳人或其他单位视为新事物的思想、做法或物品。就人类行为而言，创新与自其首次得到使用或发现以来，是否客观地被视为新事物关系不大。对个人而言，他感觉这种思想新颖与否，决定了他对该思想的反应。如对个人而言，该思想具有新颖性，则可视为创新。

除思想的新颖性之外，该观点还强调创新的特定性质。只要应用时认为具有新颖性，思想或模式是否具有绝对的新颖性就不太重要了。熊彼特对创新和发明进行区分，并强调创新型的企业家并未做出发明，只不过是产生了创新，即在特定情况下使用了已知发明的新方法（Swedberg，1991：34）。

如果说第 1 点是所有创新定义的标准要素，那么第 2 点就更加特别了。第 2 点表明，即使是技术创新，只有这种创新能够影响社会实践，才能算得上是创新——从这点来看，所有创新均是社会创新。在研究技术创新时，被称为"用户中心"或"实践中心"的创新模式已强调这一方面。对此，有如下阐述：

如果无人使用某项新技术，那么它也许是个有前景的想法，但严格来讲，它并不是新技术。与此类似，如果某项新知识不会影响人们做事的方式，也就是说，如果这项知识并不能带来任何改变，那么它就不是知识。只有做事的方法发生改变，才会出现创新。因此，我们可以说，只有社会实践发生变化时，才会出现创新。（Tuomi，2002：10）

那么，改变实践是指什么呢？在技术—经济为主导的创新研究中，改变实践通常是指收益增加意义上的的市场力（market power）（Schienstock and Hämäläinen，2001）。就新型行为主体网络而言（Latour，1987；Callon，1998；Law and Has-

生活的最有限制性的结构。这两种结构，也可通过创新来重新塑造。然而，此类创新可以产生于社会结构的一个或多个其他层次，并经常借助技术手段在自然环境结构或人口结构的层面上进行经济上的或准则性转变的项目。因此，应根据此类项目的原始层面进行适当定义。

现在，还有五类结构可能产生明显的创新。这意味着我们可以挑选出技术、经济、法规、准则和文化的创新。技术创新在改变物质现实方面，更新且更有效；而经济创新可将技术创新用于转换剩余价值。❶这两种创新加在一起，就形成了技术—经济创新。在过去的几十年里，人们对技术—经济创新进行了深入的研究（见 Schienstock and Hämäläinen, 2001，以及本文所列出的著作）。法规性创新改变了明确的条例，以及批准条例的方式。准则性创新挑战了既定的价值承诺，以及将价值观细化为合理的社会准则的方式。最后，文化创新通过转变心理范式、认知框架和理解习惯，对解读现实的方法形成了挑战。这三类结构合在一起，则构成了社会创新的范畴。

必须指出，上述定义均是理想状态下的定义。这些定义通过提供一套理想的分类方法，帮助我们研究现实（Käsler, 1988：180~184）。就多重性和稳定性而言，社会现实更加复杂。因此，在实践中，社会创新含有以上五类结构中的若干种结构是很正常的。将互联网等技术创新用于教学或照顾老年人便是其中的实例。此类创新能够提高学生或老年人的能力和福祉，同时还能降低教育和看护的费用。这是我们每日实际生活中司空见惯、容易理解的现象。如果我们通过上述理想结构类型来观察，就可以清楚了解上述五种结构类型都涵盖在内。互联网是一种技术创新，在这个例子中互联网的应用降低了成本。没有法规层面的决定就不可能进行这个项目。此类决定或许能够由经济论断来验证，但更多情况下会涉及准则性标准。最后，就其定义来看，教育可以转变学生解释现实的习惯；也很难想象可以将互联网带入老年人的日常生活而不影响他们的文化框架。在进行实证研究时，为创新分类需要特定的环境。❷

---

❶ 在当前资本主义社会的背景下，情况是这样。倘若我们想要分析其他类型的社会，那就需要借助一个更为广泛的经济概念来重新拟定一个定义（Heiskala and Virtanen, 2007）。

❷ 关于这种适用于特定背景的类型，其例证之一可见于熊彼特提供的五种"新创造"名单（在本节开篇中引用）中。关于创制此类适用于特定背景的分类法的更多详情，请参见 Schienstock（2003a, 2003b）。

## 制度主义者研究社会创新和绩效提升的方法

新古典主义经济学家通过高度抽象的参考框架（frame of reference）研究经济现象。这种框架可进行精确的数学研究，但是同时也对实际经济体的运行提出了一些不切实际的假设，其中包括假设行为主体有着稳定的、可转变的喜好并享有全面的、免费的信息。由于新古典经济学无法对经济现象提供现实的描述，因而招致了大量批评。这些批评来自新制度主义经济学（North, 1990；Willianson, 1994）、组织研究（Powell and DiMaggio, 1991）、经济社会学和人类学（Smelser and Swedberg, 1994；Beckert, 2002；Swedberg, 2003）。所有批评都具有一个共同点，即声明制度的重要性。换言之，批评者强调经济行为内嵌于社会环境，而这种嵌入会影响经济绩效（Polanyi, 1944；Granovetter, 1985）。

上述对新古典范式的批评均将经济行为的社会环境定义为"制度"，并提供了研究经济制度的方法。然而，制度的定义和制度主义的类型却有所不同。新制度主义经济学家认为制度是约束性的规则。许多经济社会学家强调准则性规定。当代组织研究、文化研究、认知科学家、人类学家和部分经济社会学家甚至将"制度"一词延伸到解释现实文化的领域。这些趋势通常被视为思想选择（intellectual alternatives），但我们更关注是否能够获得一种综合方法。关于体制的不同解释与社会法规结构、准则结构和文化结构相对应，之前章节所述的社会结构分类法中已提供了这种综合方法。❶这种三分裂和综合利益（synthetic interest）一样符合理查德·斯科特（Richard Scott）提出的理论

---

❶ 此综合法的一个版本已出现在帕森斯的著作中，他的 AGIL 模型（环境适应能力、目标达成、融合与潜在模式维护）将"社会系统"描述为四个子系统的组合，其中经济来提供资源（A），国家和其他组织构成的政体负责目标达成（G），由社区维持的社会准则来保证融合（I），潜在模式维持则由价值承诺进行，这些价值承诺通过社会化机构代代相传（L），而且这一切都是在一个较为广泛的"文化体系"中发生的（Parsons, 1951；Parsons and Smelser, 1956；Parsons, 1964；Parsons and Platt, 1973；Alexander, 1983）。由此，我们找到了一个整体框架，其具有一个类似的法规结构（即G）、准则结构（即I和L）以及文化结构（即文化体系）。但是，不同之处在于，帕森斯的系统理论通过类比生物有机体来理解系统并因此包括这样一个假设：所有系统本身都着眼于长期存在，而我们认为，即使真的存在具有这样内部设计的社会系统，要弄清楚哪些系统追求融合和生存，以及相关的方法和原因，通常只是一个实证研究的问题。因此，此项研究所用的基本概念框架并非来自于系统理论，而是来自结构化理论，即使我们认为，在结构化的主题范围内会发生系统论情结。

(2001)，他认为可将研究制度的不同方法视为制度的三大"支柱"，而非惟一的选择方案。斯科特以表格（见表3.1）的形式提出了三大支柱的概念，并认为，如不将三大支柱的所有材料包括在内，经济行为的内嵌性质并不完整。❶

表3.1 三大制度支柱

|  | 支柱 |  |  |
|---|---|---|---|
|  | 法规 | 准则 | 文化认知 |
| 遵守依据 | 自身利益 | 社会义务 | 理所当然、共识 |
| 排序依据 | 监管规则 | 有约束力的预期 | 认知图 |
| 机制 | 强制的 | 准则性的 | 模仿的 |
| 逻辑 | 手段 | 适当性 | 正统 |
| 指标 | 规则、法律、制裁 | 认证 | 共同信仰、相同的逻辑行为 |
| 合法依据 | 法律规定 | 道德约束 | 可理解、可认知、有文化支持 |

资料来源：Scott（2001：52）。

广义而言，将三大支柱加在一起，才能解释究竟什么才能称为制度。我们接下来将利用这个广义的定义。此外，我们偶尔还更加有限制地使用"制度"一词。制度的狭义定义只包括法规这一支柱，即明确有法律约束力的规则（如表3.1所述）。更具体来说，我们会把制度社会结构加入狭义定义中：（1）公共政策（公益事业与公共服务）；（2）法规框架（法律、条例、集体协议）；（3）组织原则与安排。本书目的是研究第三次工业革命对经济行为主体带来的挑战（见第1章），因此，据此做出该定义。技术经济环境的变更，开创了新威胁与新机遇并存的局面。只有通过公共政策、法规框架和组织宗旨的变更，才能实现机遇（"机遇之窗"）。因此，我们在本次研

---

❶ 对第三支柱的解释中存在细小区别。斯科特称之为"文化认知"，而我们更倾向于"文化结构"一词。我们使用"文化结构"一词的原因是，"文化认知"一词容易导致将所有意义都解释为不同形式的知识。即使通过"隐性知识"（tacit knowledge）概念进行延伸（Polanyi, 1966; Nonaka and Takeuschi, 1995），这一意义理论还是遗漏了对意义的实用主义理解，即将其理解为"理解习惯"（可为有意识或无意识）和新结构主义者所称的"松散连接"（以不同形式表达的同一事物）（Kilpinen, 1998, 2000; Heiskala, 2000, 2003）。这一区别在某些研究任务中极为重要（如性别或种族制度），但是在本研究中，两种概念在大部分时候都一样有用，这就是为什么这个问题只出现在脚注中的原因。

究中，需了解的是社会制度结构（狭义而言）的变更。所以，我们只着意了解改变制度结构并提升经济和社会绩效的社会创新过程。然而，如我们在之前章节所述，广义而言，制度是社会的准则性结构和文化结构，在塑造长期经济和社会绩效的社会创新过程中扮演着重要角色。制度安排的嵌入性可表述为图 3.1 的形式。

技术经济结构 → 制度结构（狭义）← 文化、准则结构

**图 3.1　制度结构的嵌入性**

图 3.1 中的箭头可理解为相互作用，也可理解为因果关系。后一种解释便产生了两种经典但又截然相反的研究制度结构（狭义而言）变化的方法。第一种方法可称为物质决定论，另一种可称为文化决定论。卡尔·马克思（Karl Marx）以"物质决定论"或"技术决定论"的论断而闻名，该论断强调了图 3.1 左边的箭头：

人们在自己生活的社会生产中发生一定的、必然的、不以他们的意志为转移的关系，即同他们的物质生产力的一定发展阶段相适合的生产关系。这些生产关系的总和构成社会的经济结构，即有法律和政治上层建筑竖立其上并有一定的社会意识形态与之相适应的现实基础。物质生活的生产方式制约着整个社会生活、政治生活和精神生活的过程。不是人们的意识决定人们的存在，相反，是人们的社会存在决定人们的意识。社会的物质生产力发展到一定阶段，便同它们一直在其中活动的现存生产关系或财产关系发生矛盾。于是这些关系便由生产力的发展形式变成生产力的桎梏。那时社会革命的时代就到来了。随着经济基础的变更，全部庞大的上层建筑也或慢或快地发生变革。（Marx，1979 [1859]：4）

另一种相左的观点则强调图 3.1 右边的箭头，并得到塔尔科特·帕森斯（Talcott Parsons）的"文化决定论"的支持，其核心是文化规范（Parsons，1964；Parsons and Platt，1973）。根据这种概念，文化世界观为我们定义了世界。在实际社会情况中，这些抽象的概念明确为价值观，并可再次明确为社会准则；其中有些准则具有普遍性，可适用于任何人，而有些则有区别，只适用于特定人员（医生、法官、经理、政治家等）。适当行为或社会准则的相互预期构成社会制度的领域，这种领域是上述世界观一种可能的现实化。在更为具体的层面上，制度的存在使得以目标为导向的行

为项目的定义成为可能,并因此确定了达成目标的正常和普遍接受手段的范围,这些国标是整套价值观表示可行的。

在日常实际生活中,大部分时间里,人们按部就班地生活,达到一个更为具体的水准。如果没有必要作出改变,人们将一如既往地生活。然而,改变的需求会时不时地以环境变化或内部危机的形式出现。现在所发生的,正是帕森斯称为"一般化"(generalization)的过程。它是"特定化"(specialization)的逆向行为,并遵循其逆向的相同流程(世界观→价值观→准则→手段→行为)。这种过程取决于一般化过程所能达到的危机程度。日常行为的某些问题可在手段的层面上,通过意识的反映、协商和集体讨论解决。社会合法手段和达成有价值目标的行动计划的积累可因此重新定义,而生活可照旧。这一切都无需改变制度或社会准则、价值观或世界观。然而,危机越严重,重新定义的尺度化过程就越高。美国政治上的水门危机产生了一般化过程,除手段层面外,还影响了政治行为准则的层面,最终以尼克松总统作为牺牲品的代价,重新确定了美国价值观(Alexander,1988,1989)。在过去的四十多年里,人们对环境意识的觉醒更进了一步,并同样造成价值观,甚至是世界观层面的改变(Heiskala,1996:48~70)。

对社会变更的理论而言,无论改变的范围如何,最重要的莫过于帕森斯的"特定化——一般化"尺度的角度来解释的方法。从而,更为抽象的文化尺度层面构成了重新开创新社会习惯的基础,但这并不是全部:文化价值和世界观也同样构成了可想象现实的边界。因此,社会是世界观现实化的结果;即使社会能够经历重大重新开创的过程,这些过程导致的也是更为抽象的世界观和核心价值观(共同定义了现实的基本实体和社会成员生活的意义)的"具体化"(specification)。这也就是帕森斯为何自己也认为其研究社会的方法是文化决定论。

在上述两个有关改变理论连续统的两个极端之间,还有许多介于两者之间、更为复杂的方法。马克思·韦伯(Max Weber)曾对这种中间的立场[1]做出如下描述:

---

[1] 如果对韦伯的著作《新教伦理和资本主义精神》的理解过于简单化,他有时会被误认为一个文化决定论者。更充分的解释,请参见 Collins(1986)、Schluchter(1989)和 Hietaniemi(1998)。

相同的技术并不总是产生一样的经济，反之亦然……我反对这种说法……认为无论是技术或经济，其中一种因素可能是另一种因素的"终极"或"真实"原因。如果我们看看因果联系，就会发现它们在某些时间是从技术至经济，然后到政治层面上；另一些时候是从政治到宗教，然后到经济层面，等。（Weber, 1988 [1910]：451; 引用于 Schroeder and Swedberg, 2002：389）

作为社会现实的描述，我们认为韦伯式的中间立场是以上三种方法中最现实的方法。通过这种方法，可以用"唯物主义"和"文化决定论"解释各种现象，而且在任意一种情况下，因果方向都成为实证主义问题。在下一节里，我们将在更为一般化的理论的层次上，讨论结构复制和改变的问题，并主要关注社会创新和集体学习在社会改变过程中的作用和意义。

## 结构复制、变革与社会创新

社会结构如何随时间的流逝而得以保留？回顾社会理论文献（尤其是 Durkheim, 1995 [1912]；Weber, 1968 [1922]；Giddens, 1984；Mann, 1986；Bourdieu, 1990；Joas, 1996），不难发现社会复制的五种渊源：传统行为（习惯）、强迫合作（暴力）、魅力型领导（备受尊敬）、经济行为（市场计算）、政治调控（组成联盟）。

习惯是我们一切行为的基本层面和基础（Mead, 1934；Joas, 1996）。一些习惯源自生物本能，因此是所有人共有的（如食物和住所需求、性本能以及我们感官的运行之道），但是在文化演变的过程中，这些习惯经由理解的习惯，即表意（signification）得到补充和修改，无论是有意识、潜意识还是无意识的（Heiskala, 2003；Peirce, 1931~1958）。韦伯将社会介导的习惯（他称之为传统行为）划分为三个小类，分别为习惯本身、时尚（模式）和惯例。在所有情形中，个体仅仅由于例行的重复行为而遵循某个行为模式，即使对该模式的认识程度、认识的持续时间和分布空间在各种情形中有所不同（Weber, 1968 [1922]：29~31）。

强迫合作往往基于暴力或者暴力威胁。暴力威胁可以是直接、无组织的，比如在面对面对抗中，一人强迫另一人服从其命令的情形即是如此。但是，更多时候而且在社会学理论上更有意义的情形中，暴力是有组织、间接的。现代民族国家中的情况就是这样，国家具有复杂的组织（即按官僚形式组织起来的人员、法治和民主合法化）并谋求在各个领域内垄断武力的使用（Weber, 1968 [1922]；Mann, 1986, 1993）。

魅力可以是某一个体行动者（如预言家、军阀、政客、经理或摇滚歌星）的一项特质，他们出于某种原因能够聚起一群忠实的追随者。但是，也可以将魅力去人格化，从而转移到一个体系中某些职位（诸如首相和首席执行官）或者代表追随者群体团结和忠诚的符号（如旗帜和公司标识）上（Schluchter, 1989）。在这两种情形中，魅力之所以能指引某位追随者的行为，其力量来源于该追随者对具有魅力的对象的钟爱——他们感觉此对象在某种意义上是神圣的。如果要持久，这种钟爱必须辅以定期重复的仪式进行强化（Durkheim, 1995 [1912]；Parsons, 1951；Alexander, 1988, 1989）。

作为社会调控和协调的一种机制，市场的特征在于财产的自愿交换，而非习惯性、强迫性或魅力促成的财产转让。在理想而典型的情形中，自愿交换只是在理性计算行动主体的私利后发生的。但从历史上看，没有传统行为、强迫合作和/或魅力调控的辅助的市场从未形成过，而且，本书要旨之一就是现代世界的经济领域仍深深植根于其他领域之中（Weber, 1968 [1922]；Polanyi, 1944；Granovetter, 1985）。

政治就是维护和创建行动的框架（沿袭一条道路或开创一条新路），而且常常涉及利益斗争。政治行动者（最常见的是集体行动者）的目的在于，通过排除其他现实或开辟通往其他现实的路径来统筹现实，具体要看我们开展政治活动是为了维持现状还是为了另辟蹊径（Palonen, 1985；Lyotard, 1985）。在不同利益集团之间组成联盟（韦伯式的党派）是政治行动者的主要手段，无论所涉及的利益是物质利益（根据市场计算得出）或观念上的利益（基于所涉观念的魅力和感觉上的神圣性）（Collins, 1986）。从18世纪晚期到20世纪末，现代政治的主要舞台就是民族国家（Mann, 1993），但随着全球化的推进，层级低于国家的地区和国际组织的意义都变得愈加重要（Castells，2000；Jessop，2002）。

习惯的力量是复制社会的首要因素，因为人们在遇到这样或那样的危机之前，一般不会改变自己的行为模式（Joas，1996）。一旦有必要，而且有利害关系人出面采取行动维护通行的秩序，那么对社会秩序的习惯性复制可以借助强迫合作、准则调整、私利和政治调控进行补充和加强。在强迫合作的情况中，需要对背离行为实施暴力制裁。只要监督有效，这些制裁就可能有效，但是如无实际、直接的暴力威胁，制裁效力往往易于消退。因而，准则调整通常更为有效，因为制裁对象将传统的行为模式内化到自身并依此行事，即使在外部制裁缺失的情况中亦然。有时，遵守传统行为模式（经济行为）本身就是最有利的行动方针。或者，从联盟和霸权模式（政治调控）的形成角度来看，这也是最安全的方式。

因此，所有这五种社会调控手段均有助于主流秩序的再现，但是它们也可以移作他用，即推动变革。理解的习惯可能会因为这样或那样的危机而发生变化，籍以构想现实的新方法也会开辟新天地。军阀、飞车党或其他暴力行动者可能会迫使人们采取不同行动。先知、顾问和制度企业家可能会凭借传统的魅力套话"某人如是写道……"和"吾告汝等……"（马太福音 4：4，5：20 各处）应运而生。在重大的环境改革过程中，采取不同行动（如经济行为）可能也会产生经济利益，或者参加一个新的联盟（如政治调控）会对某人的理想或物质利益更加有利。❶

在实际的历史中，任何社会都不会被完全复制，也不会完全改变。因此，所有实际的历史进程混杂着复制和变革，但是变革的步伐和范围很重要。我们可以区分四种

---

❶ 关于社会结构复制和变革的其他渊源的相对优缺点，一个应时的例子就是伊拉克战争。从强迫合作的角度看，这场战争可以理解为这样一个情节：处于优势的军阀（乔治·布什及其政府）进攻另一个军阀（萨达姆·侯赛因及其政府），可预见处于劣势的军阀将被消灭。然而，征服伊拉克后，美国在伊拉克努力推动永久变革甚或某种形式上的稳定时，遇到了很大的问题。究其原因，是布什政府低估了传统（当地习惯和亲族关系对美国文化）、魅力型领导（伊斯兰教和军阀对基督教和人权）、经济行为（利益丧失的威胁）以及政治调控（美国无意从国际层面上组成一个有效的联盟，而且至少在一定程度上也无力在伊拉克组成这样一个联盟）的力量。在20世纪90年代初的第一次海湾战争期间，考虑这些方面因素后，美国未对伊拉克实施全面征服；而在第二次海湾战争后发生的系列事件，证明了当时的疑虑是不无道理的。更多详情，参见Mann（2003）。

不同类型的制度变迁：复制、渐进式变革/演进、激进式变革/革命、偶发变革/失控的变革。

复制是指未发生或仅发生较小变革的情形。渐进式变革可得到几乎完全相同的事物，但是有时它也会从长远上开创重大变革，因为变革虽小，若能延续下去，也可导致质变。激进变革是指基本制度安排上的革命。最后，偶发变革是指失控的变革，它是由人类行为或环境突变的意外后果造成的。

就社会革新而言，相关的变革类型是上述第2种和第3种，即产生质变后果的累积式渐变或激进式变革。为便于明确此类社会变革的性质，很有必要参考罗伯特·默顿（Robert Merton）制定的、用于分析个体或群体对通行社会秩序所采取的不同方法的分类法（Merton，1938）。该分类法是按照行动者对快速变化的环境的适应能力，具体就是按照行动者与文化共享目标（价值观）以及实现该目标制度手段（准则）的关系进行组织的。

表3.2 对社会秩序的反应（按照默顿的说法）

| 反应类型 | 文化目标（价值观） | 制度手段（准则） |
| --- | --- | --- |
| 退却（Retreation） | − | − |
| 统一（Uniformity） | + | + |
| 仪式（Ritualism） | − | + |
| 创新（Innovation） | + | − |
| 反叛（Rebellion） | −/+ | −/+ |

资料来源：改编自 Allardt（2003）。

"退却"（Retreation）是自我定向的全面丧失，也就是首先将"退却"这一术语引入社会学领域的埃米尔·涂尔干（Emile Durkheim）所担忧的一种失范状况（anomic condition）。退却通常是由环境急剧的且带来不利后果的变化所致，使行动者完全失去在现实中自我定向的能力。这样的人不知道做什么，不知道为什么。有时定向缺失还会延伸到文化结构的层次（Hilbert，1992）。在这样的情况下，行动者不仅失去自我定向，而且无法认识现实（换言之，他们不仅对生活的意义缺乏安全感，而且无法理解周围发生的事）。自我定向丧失的程度越深，其影响的人数越多，失范状况就越严重。如果许多人同时产生失范体验，就可以称作"文化创伤"（cultural trauma），皮奥特尔奥·什托姆伯卡（Piotr Sztompka）在对波兰和其他东欧国家从社会主义向资本主义的变革进行解释时就使用了"文化创伤"一词（Sztompka, 2000; Alanen, 2001, 2004）。

制度结构复制是"统一"反应和"仪式"主义情况下的自然结果。在前一种情况中，体制手段的"统一"支持着价值观的"统一"，也就是说，狭义的制度结构是基于准则结构。但是"仪式主义"的情况则并非如此。在缺乏具有魅力的或准则性的论证情况下，坚守制度的原因必须从别处寻找。根据本节开头的归类，这里的原因必然是基于传统的力量、强加的伙伴关系、经济利益或政治策略。不管原因如何，其后果就是未发生制度结构改变。

在默顿称之为"创新"的情况下，行动者认同文化价值，但不同意制度所定义的实现目标的方式。这样的行动者因此被称为致力于变革制度的制度创业者（制度企业家）。制度创业的另一种情况是"反叛"。在这一种情况下，行动者致力于在文化价值或制度结构的层面上实现非常剧烈的变革。我们对社会创新的定义将默顿理论中的创新者的行动和反叛行动同时归于社会创新类别。

社会创新过程是人们对所感受到的社会行动结构复制危机和所认识到的机遇窗口的反应。内部紧张（基于物质或信仰利益而产生的霸权冲突）或环境变革（第三次工业革命）都可能引起此类危机。社会创新能够将可感受到的社会结构复制的通用形式的危机转化为机遇窗口。显而易见，现有的危机并非总能引起创新和社会变革。这是因为人们可能未能认识到危机的存在或无法解决它（换言之，生活在危机之中但无法控制事态过程）。但是在所有人们认识到危机且采取行动解决危机的情况中，这些过程都必然会经历思想和社会加工阶段。这些阶段要么相同，要么非常类似于帕森斯在其"一般化—特定化"模型所描述的情况。但是，即使帕森斯本人也将文化理解为行动者所共有的环境，他却没有处理文化差异的手段（Heritage, 1984）。其结果之一就是他淡化了他的方案中利益冲突的可能性。值得庆幸的是，杰弗里·亚历山大（Jeffrey C. Alexander）在其对水门事件危机的研究中，对帕森斯的观点进行了重构，在原模型中纳入了利益冲突的可能性。

亚历山大（1988，1989）指出，有三种其他的理想的类型途径，而非仅有一种一般化程序（行为→手段→准则→价值观→世界观）。第一种途径是"文化具体化"，这是帕森斯认为的唯一的可能情况。在这一情况，问题上升到更抽象的水平，直到出现共同承诺共识（consensus of shared commitments）（通常存在于出现严重价值观危机的情形）且这些观点在社会过程更具体的水平（世界观→价值观→准则→手段→行为）的相关联系具体化成形后才得以解决。但是社会并非总是像帕森斯所认为的是个和谐的整体。概括的第二个途径是"文化分区化"（cultural columnization），意即即使在概括最抽象的水平也无法达成共识。这就是韦伯的理论中所述的出现严重利益冲突的情形，这种情形在极端情况下甚至会导致内战或在全球层面导致（近来一本颇有影响力的书所称的）"文明冲突"（Huntington，1996）。在两个极端——完全整合的社会（文化具体化）和物质与信仰价值的全方位冲突（文化分区化）——之间是一个调和类型，即亚历山大所称的"文化折射"（cultural refraction）。在这一情况下，过程开始于分区化一般化，但随着意识一般化的进行，竞争群体最后在一个更抽象的层次发现共识，从而开启具体化过程。这就是美国水门事件危机所遇到的情况，当时民主党和共和党最终在美国政治的指导价值观上达成了一致。在文化折射的情况下，共识的达成通常是受到涂尔干理论所称的"仪式"的调节：在水门事件危机中，起调节作用的就是媒体对参议院听证会的报道和尼克松总统所做的仪式性牺牲。❶

亚历山大是在对社会冲突和公民意识仪式性更新的研究中引入对一般化的三种途径的分类的，但该分类也可作为研究社会创新的组织工具。这些过程开始于对既定行为或实践模式感受到的危机。对意识的一般化必须达到规定模式的层次才会出现创新。由于这些模式通常在很大程度上依赖于社会的准则和文化结构，制度创新在变革较小的情况下会在这些水平被既定模式所过滤，在变革较大的情况下实际上会延伸至更抽象的层次。根据具体案例的不同，一般化过程可遵循以上三种途径中的任何一种，即文化具体化、文化分区化或文化折射。各具体情况所经历的具体途径要由实证

---

❶ 关于全球环境意识的相似但更深刻的变化，请参见 Heiskala（1996）。

研究来查实。

决定一般化过程的结果是具体化、分区化还是折射的一个因素是权力资源的划分。在"创新与社会结构"一节我们曾提议将权力的一般化概念理解为一种资源，并将其作为衡量社会实践变革是否构成社会创新的标准。我们当时提出了对分配权力（A、B双方非赢即输的零和博弈）和集体权力（可以通过技术发展或社会实践变革而增加的资源）的二重区分。我们还提到随后将探讨增长的权力资源的具体性质。我们下面就将探讨这一话题。

通过将权力的两种概念应用于对创新的研究，可以将创新理解为增加行动者权力资源的社会实践变革。集体权力的增加是社会创新最明显的情况，但视我们所采纳的观点来源的不同，权力的增加可以要么发生于分配权力，要么发生于集体权力，且都被计为社会创新。通过"增加（+）"、"不变（0）"和"减少（-）"三重等级建立交叉表格，我们得到表3.3中的结果，其中九个单元格列出个体或群体A和B的可能结果。第IV、V和VI情形最易于分析，因为IV（赢，赢）符合所有人的利益，VI（输，输）不符合任何人的利益，而V则没有任何改变。所有其他情况都符合某个人的利益，因为要么A赢（I、II、III），要么B赢（VII和VIII以及IX的部分情况），有时同时符合A、B双方的利益，因为如果创新的力度很大，分配性权力的相对损失可以通过集体性权力的大幅增加所带来的利益得到补偿（例如I的部分情况）。

表3.3　二人游戏中的分配权力和集体权力分解表

| A 的分配权力（相对B） | 集体权力（A 和 B，相对其他人） | | |
| --- | --- | --- | --- |
| | + | 0 | - |
| + | I：+A, ?B | II：+A, -B | III：+A, -B |
| 0 | IV：+A, +B | V：无变化 | VI：-A, -B |
| - | VII：-A, +B | VIII：-A, +B | IX：-A, ?B |

本书旨在分析第三次工业革命过程中出现的环境变革引起的结构调整性社会创新。社会创新带来的部分变革将增加集体权力，使所有行动者受益（如信息通信技术的发展所带来的通信进步）。但是有些变革并非对所有人都有利，因为有些国家、领

域、部门、群体或人士将具备比其他人更好地利用这些变革的条件和能力。这里我们即进入了分配权力在增加的集体权力条件下（较之之前的社会实践状态至少在原则上每个人都可获益）或零和博弈条件下（任何权力资源分配的改变都以某方的损失为代价）变化的灰色地带。社会实践的成功变革是所有这些情况下的社会变革，但在不同行动者群体之间重新分配权力资源时，这种变革也是霸权性变革，这有时导致部分群体不是仅仅相对地失去了权力资源，而是绝对地失去了权力资源。因此社会创新在伦理和政治上是一个中性概念。许多社会创新给所有人或多数人带来了利益，但是社会创新同样可能在增加部分人的权力资源的同时在其他地方带来更大的不平等和苦难。各具体情况所经历的具体途径有待实证研究的证实。

## 第三次工业革命和社会创新

通信技术的发展和第三次工业革命已经大幅降低了经济行动的边界（Held et al., 1999; Giddens, 1999）。它们使经济竞争全球化，使能够持续进行技术经济创新的经济行动者具备相对优势。此类创新能力（产品创新、工艺创新等）是技术能力和商业组织事务，但这同样需要能为技术经济网络化和创新提供有利环境的"能力集"（见第8章）。这正是第三次工业革命呼唤一种被称为"宏观组织"的新方式（Hämäläinen, 2003）的原因。这一新方式将创新的需要从技术—经济领域延伸至制度创新领域。

在民族国家层面，对社会创新日益增长的需求已经体现在要求建立新型"成长型国家"（Castells, 2000）、"宏观组织型"政府角色（Hämäläinen, 2003）和"从凯恩斯式的福利国家"模式向"熊彼特式的竞争国家"模式（Jessop, 2002）的转变之中。不管使用的是什么术语，上述所有阐述都强调正在改变的国家角色，将变革视为部分功能的消失和新功能的出现的综合体。其中丧失的是能相对独立于世界其他地方自行管理国家商业体系的国家专制性质。除了其他结果之外，这使凯恩斯式经济政策的工具的效用减小，因为失业问题和对综合需求的管理必须在一个边界更低的世界进行。新功能包括营造有利的条件，以便出现足以容纳能够成为全球市场领导者并保持该地位的创新性公司的能力集。这使国家的功能向着为公司、行业和地区提供有效指导和咨询的方向转变,这些公司、行业和地区实际上能够或者有潜力形成一个可以容纳全球参与者的能力集。此类政策必然是选择性的,因为没有国家能够为全球竞争中的众多行业和领域提供指导和咨询,因为在全球竞争中,专业化是创造和维持竞争优势的前提条件。"国家创新体系"(Miettinen,2002;OECD,1997)的创立和指导型国家有可比性的政策工具同时关系到可能出现的集体资源的增加及其重新分配,以及竞争利益团体相关的霸权争夺。地区(如欧盟和北美自由贸易区)、区域和商业部门的情况与此类似:在第三次工业革命的过程中,需要能够创造具备在全球环境中创造并保持竞争优势的能力集的社会创新。

对第三次工业革命的反应在理论上可以分为结构复制、伴随集体权力显著下降和普遍损失的变革、伴随集体权力显著上升和普遍得利的变革,以及霸权模式变革四个类别,其中第四个类别又分为集体权力增加和集体权力保持稳定或减少两种情况。

结构复制不涉及变革或只涉及极少的累进变革。虽然没有先验的理由能得出这一条件总会功能失调的结论,但在第三次工业革命的条件下,可以预见处于这一类别的社会和地区将面临严重问题(Hämäläinen and Heiskala,2004)。第二个类别包括面临其行动所带来的没有意料到的后果或面临意外环境改变的国家。可以预见,动荡的变革将带来严重问题、集体权力资源的减少以及可能的集体创伤(Sztompka,2000;Sztompka,1993)。

最后的两个类别涉及集体学习和对变革环境进行结构调整的可能性。第三个类别是问题最少的社会变革目标,因为它既包含了集体权力资源的增加,又包含了利益的分散,使大多数行动者在理性上会选择加入这一过程。因此可以预见,一般化—具体化过程将遵循一般化或折射模式。第四个类别在这方面则面临更多问题。它包含两种情况。其中,集体权力增加的情况是成功的结构调整。这两种情况都倾向于出现问题,因为一方面可能出现文化分区化,而另一方面则可能导致一部分人的失范、退却和文化创伤。尽管如此,伴随集体性权力增加的前一种情况能为社会融合(social integration)的维持提供更多空间,因为通过增加的资源,可以收买怀有敌意的失败者从文化分区化的道路走向文化折射的道路，并可以开展各种政策项目，改善被边缘化的、潜在的失范人群的处境。此类政策使用与否是一个自由选择的历史问题，但无论如何，霸权斗争的胜利者是拥有采取社会融合政策的资源的。❶这对于在集体性权力资源保持稳定或减少的情况下的另一种霸权式变革却不成立，因此其面临的有关文化分区化或大量的人群边缘化等严重问题的威胁就更为显著。❷

## 结论

社会创新是社会在文化上的、准则上的和法规上的结构变革，能提高社会的集体权力资源，改善社会的经济和社会绩效。第三次工业革命突出了创造支持集体学习的反射性社会结构的社会创新的重要性。反射性社会结构拥有通过社会创新持续自我更新的功能。此类更新可以是累积性渐进创新过程（通过"创造性程序"实现的质变）或激进性创新过程（非连贯性的革命性变革）的结果。在两种情况下，社会创新都与霸权模式的变革关系密切。但是，最成功的社会创新带来的是社会集体权力资源的显著增加。社会创新因此能使所有行动者获利。

本书的终极目标是在第三次工业革命的背景下为反射性和学习型社会结构的营造提供政策建议。具备此类结构的社会有可能避免或至少减轻造成结构巨变的深层危机。对结构调整的实证研究能够增进我们对促进或妨碍建立反射性和适应性社会结构的因素的认识。为了找出政策干预在什么情况可以促进变革过程，有必要同时研究成功案例和失败案例。在本书中我们同时涵盖了两种类型的案例研究。我们的案例在商业部门、区域和民族国家层面考察了结构性调整的过程。

---

❶ 霸权斗争的胜者之所以在潜在的冲突中想要采取社会融合的策略，其动机来自于以下事实：内部冲突往往耗费资源，而这些资源本可以用得更有成效。改善边缘化人群的地位，这是一个避免人力资源浪费的问题（可能是短期的，也可能经过几代人后更加重要）。将两种制定社会融合政策的动机结合起来，促成了集体协议、最低收入和所有社会阶层免费或几乎免费接受教育等政策。

❷ 此类事件的最佳和尤其显著的例子有发展中国家的非民主政变，如查尔斯·泰勒（Charles Taylor）领导的利比里亚或伊迪·阿敏（Idi Amin）领导的乌干达，但是在更发达和民主的条件下，也会发生这样的事件。

## 参考文献

Alanen, Ilkka (2001), 'The dissolution of Kanepi Kolkhoz'. in Ilkka Alanen, Jouko Nikula, Helvi Põder, Mati Tamm and Rein Ruutsoo (eds), *Decollectivisation, Destruction and Disillusionment: A Community Study in Southern Estonia*, Aldershot: Ashgate, pp. 63 −276.
Alanen, Ilkka (2004), 'The transformation of agricultural systems in the Baltic countries: A critique of the World Bank's concept', in Ilkka Alanen (ed.), *Mapping the Rural Problem in the Baltic Countryside*, Aldershot: Ashgate, pp. 5 −58.
Alexander, Jeffrey C. (1983), *Theoretical Logic in Sociology*, Vol. IV: *The Modern Reconstruction of Classical Thought: Talcott Parsons*, Berkeley and Los Angeles: University of California Press.
Alexander, Jeffrey C. (1988), 'Three models of culture and society relations: Toward an analysis of Watergate', in Jeffrey C. Alexander (ed.), *Action and its Environments: Toward a New Synthesis*, New York: Columbia University Press.
Alexander, Jeffrey C. (1989), 'Culture and political crisis: "Watergate" and Durkheimian sociology', in Jeffrey C. Alexander (ed.), *Structure and Meaning: Relinking Classical Sociology*, New York: Columbia University Press.
Allardt, Erik (1983), *Sosiologia I* [Sociology I], Porvoo, Helsinki, Juva: WSOY.
Allardt, Erik (2003), 'Robert K. Merton: moninaisuuden teoreetikko' [Robert K. Merton: a theorist of multiplicity], *Sosiologia*, **40** (4): 269 −78.
Beckert, Jens (2002), *Beyond the Market: The Social Foundations of Economic Efficiency*, Princeton, NJ: Princeton University Press.
Berger, Peter L. and Thomas Luckmann (1966), *The Social Construction of Reality: A Treatise in the Sociology of Knowledge*, New York: Anchor Books/Doubleday.
Bonoli, Giuliano and Bruno Palier (1998), 'Changing the politics of social welfare programmes: innovative change in British and French welfare reforms', *Journal of European Social Policy*, **8** (4): 317 −30.
Bourdieu, Pierre (1990), *The Logic of Practice*, Stanford, CA: Stanford University Press.
Callon, Michel (ed.) (1998), *The Laws of the Markets*, Sociological Review Monograph, Oxford: Blackwell.
Castells, Manuel (2000), *The Information Age: Economy, Society and Culture*, Vol. I: *The Rise of the Network Society*, 2nd edn, Oxford: Blackwell.
Coleman, James (1990), *Foundations of Social Theory*, Cambridge, MA: Belknap Press of Harvard University.
Collins, Randall (1986), *Weberian Social Theory*, Cambridge: Cambridge University Press.
Diamond, Jared (1998), *Guns, Germs and Steel: A Short Histoo, of Everybody for the Last 13000 Years*, London: Vintage.
Durkheim, Émile (1995 [1912]), *The Elementao, Forms of Religious Life*, New York: Free Press.
Freeman, Chris and Francisco Louca (2001), *As Time Goes By: From the Industrial Revolutions to the Information Revolution*, Oxford: Oxford University Press.
Garfinkel, Harold (1967/1984), *Studies in Ethnomethodology*, Cambridge: Polity.
Giddens, Anthony (1984), *The Constitution of Society Outline of the Theory of Structuration*, Berkeley and Los Angeles: University of California Press.
Giddens, Anthony (1995), 'Power in the writings of Talcott Parsons', in Anthony Giddens, *Politics, Sociology and Social Theory*, Cambridge: Polity Press, pp. 199 −215.
Giddens, Anthony (1999), *Runaway World: How Globalization is Reshaping Our Lives*, London: Profile Books.
Granovetter, Mark (1985), 'Economic action and social structure: The problem of embeddedness', *American Journal of Sociology*, **91**, 481 −510.
Hämäläinen, Timo J. (2003), *National Competitiveness and Economic Growth: Tile Changing Determinants of Economic Performance in the World Economy*, Cheltenham, UK and Northampton,

MA, USA: Edward Elgar.
Hämäläinen, Timo and Risto Heiskala (2004), *Sosiaaliset innovaatiot ja yhteiskunnan uudistumiskyky*, Helsinki: Edita/Sitra 271.
Heiskala, Risto (1996), *Kohti keinotekoista yhteiskuntaa* [Toward Artificial Society], Helsinki: Gaudeamus.
Heiskala, Risto (2000), *Toiminta, tapa ja rakenne.´Kohti konstruktionistista synteesiä yhteiskuntateoriassa* [Action, Habit and Structure: Toward Constructionist Synthesis in Social Theory], Helsinki: Gaudeamus.
Heiskala, Risto (2001), 'Theorizing power: Weber, Parsons, Foucault and neostructuralism', *Social Science Information*, **40** (2): 241 −64.
Heiskala, Risto (2003), *Society as Semiosis: Neostructuralist Theory of Culture and Society*, Frankfurt am Main and New York: Peter Lang.
Heiskala, Risto and Akseli Virtanen (eds) (2007), *Talous ja yhteiskuntateoria* [Economy and Social Theory], Helsinki: Gaudeamus, forthcoming.
Held, David, Anthony McGrew, David Goldblatt and Jonathan Perrathon (1999), *Global Transformations: Politics, Economics and Culture*, Cambridge: Polity Press.
Heritage, John (1984), *Garfinkel and Ethnomethodology*, Cambridge: Polity Press.
Hietaniemi, Tapani (1998), *Max Weberja Euroopan erityistie* [Max Weber and the Distinctive Path of Europe], Helsinki: Tutkijaliitto.
Hilbert, Richard A. (1992), *The Classical Roots of Ethnomethodology: Durkheim, Weber, and Garfinkel*, Chapel Hill, NC: University of North Carolina Press.
Huntington, Samuel P. (1996), *The Clash of Civilizations and the Remaking of the World Order*, London: Free Press.
Jessop, Bob (2002), *The Future of the Capitalist State*, Cambridge: Polity.
Joas, Hans (1996), *The CreativiU of Action*, Cambridge: Polity Press.
Käsler, Dirk (1988), *Max Weber: An Introduction to his Life and Work*, Cambridge: Polity.
Kilpinen, Erkki (1998), 'The pragmatic foundations of the institutionalistic method: Veblen's preconceptions and their relation to Peirce and Dewey', in Sasan Fayazmanesh and Marc R. Tool (eds), *Institutionalist Method and Value*: *Essays in Honour of Paul Dale Bush*, Cheltenham, UK and Lyme, USA: Edward Elgar, pp. 22 −47.
Kilpinen, Erkki (2000), *The Enormous Fly-Wheel of Society: v Pragmatism's Habitual Conception of Action and Social Theory*, Research Reports No. 235, Helsinki: Department of Sociology, University of Helsinki.
Latour, Bruno (1987), *Science in Action: How to Follow Scientists and Engineers through Society*, Milton Keynes: Open University Press.
Law, John and John Hassard (eds) (1999), *Actor Network Theory and After*, Sociological Review Monograph, Oxford: Blackwell.
Lyotard, Jean-Franqois (1985), *Just Gaming*, Manchester: Manchester University Press.
Mann, Michael (1986), *The Sources of Social Power*, Vol. I: *A History of Power from the Beginning to A. D. 1760*, Cambridge: Cambridge University Press.
Mann, Michael (1993), *The Sources of Social Ponwer*, Vol. II: *The Rise of Classes and Nation-States*, Cambridge: Cambridge University Press.
Mann, Michael (2003), *Incoherent Empire*, London and New York: Verso Books.
Marx, Karl (1977 [1847]), *The Poverty of Philosophy*, Peking: Foreign Languages Press.
Marx, Karl (1979 [1859]), *A Contribution to the Critique of Political Econono: PreJace*, New York: International Publishers.
Mead, George H. (1934), *Mind, Self, and Society: From the Standpoint of a Social Behaviorist*, Chicago and London: University of Chicago Press.
Merton, Robert K. (1938), 'Social structure and anomie', in Piotr Sztompka (ed.), *Robert K. Merton on Social Structure and Science*, Chicago: University of Chicago Press.
Miettinen, Reijo (2002), *National Innovation System*: *Scientific Concept or Political Rhetoric*, Helsinki: Edita.

Nonaka, Ikujiro and Takeuschi, Hirotaka (1995), *The Knowledge - Creating Company: How Japanese Companies Create the Dynamics of Innovation*, New York and Oxford: Oxford University Press.

North, Douglass (1990), *Institutions, Institutional Change and Economic Performance*, Cambridge: Cambridge University Press.

OECD (1997), *National Innovation Systems*, Paris: OECD.

Palonen, Kari (1985), *Politik als Handlungsbegriff: Horizontwandel des Politikbegriffs in Deutschland 1890 - 1933*, Helsinki: Societas Scientiarum Fennica, Commentationes Scientiarum Socialium 28.

Parsons, Talcott (1968 [1937]), *The Structure of Social Action: A Stud in Social Theory with Special Reference to a Group of Recent European Writers*, Vols I and II, New York and London: Free Press and Collier Macmillan Publishers.

Parsons, Talcott (1951), *The Social System*, New York: Free Press.

Parsons, Talcott (1960), 'The distribution of power in American society', in Talcott Parsons, *Structure and Process in Modern Societies*, Glencoe, IL: Free Press.

Parsons, Talcott (1964), 'Introduction', in Max Weber, *The Sociology of Religion*, Boston, MA: Beacon Press.

Parsons, Talcott and G. M. Platt (1973), *The American University*, Cambridge, MA: Harvard University Press.

Parsons, Talcott and Neil Smelser (1956), *Economy and Society: A Study in the Integration of Economic and Social Theory*, London: Routledge and Kegan Paul.

Peirce, Charles S. (1931 -58), *Collected Papers of Charles Sanders Peirce*, 8 vols, ed. Charles Hartshorne, Paul Weiss and A. W. Burks, Cambridge, MA: Belknap Press of Harvard University.

Perez, Carlota (2002), *Technological Revolutions and Financial Capital*: *The Dynamics of Bubbles and Golden Ages*, Cheltenham, UK and Northampton, MA, USA: Edward Elgar.

Polanyi, Karl (1944), *The Great Transformation: The Political and Economic Origins of Our Time*, Boston, MA: Beacon Press.

Polanyi, Michael (1966), *The Tacit Dimension*, Garden City, NY: Doubleday.

Powell, Walter W. and Paul DiMaggio (eds) (1991), *The New Institutionalism in Organizational Analysis*, Chicago and London: Chicago University Press.

Rogers, Everett M. (1995), *Diffusion of Innovations*, 4th edn, New York: Free Press.

Schienstock, Gerd (2003a), 'Organizational innovations', Paper prepared for the DRUID Conference, Tampere, June.

Schienstock, Gerd (2003b), 'Innovation systems', Manuscript.

Schienstock, Gerd and Timo Hämäläinen (2001), *Transformation of the Finnish Innovation System: A Network Approach*, Sitra Reports series 7, Helsinki: Sitra.

Schluchter, Wolfgang (1989), *Rationalism, Religion, and Domination: A Weberian Perspective*, Berkeley and Los Angeles: University of California Press.

Schroeder, Ralph and Richard Swedberg (2002), 'Weberian perspectives on science, technology and the economy', *British Journal of Sociology*, 53 (3), 383 -401.

Schumpeter, Joseph A. (1934), *The Theory, of Economic Development: An Inquiry into Profits, Capital. Credit, and Business Cycle*, Cambridge, MA: Harvard University Press.

Schutz, Alfred (1980 [1932]), *The Phenomenology of the Social World*, trans. George Walsh and Frederick Lehnert, with an introduction by George Walsh, London: Heinemann Educational Books.

Scott, W. Richard (2001), *Institutions and Organizations*, 2nd edn, Thousand Oaks, CA: Sage.

Smelser, Neil J. and Richard Swedberg (eds) (1994), *The Handbook of Economic Sociology*, Princeton, NJ and New York: Princeton University Press and Russel Sage Foundation.

Swedberg, Richard (1991), *Joseph A. Schumpeter: His Life and Work*, Cambridge: Polity.

Swedberg, Richard (2003), *Principles of Economic Sociology*, Princeton, NJ: Princeton University Press.

Sztompka, Piotr (1993), *The Sociology of Social Change*, Oxford, UK and Cambridge, USA:

Blackwell.

Sztompka, Piotr (2000), 'The ambivalence of social change. Triumph or trauma?', Wissenschaftszentrum Berlin für Sozialforschnung, Papers P 00 -001. Forthcoming in J. C. Alexander, R. Eyerman, B. Giesen, N. Smelser and P. Sztompka, *Cultural Trauma*, Berkeley: University of California Press.

Tuomi, Ilkka (2002), *Networks of Innovation: Change and Meaning in the Age of Internet*, Oxford: Oxford University Press.

Weber, Max (1968 [1922]), *Economy and Society: An Outline of Interpretative Sociology*, ed. Guenther Roth and Claus Wittich, Berkeley, Los Angeles and London: University of California Press.

Weber, Max (1988 [1910]), 'Diskussionrede zu W. Sombarts Vortrag über Technik und Kultur: Erste Soziologentagung Frankfurt 1910', in Max Weber, *Gesammelte Aufsätze zur Soziologie und Sozialpolitik*, Tü bingen: J. C. B. Mohl.

Williamson, Oliver E. (1994), 'Transaction cost economics and organizational theory', in Neil J. Smelser and Richard Swedberg (eds), *The Handbook of Economic Sociology*, Princeton, NJ and New York: Princeton University Press and Russel Sage Foundation, pp. 77 -107.

Winch, Peter (1958), *The Idea of a Social Science - and its Relation to Philosophy*, London: Routledge and Kegan Paul.

# 第4章

# 社会创新还是霸权变化？
## ——20 世纪 80~90 年代芬兰的迅速制度变革

里斯托·海斯卡拉、蒂莫·J.海迈莱伊宁

## 引言

本章的目的有二点。首先，我们会分析芬兰社会在 20 世纪 80~90 年代（特别是 90 年代）所经历的飞速制度变革和大范围的组织结构变化。第二个目的涉及社会学乃至政治学对总结社会变革不同方式的论战。有人认为，用"社会创新"这个词来描述社会结构的变化，隐藏了社会变化过程中不同利益集团间的权利斗争和冲突。在本章，我们将试图证明，将两种方法视为绝对地相互排斥是毫无道理的，即使是考虑到两者在政治层面上的对立。

随后，我们将用两节的内容来审视芬兰在"二战"后，特别是 20 世纪最后 20 年里在社会结构和社会文化上发生的变化。在这两节中，我们将通过使用社会创新和霸权斗争的研究方法来详述我们的分析。接下来的两节里，我们将把这两种号称互斥的理论方法结合在一起，并在最后一节形成一个简要的结论。❶

## 芬兰战后简史：结构调整和竞争力增加

芬兰战后的发展经历类似于日本和联邦德国所取得的发展奇迹。在战败并支付大

---

❶ 本章的编写基于 Hämäläinen（2004），Hämäläinen and Heiskala（2004）和 Heiskala and Luhtakallio（2005）。

笔战争赔款后，芬兰对造纸、采矿和化工等外向型基础行业进行了大笔投资，依次迅速地实现了工业化。投资拉动经济发展的战略迅速地缩小了芬兰与世界技术前沿的差距，并为芬兰公司积累了新的技术资源，芬兰社会对此一致认同（Pohjola，1996）。购置的外国技术设备在"技术赶超"过程中发挥了重要作用。坚定发展国家教育制度也同等重要。严格的资本市场管制（低利息）、优惠的投资免税政策、灵活的汇率机制以及利润丰厚的同苏联的易货贸易也支持了这一发展战略。以瑞典的成功经验为蓝本，芬兰建立了福利国家制度。

以人均国内生产总值来衡量，芬兰在20世纪80年代末已经跻身世界最富裕国家的行列。相对于比日本和联邦德国，芬兰的追赶过程可能令人印象更加深刻。因为这两个国家在战前就已是工业化国家，而芬兰不是。然而同时，投资型经济发展战略所形成的结构性低效率和结构畸变也开始显现。从20世纪80年代早期到20世纪90年代早期这段时间内，芬兰的结构竞争力从经合组织（OECD）成员国的第九位下滑到第十四位(见表2.4)。

由于放开金融管制（增加实际利率）以及苏联解体，芬兰经济面对急变的技术—经济环境显露出结构性低效。这反映在，以同等购买力计算，芬兰在1989年和1990年连续成为经合组织成员国中物价最高的国家。

1990年秋，芬兰经济彻底崩溃，引起了自独立以来最严重的经济衰退。众多公司申请破产，数以万计贷款过度的家庭断供，银行体系陷入严重危机。失业率激增至20%，国家财政出现大笔赤字。很快，芬兰的国家经济便由国际上的债主们所控制。危机的严重程度实在难以掩盖，专门解释也难以恢复民众对旧有制度和运作方式的信心。很明显，芬兰经济和社会需要进行重大的结构变革。

20世纪90年代早期，芬兰企业大举裁撤人员进行重组转型，这极大地提高了生产力和竞争力。所有这些都是在鲜有投资再度进场的情况下完成的。政府大幅削减公共开支，而这是好年景时不可能采取的政策。同时，芬兰政府再度重视起企业的出口竞争力，将此作为一项重要的政策。同样，民众也改变了自身的行为方式：人们开始清偿债务，并更加努力地工作，很多人寻找新的培训机会以提升自身技能。

正如我们所见，芬兰经济在危机中乍现出一道曙光：危机减少了社会对调控的思想束缚。而且，作为一个后工业化国家，芬兰并未像许多老牌工业化国家那样过于被旧有技术—经济模式所束缚。部分观察人士甚至认为，芬兰是世界领先的信息化社会（Castells and Himanen，2001）。

芬兰企业在20世纪90年代进行的国际化对芬兰经济的竞争力和发展产生了重大影响。国际贸易模式、证券投资和外商直接投资（FDI）都出现了重大的变化。

20世纪90年代，芬兰的出口逐渐以知识密集型产品为主。高科技产品在出口总额中的比例从1991年的6%上升到1999年的21%。这种快速增长主要归功于信息产业的快速发展。同时，出口总额在国内生产总值中的比重在十年间几乎翻了一番，从1991年的22%上升到2000年的43%。高科技产品以及出口的迅速增长成为芬兰经济除传统的森林和采矿行业外的"第三大支柱"。国际市场推动了芬兰企业的专业化发展，帮助他们剥离非核心产业并进行产品细化，最终形成了规模型、学习型经济。

芬兰的资本市场在20世纪90年代也变得更加国际化。芬兰早在20世纪80年代中期就开放了资本市场，并在1993年废除了对外资和外企的最后限制（Pajarinen，1998）。从那以后，外资在赫尔辛基股市所拥有的股票份额快速增加。2001年，外资在赫尔辛基股市所拥有的股票达到了70%（HSE，2002），令赫尔辛基股市成为世界上最国际化的股市之一。

外资迅速加大证券投资，令芬兰企业能够从证券市场筹措更多资金，使得赫尔辛基股市变得更加活跃（Pajarinen et al.，1998）。外企的增加也推动芬兰的大企业按照英美国家的"股东价值"（shareholder value）进行企业管理。因此，很多企业关闭了监管委员会，改组了管理层，越来越多地从外界聘请专家出任高管。芬兰企业还建立起新的激励机制（如股票期权），以便使管理层达到国际投资者的要求（Huolman et al.，2000）。效率至上的全新管理模式与20世纪80年代的股东至上的企业管理结构呈现出明显的不同。

20世纪80年代中期，芬兰的对内对外投资开始迅速增加。但是，芬兰众多大型企业（如银行和保险公司）运作于封闭的国内市场，而且部分国有企业在其中还雄踞垄断地位，所以芬兰企业的对外投资多于外资流入。这些投资表现不佳的经济收效以及紧接着的资金抽回显示出，很多原始投资其实毫无现有外资投资理论所强调的所有权特定优势（Dunning，1993）。只有一些不太为人所知的投资理论能够较好地解释这些投资行为。那些投资理论强调大公司在国内市场的垄断收益及其管理层对境外市场的开发（Cowling and Sugden，1987）。

芬兰对外投资和外资流入的快速增长在20世纪90年代早期的短暂停顿后，于1993年再次恢复。随后，直到20世纪末，芬兰的对外投资一直都多于外资流入。20世纪90年代末，对外投资额约为外资流入额的三倍。帕亚里宁（Pajarinen）等人（1998）讨论了20世纪90年代外资对芬兰经济的影响。芬兰对外投资的影响尚不得而知，但是实证研究表明，在大多数情况下，芬兰公司对外扩张提高了其国际竞争力。但是，同时，这些投资却降低了企业在国内的雇员数量。外资流入对芬兰工业的影响利大于弊。平均而论，相比于本土企业，在芬兰的外企发展得更快，获利更丰厚。外企也为其芬兰子公司带来了新的技术以及营销和组织技巧。所有这些都加强了芬兰经济的竞争力。

经过了20世纪90年代的危机，芬兰政府在经济中所发挥的作用也出现了变化。新战略不再强调实体投资，转而强调经济效率、创新和发展（MTI，1996）。芬兰朝着"宏观组织"策略的方向发展，这一策略强调政府的核心责任是减少市场失灵（Dunning，1992）。在严重经济危机背景下，这种战略易于理解。芬兰经济正在面对越来越多的外部竞争，失去了一流的效率，生产力和附加值创造能力也就失去了竞争力。没有了高效、竞争力强的经济，也就无法在财政上支撑公共性福利国家制度。在发展工程行业的强烈导向下，技术创新成为了芬兰附加值体系的基础。政策制定者希望芬兰实现真正的知识立国，通信行业最初的成功显示出这一个战略的潜力。因此，技术政策成为新发展战略中的核心。也许正如原来的投入型发展战略，国家对科研的不断投入在20世纪90年代末期成为技术政策的核心目标。

## 20世纪80年代出现的新心理范式

经济衰退导致芬兰经济和社会在20世纪90年代初期发生了结构性转变。但是，随着战后心理范式因经济危机而遭弃，一种全新的高水平心理范式可以用来解释这一结构转变的速度和广度。早在20世纪80年代，大众就已对这种以市场为导向全新模式的主要内容有所讨论，但是直到经济危机袭来，这种模式才得到了广泛的支持。在20世纪90年代早期那些动荡不安的岁月里，新的心理范式为社会重建提供了明确的指导方针。

表4.1 芬兰社会心理与结构变化（20世纪80～90年代）

| 社会特性 | 战后心理范式 | 新心理范式 | 结构变化 |
| --- | --- | --- | --- |
| 协调机制 | 等级计划 | 市场机制 | 新组织安排（公司管理结构、网络化），新公共管理（私有化、目标管理、分权、公共采购法） |
| 国家经济 | 封闭、控制 | 开放、竞争 | 放宽金融市场和外资管制，增加本国公司出口和对外直接投资，加入欧盟，解除商品和服务管制，完善竞争法规及其执行，加入欧洲货币联盟（EMU） |
| 核心经济 | 森林、金属 | 高科技 | 通信业快速增长 |
| 竞争策略 | 劳动力投资、货币贬值 | 知识、技术 | 研发投入快速增长，风险投资市场发展，工艺技术创造，高等院校引进目标管理，博士数量增长 |
| 政府主要目标 | 社会和区域平等 | 经济效率、创新和增长 | 变革产业政策（减少投资和区域补贴，增加研发资助，提高竞争政策效率，发展服务业），减少公共收入转移（包括就业和收入"陷阱"）。 |
| 公民角色 | 被管控者 | 获服务者 | 放开并改革公共领域活动（目标管理、一站式服务） |
| 劳动力市场组织的角色 | 强力介入劳力市场和决策制定（社团主义） | 认同产业或公司基础作用，不介入公共政策制定 | 20世纪90年代初连续两轮产业层面的协议，之后回归到经济总体范围内协议 |
| 文化 | 同质价值观和偏好、集体主义、保守主义、国家保护主义 | 多元价值观和偏好、个人主义、变革意愿、自由开放 | 解除饮酒、通信（电视、广播）、教育、文化、外国移民增长的家长式管制 |

表4.1对比了芬兰战后心理范式和新心理范式的主要特点。两种模式体现出芬兰社会在经济危机前后共同的认知结构、价值观和行为模式。通过对战后阶段社会讨论的实证研究（Alasuutari, 1996; Alasuutari and Ruuska, 1999）、主要决策者在经济危机刚过后接受的访谈（Kantola, 2002）、对20世纪80年代芬兰人价值观念的研究（Hhelkama, 1997）以及作者作为芬兰社会活跃一员的亲身经历，我们得出了两种模式的主要特点。该表还将心理范式的转变与20世纪90年代芬兰经济危机前后所发生

的重大结构性变革联系起来。"计划经济"是芬兰社会战后心理范式的主要特点（Alasuutari，1996）。人们对分级计划作为社会各领域重要协调机制的有效性深信不疑。人们普遍认为，芬兰规模不大的国家经济需要得到保护，不受外部影响和竞争。人们还倾向于让政府在国内市场采取强硬的监管措施。

民众曾普遍认为，芬兰经济以两大产业为基础——森林和采矿，这两大产业构成了该国出口收入的主要部分。由于这两大产业资本集中，决策者将实体投资视为芬兰经济的重要竞争战略。他们认为这些投资将通过经济规模的扩大形成成本优势。由于这些重要产业周期性地出现兴衰变化，时不时地进行货币贬值被视为该战略的有益补充。

尤其是在20世纪六七十年代，政府政策的主要目的是维持社会和地区平等。瑞典作为高度发达的福利型社会被认为是制定政策时的良好参照。人们对公民角色的认识反映出政府的巨大影响：民众被视为统治对象不知道何为自身最大利益。这引起了对酒精饮料、教育、大众传播和文化政策的家长式管理。从20世纪60年代末期开始，主要劳工组织被认为是公共政策制定过程中理所应当的合作者。

在战后数十年间，芬兰的国家文化是十分单一的。人们普遍抱有集体主义、保守和保护主义的观念，而这些观念也支撑着心理范式的其他内容。

新心理范式的主要内容出现在20世纪80年代，这一时期芬兰经济日益严重的结构性问题和效率低下使得人们更加自然地广泛讨论新观念。新心理范式的基础观念就是把自由、开放、有竞争的市场当做先进经济体和社会的协调机制。英美两国以市场为导向的全新决策机制从实践上证明了新心理范式。凯恩斯主义在20世纪70年代滞胀时期的没落以及新古典主义经济学的随之兴起，又为新心理范式提供了理论支持。

新心理范式包括经济发展的全新动力——高科技产业。由于以投资拉动发展的战略呈现出越来越多的问题，人们将目光投向了新兴的高科技行业，该行业不像森林和采矿行业那样严重依赖于价格-成本优势和不断的货币贬值。对于生活水平和制造成本不断提高的国家，知识密集型、高科技和高附加值的产业战略越来越被视为是唯一可行的选择。

新心理范式还包括对政府角色的新认识。把民众看做公共服务的顾客这一理念产生于20世纪80年代早期。但是，直到20世纪90年代早期发生经济危机，社会才实现了彻底的思想转变：经济发展和效率取代了社会公平成为政府行为的主要目标。主要劳工组织参与制定公共政策在经济危机中受到了挑战。越来越多的经济学家和政策制定者认为要对劳工组织和公共政策制定者进行严格"分工"。许多人认为劳工组织在社会中取得了过多的政治权利，已成为社会结构调整的一大绊脚石。

芬兰社会的同质化从20世纪80年代开始瓦解。在20世纪80年代，个人主义、改革倾向和自由开放变得越来越重要。

从表4.1中看，新心理范式是20世纪90年代所发生的社会结构变革的基础。但即便是在已经变化了的技术—经济环境中，一些旧有社会观念依然根深蒂固。特别是，社会和地区平等对于芬兰人依然十分重要，大多数人依然赞同集体决策，这使得主要劳工组织依然具有十分强大的政治权力。的确，经过了经济危机时的短暂停顿，政府再次恢复了对主要劳工组织和集体决策的支持。

## 社会创新还是权力变革？

我们可以通过两个研究方法来评价芬兰经济和社会的快速转型：社会创新和霸权变革。在本章，我们将轮流使用这两大研究方法，然后尽量将两者揉和起来形成一个统一解释。

在第三章，海斯卡拉认为，如果结构变革满足如下三个条件——在其社会环境下属于新变化、改变社会主流行为、使经济或社会情况得到改善，那么这种变化就可以被视为是社会创新。

芬兰社会在20世纪80~90年代的心理范式和结构模式的转变明显存在社会创新。综上所述，新的心理范式与战后心理范式迥异。而且，在20世纪90年代经济危机前后，芬兰社会经济结构发生了巨变，其中大部分变化都源于有目的性的决策。个人和组织的行为随着新的经济和制度环境而变化，并进行自身调整以适应竞争更多、形势更复杂、技术密集程度更高以及变化更多的环境。主要的经济和社会指标在经济危机期间大幅下降，但是在20世纪90年代中后期又普遍恢复。国民经济在经济危机之后的"富足七年"里增长迅速。同时，失业率逐渐下降，从20世纪90年代早期的接近20%降至21世纪初的10%以下。社保开支占国民生产总值的比例也从接近35%的高点降至25%左右。因此，芬兰的社会转型具有社会创新的全部三个特征：新结构、新事件以及提高了的经济绩效。

但是，这并非事实的全部。虽然就业增长和经济发展增加了集体资源，但是社会变革也令个人、行业和地区的资源分配出现了巨大变化。"创造性破坏"在20世纪90年代早期的经济危机当中尤其明显，且延续至今。首先，经济危机令许多没有效益的企业破产，这些企业大多都在20世纪80年代与苏联有生意往来。因此，芬兰现在的结构性失业率甚至大大高于经济危机之前。

政府投入巨资对失业人员进行培训和再培训，但是收效甚微。迄今，政府尚无足够的政治意愿发展低端劳动力市场以提供技术要求不高、工资薪水不高的工作，而此类工作已经解决了某些国家的失业问题。同时，劳动力市场对技能要求的提高、芬兰税法有利于资本性收入的某些修改以及社会保障系统收入再分配的弱化，拉大了芬兰人的收入差距。不过，相比于其他工业化国家，芬兰的收入差距相对较低。

芬兰银行业的深度危机也令企业在"创造性破坏"过程中雪上加霜。芬兰银行在经济危机中极度严格的贷款条件甚至令一些"经济情况良好的"企业破产。如果没有芬兰政府对银行强有力的财政支持，这种情况绝对不可能发生。在20世纪90年代中后期，破产企业释放出来的人员和资金开始流向迅速发展的信息技术行业。但是芬兰的失业率已是20世纪80年代末期经济危机前夕时的三倍。而且，很多企业家既失去了全部财富，也失去了对芬兰经济制度的信心。企业家中，很多人再也没有重返商界。

从地区的角度看，在芬兰社会的结构变革中既有赢家又输家。在20世纪90年代发展出大规模信息产业的奥卢地区，还有图尔库-萨洛地区和赫尔辛基市周边都从变革中获益，而坦佩雷和于韦斯屈莱等地也没有受到多大影响。但是人口比较稀少、在经济危机前经济和社会发展艰难的地区则受到了结构调整的严重打击：受教育程度最高、最具有创造性的年轻人越来越多地外流到上述地区，本地的人口结构越来越差。而且，芬兰政府减少了国家开支，把大多数公共服务项目转交地方负责。人口结构的不利变化和日益沉重的福利负担令许多地方政府入不敷出，陷入了恶性循环：税负加重和公共服务的弱化不断迫使能力强的人才出走，从而进一步导致人口结构的恶化。这种情况加剧了芬兰地区之间的不平衡。

因此，20世纪90年代所发生的变革也可以被解释为霸权变革，一些社会团体、行业和地区得到了资源，而其他的则失去了资源。这令部分研究人员和政治家不重视社会创新，因为关注社会创新往往会掩盖结构变革中失势者的命运。对这些人来说，将结构变革称为社会创新就没有对由结构变革引起的权利争斗、冲突以及控制给予足够重视。但是，我们认为，这两种理论可以有效地结合起来。

## 社会创新和霸权变革的观点相结合

这两种认识芬兰社会变革的观点表明，两者可以良好地相互补充，进一步解释了社会变革。这样的话，社会创新的观点将关注集体权力资源的变化，而霸权变革的观点将关注社会资源和利益的分配变化。两种观点在表4.2中相结合，代表了结构变化过程中六种不同的结果。该表表明，在某些结构性变化中，所有的行为主体和利益集团可以拥有共同利益。大家均可认同在不改变个人或社会团体利益分配的前提下增加集体资源的变化（1）。但是另一方面，人们又有充足的理由阻止那些在不改变利益分配前提下减少集体资源的结构变化（5）。而且，人们不可能积极推动或反对那些不改变现有集体资源或利益分配的变化（3）。

表4.2　A群体和B群体集体资源的发展与两群体之间的收益分配

| | | A与B的集体资源 | | |
|---|---|---|---|---|
| | | 增长 | 保持不变 | 减少 |
| A与B之间的收益分配 | 保持不变 | 1 | 3 | 5 |
| | 更偏向于A与B其中的一方 | 2 | 4 | 6 |

第2、4和6种情况因涉及改变社会资源和利益分配而较难实现。大多数人和社

会团体可能都反对既减少集体资源也改变利益分配的变化（6）。只有占据大多数资源的冷酷无情的独裁者才能在这种情况下同时增加（他本人与其最亲密的支持者的）资源和利益。最近，部分毫无廉耻的腐败高官也被发现采取同样的行为，以牺牲企业长期发展为代价将自己的利益最大化。

第 4 种情况中的结构变革是在集体资源未增加的情况下进行资源再分配。这种结构变革可能发生在民主国家，条件是多数派能够利用政治权利从少数派那里赢取利益，并进行再分配。累进税制就是一个上佳的例子。非民主国家可能有其他的分配形式。

最后，第 2 种情况也是在集体资源增加的情况下进行资源再分配，它在当今的全球变革中非常普遍和重要。这种情况会使所有的利益集团获益，前提是资源和利益分配的变化激烈程度小，在集体资源增长的情况下，只有某些个人和团体吃亏。这需要采取如收入调节、再培训或者修改规章等补偿措施。第 2 种情况还绝佳地描绘出芬兰在 20 世纪 90 年代的情况：经济自 1994 年起飞速发展，同时，不同社会团体、行业和地区的资源和利益分配也发生了重大变化。

从芬兰的案例可以看出，在社会变革过程中同时出现社会创新和权力变革十分正常。将两种理论结合起来可以让我们更加详细地分析社会结构变化的本质和结果。为了制定出切合实际的政策，政策制定者必须将两者结合起来思考。不幸的是，对于分析社会结构变化对不同人群、行业和地区的利弊，他们尚无良策。收入和财富的变化并不总能全面反映政策的最终目的——社会福祉的改变。目前还有其他种类的资源（人力资本、社会资本等），个人的福祉也被这些资源的使用情况所影响。同样的资源在不同的背景下可能产生不同的福祉。最终，相比于长期不稳定的因素，资源数量和分配的短期改变更加容易得到重视。表面上看，政策制定者可能从更广泛的"福祉指标"上获益，这些指标表明了不同政策在结构变化过程中对总量和分配的影响。

## 结论

第 2 章和第 3 章提出了总结结构性变革的两种不同方法：社会创新理论和霸权变

革理论。芬兰的案例表明,这两种理论互为补充,揭示了实际变革中的不同方面。芬兰的社会转型非常符合社会创新理论。战后心理范式和社会经济模式的对立不断增加,促使人们议论起以市场、竞争和高科技为基础的另一种心理范式和社会模式。20世纪90年代初期的经济危机令人们不再相信旧有的心理范式和社会—经济模式,而在此之前新思维并未产生多大实际效果。新心理范式迅速为政策制定者所采纳,引起了芬兰经济和公共服务领域的巨大结构调整,并导致20世纪90年代后期经济的飞速发展。但是同时,模式转变还引发了霸权变革,导致一些社会集团、行业和地区成为赢家,另一些成为输家。

在经济危机时以及危机结束后的短时期内,拯救国家经济和政府预算势在必行,结构性变革造成的负面影响比较容易被理解接受。但是,最近大众的观点出现了变化,认为应当提高对结构变革中输家的社会保障。以较高的社会成本进行变革的意愿已经消失殆尽。

芬兰现在出现了对芬兰经济和社会的结构调整需求持截然不同观点的两派。包括企业高管和经济政策制定者在内的一派要求进行快速的结构变革,以保证芬兰企业在全球的竞争力。参照经合组织的例子,这些"竞争力鹰派"要求提高国内市场的竞争程度,开放劳动力市场,降低税负,建立更具有竞争力的高等教育制度并提高对科研的公共投资。这些全部都是直接影响芬兰企业全球竞争力的因素。另一派则相对保守。福利国家制度的卫道士们力图保护旧有的福利国家模式,反对"竞争力鹰派"提出的社会结构变革。他们担心全球化将毁掉北欧地区传统的福利国家模式,转而以英美新自由主义模式取而代之。上一次大选中,所有大党和绝大多数芬兰民众都属于这一派。

不幸的是,对于芬兰社会如何重塑以生存于新的技术—经济环境,两派均没有明确设想。"竞争力鹰派"只强调能对企业竞争力产生影响的社会内容。而对于社会其他方面如何建设,以达到经济、社会和环境的可持续发展没有成形的想法。他们的反对者则担心竞争力模式将致使收入差距和社会分歧拉大到令人难以忍受而无法持续的程度。但是福利国家的捍卫者也固守于既有的社会模式,鲜有应对世界经济大变革的办法。更糟的是,两派不能进行建设性的对话。

很明显,芬兰急需建立起讨论创新的平台,让不同的社会团体学着更好地体会对方的观点,从而形成全新的、更有持续性、面向未来的社会—经济模式。否则,旧制度的矛盾将在快速变化的社会环境中越积越多,芬兰经济很可能陷入收益递减的局面中,最终导致生活水平和社会福利的下降。

## 参考文献

Alasuutari, Pertti (1996), *Toinen tasavalta: Suomi 1946 – 1994*, Tampere: Vastapaino.
Alasuutari, Pertti and Petri Ruuska (1999), *Post patria.´ Globalisaation kulttuuri Suomessa*, Tampere: Vastapaino.
Castells, Manuel and Pekka Himanen (2001), *Suomen tietoyhteiskuntamalli*, Helsinki: WSOY.
Cowling, Keith and Roger Sugden (1987), *Transnational Monopoly Capitalism*, New York: St Martin's Press.
Dunning, John H. (1992), 'The global economy, domestic governance, strategies and transnational corporations: Interactions and policy implications', *Transnational Corporations*, 1, 7 –45.
Dunning, John H. (1993), *Multinational Enterprises and the Global Economy*, New York: Addison Wesley.
Hämäläinen, Timo J. (2004), 'Towards a theory of social innovation and structural change', in Gerd Schienstock (ed.), *Embracing the Knowledge Economy: The Dynamic Transformation of the Finnish Innovation System*, Cheltenham, UK and Northampton, MA, USA: Edward Elgar.
Hämäläinen, Timo J. and Risto Heiskala (2004), *Sosiaaliset innovaatiot ja yhteiskunnan uudistumiskyky*, Helsinki: Edita.
Heiskala, Risto and Eeva Luhtakallio (2005), *Uusi jako. Miten Suomesta tull kilpailukyky-yhteiskunta*, Helsinki: Gaudeamus.
Helkama, Klaus (1997), 'Arvojen ja ihmiskuvan muutos', in Timo J. Hämäläinen (ed.), *Murroksen aika: Selvääkö Suomi rakennemuuoksesta?*, Helsinki: WSOY, pp. 241 –64.
HSE (2002), web-pages of the Helsinki Stock Exchange at: www. hse. fi.
Huolman, Mika, Pia Walden, Matti Pulkkinen, Jyrki Ali-Yrkk6, Risto Tainio and Pekka Ylä-Anttila (2000), *Omistajien etu-kaikkien etu?*, Helsinki: Taloustieto.
Kantola, Anu (2002), *Markkinakuri ja managerivalta: Poliittinen hallinta Suomen 1990 luvun talouskriisissä*, Tampere: Loki-kirjat.
MTI (1996), *A New Outlook on Industrial Policies: From Global Economic Change to Sustainable Growth*, 4/1996, Helsinki: Finnish Ministry of Trade and Industry Publications.
Pajarinen, Mika, Petri Rouvinen and Pekka Ylfi-Anttila (1998), *Small Country Strategies in Global Competition: Benchmarking the Finnish Case*, Helsinki: ETLA/Sitra.
Pohjola, Matti (1996), *Tehoton paaoma*, Helsinki: WSOY.
Uusitalo, Hannu (2002), 'Tulonjako ja yhteiskunnalliset jaot', in Timo Piirainen and Juho Saari (eds), *Yhteiskunnalliset jaot – 1990-luvun perintö?*, Helsinki: Gaudeamus.

# 第 5 章

# 政策启示：如何促进先进社会的结构调整和重建

蒂莫·J.海迈莱伊宁

重大危机有利于社会经济系统在集体心理框架、战略和结构方面做出激进的改变。然而，对于考虑自己国家或公司结构调整问题的决策者，制造一场危机不是实际的选择。相反，他们应努力充分地了解系统的心理和结构变化过程，通过积极主动的和及时的调整措施，避免结构调整危机。按照唐纳德·舍恩（Donald Schön）（1973：116）的观点，我们可以设想一个社会经济系统，它能反思和质疑自己现有的心理框架、结构和惯例，并且当环境发生变化或系统的表现下降时能根据需要调整现有的心理框架、结构和惯例。在本章中，我们将指出政策决定者如何发挥自己的重要作用，创造和支持这样的自我反思学习系统。

## 经验、信息和集体学习

社会经济系统的心理和结构改变能力最终取决于集体学习过程。没有这样的学习过程，就不会有共同心理模式的改变，也不会有社会经济结构的可持续的改变。集体学习过程发生在各类社区成员之中，例如：国家的公民（如芬兰人、瑞典人、美国人），特别地区的居民（卡累利阿人、威尔士人、巴斯克人），商业组织成员（部门、处室、小组），职业团体（护士、教师、木匠），民间组织（扶轮社、狮子会、政治党派），娱乐俱乐部（高尔夫、钓鱼等）以及各种非正式社会团体。

集体学习过程以社区成员共同的经验和信息为基础。共同的实际生活经验源自相同的文化和地理生活环境,相同的职业或教育背景,相同工作组织的成员,或共同的休闲活动。随时间推移,不断增加的工作专业化和休闲活动以及个人喜好的差异化,已经导致个人经历更加多样(Hämäläinen,2003)。这样,在大社区集体学习过程中,共同经历的重要性就减少了。今天,把国家文化、地区文化、老式政治党派和国家协会凝聚起来的"社会黏合剂"(社会资本)一般基于非个人的信息和大众传媒,而不是广泛共同的实践经验(Lindblom,1990)。

新经验和信息造成的心理影响取决与其个人现有心理框架的关系,以及社区的现有心理模式。在现有的心理框架或模式中,被认为是理所当然的信息通常会被忽略,因此对集体学习过程没有什么影响。正常的(意料中的)并且与现有的心理框架和模式合拍的信息,只会引起非关键性的关注,而且至多导致增量的一阶学习。埃齐奥尼称第二类信息(或知识)为"稳定的":"稳定的信息阐述、指定甚至修改了理所当然的基本框架内的次级假设"(Etzioni,1991:30)。这两种信息不会打扰个人或社区安逸的"认知和谐(cognitive consonance)"(Festinger,1957;Hämäläinen,2003)。

第三类信息(或知识)可以被称为"激进的"或"转化的",因为它与现有的心理框架和模式不合拍。埃齐奥尼称"转化的知识重新审视并可能挑战系统的基本假设"。它引起个人和社区层面的"认知失调(cognitive dissonance)",并可能引起变革性的二阶学习(见第2章)。由于决策者与大多数人一样希望避免令人不快的认知失调,他们一般喜欢正常的(稳定的)信息,而不喜欢激进的(转化的)信息(Etzioni,1991:30)。

二阶学习引起认知重塑和心理范式改变,这又促进了重大的创新和结构变化。这解释了,在具有不同而互补背景知识的专家进行密切交流时,常常产生突破性创新的原因(Hollingsworth and Hollingsworth,2000;Anderson,2003)。不同视角的"碰撞"产生认知失调,这又激发了二阶学习过程。最后,如果新信息过于远离现有的认知框架和心理范式,它将不为人们所理解,也不可能引起学习。

# 第 5 章 政策启示：如何促进先进社会的结构调整和重建

对此，一般的政策启示是，要让社区得到与现有心理范式和公共话语不合拍的新的视角和信息，以此促进二阶学习，并且提高结构改变的能力。这一政策启示特别适用于科学研究、教育和培训系统、大众传媒和艺术，它们的活动、方法和信息输出在各个社区里塑造了集体学习进程。

我们将在下面强调，研究、教育、传媒和艺术可以是进步的也可以是保守的，它们可以促进或妨碍批判性反思和二阶学习进程。毫无疑问，研究人员和其他知识分子、教育和培训系统、大众传媒和艺术家总是吸引革命家和其他制度企业家们的特别关注，以及他们的反对派的关注。

可以采取更多具体的政策行动或措施，来提高一个社区共有信息的质量和多样性，或提高他们有效利用这种信息的能力。这可能包括"战略政策情报（strategic policy intelligence）"行动、小型示范工程、开源开发网络、网络便利化、系统愿景和战略开发，以及创造学习导向的组织文化。图 5.1 解释了采取积极措施可以促进集体学习和促进结构调整进程的所有这些政策领域。我们将在本章中逐项对它们加以讨论。

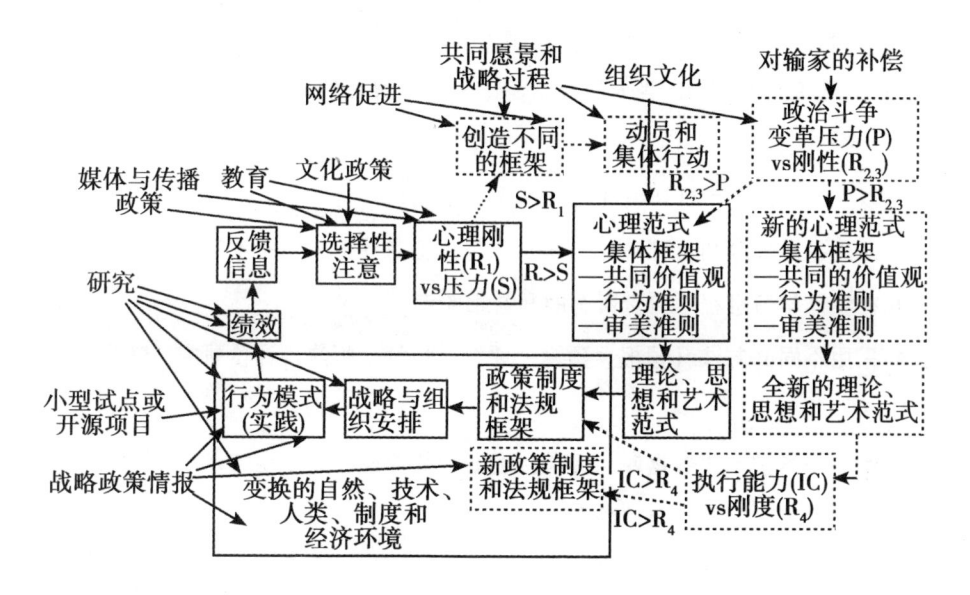

图 5.1 通过政策干预促进改变

## 战略政策情报

世界经济的技术—经济转型以及现代社会不断增加的专业化和复杂性，增加了决策者对信息的需求（Hämäläinen，2003：186~188）。关于系统环境改变以及系统表现的信息，对于系统体制和结构调整的能力至关重要。"早期预警"信息以及对重大环境变化和系统表现下降的了解，有助于决策者在调整进程中及时地和积极主动地做出决定。这要求有一个持续监测出现的系统问题和环境改变的、内部和外部的情报系统（Schön，1973：186~188）。

这样一个战略政策情报系统的特点已经在从事技术预测、评估和展望的学者之间讨论过（见 Tubke et al., 2001）。❶尽管这些学者大多关注技术，但是他们的观察涉及建立一个宽泛的战略政策情报系统，这个系统不仅限于技术，而且还可以包含社会经济环境和系统表现的其他方面（见图5.1）。除了用于分析环境变化的方法之外，这个宽泛的战略政策情报系统将包括对系统内部结构和进程做常规评估的分析方法，例如标杆分析法（bench marking），评价研究和成本效益分析。

根据蒂布克（Tubke）等人的观点，一个运转良好的战略政策情报系统将有以下的特点。它们是：

- 以系统的视角审视环境变化（和系统表现）；
- 采用各种分散的信息来源（学术研究、工商界、工作室等等）；
- 在集体学习进程中包含所有的利益相关者；
- 采用不同的方法（预报、预测、评估、标杆分析法、评价研究、情景、德尔菲法等等）；
- 有一个维护中央数据库、目录、注册和其他设施的活动结点；
- 有透明的访问和质量保障要求；
- 有正常可靠的公共资金来源的支持；

---

❶ 战略情报被理解为为决策者量身定做的讯息，以帮助他们制定和实施战略、攻策和干预措施等（Tubke et al., 2001：1）。

# 第5章 政策启示：如何促进先进社会的结构调整和重建

- 其评价根据是，对一个知情的、合格的和合法的政策讨论所做出的贡献。

大多数组织机构都没有现成的战略政策情报系统。根据最近对 140 个美国公司的一项调查，它们中的 97% 都没有任何的早期预警系统（Fuld，2003）。在公共部门的组织机构中，情况似乎更糟。然而，战略政策情报系统提供的信息可以使多种用户受益。因此，系统可以将这些的特点用于公益。如果战略政策情报系统的益处散布得足够广，它的开发和维护肯定会得到公众支持。

## 小型试点和开源网络

重大的社会实验蕴涵着巨大风险（例如中国的文化大革命）以及来自特殊利益集团的强烈反对。处于系统边缘的小型试点工程，常常是实际试验新社会创新的唯一途径。一个小型试点工程既不会威胁到整个系统的未来，也不会引起既得利益的注意，而重大改革将损害他们的利益。

斯蒂格利茨（Stiglitz）曾强调，为了培育"社会学习"，政府可以支持创新型的小型试点工程。这样的试点结果必须具有广泛应用的前景，方可成为公共参与的合法目标。私人利益如果不能扩散到试点工程参与者以外，是不够的。因此，政府发起项目的关键问题是，产生的积极结果能不能放大（Stiglitz，1998）。

一个成功的试点展示了新创造的可行性和实用性。这在系统内增大了认知失调，使体制和政策变化更容易实现。为了促进试点结果和实际经验的有效交流、传递和扩散，与试点工程同时出现的还应该有观念塑造和评估学习。

创新的开源（Open Source，OS）模型最早是由计算机软件业利用万维网和 Linux 产品开发的（Tuomi，2002），对于利用模块化子系统，在复杂系统中促进集体学习和结构改变进程，这是一种有前景的新方法（Leadbeater，2003；Feldman et al.，2004）。开源模型涉及开放的创新社区，在那里：将系统开发分解成模块化子系统因此能够并行地进行创新工作而且减少全系统需要进行的协调；确定清晰而公开的判断创新的标准并促进知识的扩散；有一个中央设计权威，它开发系统的架构、确定标准、指定系统内部和外部的接口，在开发者中促进互补知识的交流与整合，获得所需的互补资源以及鼓励社区的创新努力。

在开发复杂和相互依赖的系统需要全系统协调时,开源模型提供了一种草根能动性和知识的有效结合。分层的、"自上而下的"方式欠缺开源模型的第一个特点,而分散的(例如市场)方法不利于协调系统变化。而且,开源模型中并行的开发成果加速了系统的创新进程。这对于公共部门特别重要,在这里各地的实验信息一般积压很多,而扩散很慢。相似模块的并行开发还可以形成创新竞赛,形式可以是树立标杆或"选美比赛"(Leadbeater, 2003)。

在开源模型被用于社会创新时,需要考虑到一些限制性因素。这与开源模型最早的软件创新开发的环境有关,那是一个相当同质性的社区和环境。无论他们在地理上距离多远,开源软件开发者是一个很同质性的专家社区,都是熟练的计算机程序员。他们共同的语言、知识、兴趣和技术平台,为他们的互动与合作提供了高效率的基础条件。社会创新进程很少涉及到这样的同质性利益相关者团体和环境,因此造成需要大量处理因地制宜、隐性知识和面对面交流问题。社会创新通常还会涉及到复杂的子系统之间的相互依赖关系,这会限制模块化的益处,因此限制了开源模型带来的益处。

## 研究

因为通常认为新知识的最主要来源就是研究,所以在体制变化进程中,研究起着重要的作用。社会科学研究影响决策的途径可能是:向公众意识提出新的问题、挑战和机会(矛盾);为社会问题提供可行的解决办法;发展可以分析、评价和认识新问题的概念和理论;确定政治论据的轻重缓急(Johnson, 2004; Lampinen, 2002; Kuitunen and Hyytinen, 2004)。

我们的结构变化进程理论强调系统矛盾在提供政策变化动机上的重要性。然而,必须先认识这些矛盾,然后才能加以探讨。保罗·约翰逊(Paul Johnson)认为,社会科学对于明确我们这个时代的社会问题一直特别有用。根据他的观点,社会科学对于提供或评估其替代解决办法,却远不是那么成功(Johnson, 2004)。

## 第5章 政策启示：如何促进先进社会的结构调整和重建

人们常常对社会科学的作用抱有很高的期望，希望它能为复杂的社会问题提供解决办法（Lauder et al., 2004; Johnson, 2004）。许多政策制定者喜欢将研究作为他们现有决策过程的重要投入资源。在这种工具性的态度之下是一个隐含的假设，就是问题的性质和环境都很清楚了。现在只是缺少知识的特定片段，而研究可以产生这些知识。研究者被认为是外部的可以提供这些知识的专家。

尽管有很高的期望，政策制定者还是经常对研究结果的用处感到失望（Johnson, 2004）。通常他们不能得到所期待的可行解决办法和政策咨询。因此，社会科学研究对施政纲领或具体政策少有直接影响（Lampinen, 2002; Turja, 2003）。对研究的工具性态度与进化性的一阶变化进程相对应，在这个阶段里，已有的观念框架、体制和政策没受到质疑。人们没有看到，研究对于集体观念重塑和结构调整过程的潜在重要性。

以观念和理论的态度对待社会科学研究的利用，强调它对决策者的信念、假设和视角，即认知框架的影响。研究以有意义的方式将问题概念化和模式化，而不是产生明确界定的解决方案。良好的观念和理论框架帮助决策者个人进行观念重塑，并且提高他们对问题的理解。正是社会科学研究的观念和理论的贡献，在现行的社会经济转型中，常常对决策者是最有益的（Lampinen, 2002）。

最后，研究结果还可以用于政治目的，既可以使现行的惯例、结构和政策合理化，也可以用于挑战它们。政治企业家可以选择性地利用它们。只有支持预定政治目的的研究结果才能被选中并采用。设立某些研究项目的目的，还可能是为了推迟做出在政治上不受欢迎的决定（Lampinen, 2002; Turja, 2003）。

不能在决策中有效利用社会科学研究的问题涉及：（a）社会科学研究的特点，（b）政治决策过程的性质，（c）研究人员与决策者之间缺乏交流（Lindblom, 1990; Lampinen, 2002）。我们将逐个讨论这些问题。

学术研究是在学术社区内展开的，它们有自己的动机和体制。除了探索新知识，一个重要的激励因素是在同行中得到更高学术地位。为了得到这样的学术地位，研究人员必须在知名学术期刊上发表文章，而知名学术期刊喜欢现有科学模式内的"常规科学"（Kuhn，1975）。这样的"常规科学"通常相当保守，因为它在既定的模式内确定研究课题，以完善的视角研究它们，利用传统的研究方法并且用学术风格的和模式化的语言报告研究结果。而且，社会科学的实证研究常常聚焦于历史经验，这与在迅速变化的环境中解决问题没有什么关系（Lindblom，1990；Lampinen，2002；Turja，2003；Kuitunen and Hyytinen，2004）。学术研究的漫长出版过程，使问题更加糟糕。对于实际的来自截然不同的群体、文化而且必须对未来进行决策的决策者来说，所有这些使社会科学研究无法利用也得不到什么益处（Johnson，2004）。

在社会里，因果链条常常很长，相互的依赖关系很复杂。研究对象决不会是整个社会经济系统。研究人员必需把研究范围缩小到社会的一个小部分才能得到有意义的结果。随时间推移，社会科学的不断专业化突出了狭隘的研究与复杂的社会问题之间的不匹配（Wiles，2004）。一个政策制定者不能"缩小"他的决策，他必须考虑复杂的相互依赖关系以及溢出效应。根据议题和特定的问题，他既需要狭窄的专业知识也需要更多的背景知识（Etzioni，1991：32）。在不同的研究给出不一致或者矛盾的结果时，他也要做出决定（Lindblom，1990；Turja，2003）。

最后，纯客观研究是不存在的。研究总是受到研究人员的主观价值和认知限制的影响。而且，一些研究人员有意以更加政治化的视角对待他们的研究和研究结果。他们也许还为有鲜明政治倾向的智库或研究机构工作。一旦研究带有了政治倾向，它在政策制定者眼中就失去了科学的中立性与合法性，政策制定者可以将研究结果视为特殊利益制造的任何信息（Turja，2003）。

利用社会科学研究的另一个问题来源是政治决策过程的性质。首先，政治决策常常涉及确定社会目标，而不是实现这些目标的最好方法（Lindblom，1990；Turja，2003）。研究不会有助于确定社会目标，社会目标取决于社会偏好和价值观而不是知识。第二，政治决策过程不是理性的和线性的，而是高度互动的、偶然的和政治性的，涉及许多不同而且常常相互冲突的利益（Lindblom，1990）。决策者通常没有足够的时间等待漫长的研究过程得出结果，也来不及仔细思考研究结果的意义与社会涵义。相反，他们转向更便捷的公共媒体、智库报告、员工备忘录以及其他信息来源

(Turja, 2003)。❶最后,政策制定者吸收和利用研究结果的能力,可能还要因为缺乏科学背景知识和训练而受到限制 (Lampinen, 2002; Cohen and Levinthal, 1990; Kuitunen and Hyytinen, 2004)。

社会科学研究的利用还要进一步受到交流问题的限制。决策者很少阅读研究报告,他们苦于信息过多而时间不够。即使决策者能抽出时间,研究报告的形式和语言也常常让他们无法理解。除了报告,研究人员与决策者少有其他的直接交流渠道。他们通常互不见面。因此,研究人员通常不知道哪个决策者个人对他们的知识和发现有兴趣。而且,当他们偶然见面时,研究人员和决策者因为文化差异也是各说各话(Lampinen, 2002; Argyris, 2003; Johnson, 2004)。

现在让我们从前面的分析中得出一些政策的结论。如何提高社会科学研究对结构变化能力的贡献呢?如同前面,我们把讨论安排为三个部分:研究知识的生产、应用和交流。

对于系统变化,社会科学研究的用处可以差异很大。研究人员和研究机构可能很进步和积极主动,讨论新的问题和机会或者用新的和批判的视角分析旧议题;他们也可能是保守和反动的,强化传统话语和心理范式。克里斯·阿吉里斯 (Chris Argyris) 指出,许多社会科学家只在做"事情是什么样子"的传统描述性研究时才感觉舒服。他们不习惯讲述"如果有人确实要改变,世界能怎么办"(Argyris, 2003: 42~46)。在最好情况下,这样的研究可以在公共议程上确定和提出新的社会问题,因此提高主动改变进程的机会。

更进步的研究为了促进集体学习和结构变化进程,可以批评和质疑现有的惯例、认知框架、理论、体制、政策和组织机构。进步的研究除了确定新的社会问题并且提供新的理论方法取代旧的理论方法之外,还可以通过明确竞争的政治观点和理论框架,告知公共辩论。例如,可以更主动地利用话语分析去提高决策者和大众的自我意

---

❶ 兰皮宁 (Lampinen) 指的是 20 世纪 90 年代末在瑞典进行的一次对社会科学研究影响力的典型调查。这次调查中,私人或公共组织的决策者只有5%在安排组织事务时受到社会科学研究的影响。更多的人是从他们的上司、同事和媒体得到信息的。

子。研究人员和政策制定者还可以积极合作去形成国家、地区和部门的愿景，这在"共同愿景和决策过程"中讨论（本书102~106页）。

## 媒体与传播政策

社会的传播媒体对选择哪些新闻和知识会得以广泛传播，起着关键作用。同时，传播媒体还有设立公共议程、奠定集体学习过程基础的作用。根据社会的不同，公共传播媒体可包括电子邮件清单、内部网络方案、贸易和职业原因的旅行、互联网门户、本地报纸、全国广播和电视，等等。媒体将自己的标准和约束加诸于将要在公众中传播的思想和新闻中（Schön, 1973: 135）。

研究显示，倡导进步的媒体可促进体制和结构变革，而保守媒体也许会大大减慢变革的速度。进步媒体会提出新的问题，为公共辩论创造机会，质疑被普遍接受的心理框架和行为方式，批评已不合时宜的体制和结构。相反，保守媒体对正在出现的环境上的挑战和制度上的问题并不在意，在新闻、文章和节目中的论调支持传统的思维模式、价值观和行为准则，以及理论范式。控制了社会传播媒体的人有很大的选择新闻和知识的权力，这些新闻和知识引导着公共议程，以及人们感知到的问题和挑战，因此决定了社会共有的心理范式。

赫尔曼和乔姆斯基（Herman and Chomsky）认为，主流媒体较为倾向于保守。他们指出了五种相互联系的"过滤器"，这些"过滤器"限制了公共议程中出现的事件种类（Herman and Chomsky, 1988）。第一种"过滤器"是媒体公司庞大的规模和集中化的所有权。传媒业需要巨额投资，造成小型的、后出现的企业在设定新公共议程上挑战大企业的进入障碍提高了。因此，一些大型媒体公司可通过与地方公司分享所有权或合作来控制全国媒体市场的很大份额。第二种作用于公共议程的"过滤器"是广告主。大型媒体公司十分依赖广告收入，这造成进入媒体市场的又一重障碍。广告主喜好能够吸引重要的、富有的（保守的）观众，排斥激进的、复杂的、有争议的媒体和内容，因为这些只能吸引少部分人，还可能对他们客户的"良好的消费气候"造成不利影响。

第三种作用于公共议程的"过滤器"是媒体对掌握新闻来源的、影响力巨大的现有组织的依赖。媒体公司为了制作节目和出版物，需要稳定的新闻来源。一些现有的组织形成了稳定可靠的资料来源，这减少了媒体企业在它们自己的搜寻和研究活动上所需投入的资源。现有组织也能使记者轻易地得到和使用他们的资料。结果是媒体对这些组织变得依赖，不愿因破坏性和批评性的报道而有损它们之间良好的关系。因此，这些现有组织就拥有了影响媒体议程和观点的力量。

第四种"过滤器"与一些节目或文章所带来的负面反响有关。这种负面反响可以电子邮件、信件、电话、威胁、顾客抵制、诉讼案件、法律提议、评论文章等形式出现，可能是有人领导组织的，也可能是自发反应。如果发起这些负面反响的组织者拥有大量的可支配资源，他们可以使媒体公司付出重大代价。因此，预见到这种强大的负面反响，会导致媒体自己实施审查。最终，某一强有力而广泛共有的意识形态（如"共产主义"、"法西斯主义"、"反共产主义"或"反恐战争"）可能缩小公众讨论的范围，阻止某些特定议题和观点进入公众的讨论。这些意识形态还可被方便地用来攻击任何与之冲突的改革提议。

赫尔曼和乔姆斯基（1988）观察得出，反驳或质疑既有观点和既得利益的批判性观点往往会招致媒体两种不同的反应。这取决于论证的水平。不充分的论证往往遭遇严厉的驳斥，尤其在这种论证的提出者并不是本领域专家的情况下。另一方面，有力的、破坏的论证往往被排挤，无法进入公共视野，并被默默地忽视了。

传播政策可通过支持媒体的竞争与多样化增强制度的调整能力（Stiglitz，1999）。这确保了：能够较早发现环境的变化和制度上的问题；公开表达新的利益诉求；旧的体制和结构在有需要时可以受到质疑；制度企业家较有可能获得支持。正如马克·约翰逊（Mark Johnson）指出，新的思想和心理范式必须有发展和繁荣的空间：

（集体观念重塑）的最佳方案是一种珍视社会群体变化的群体战略，将变化作为一种试验进化性生存与繁荣可能性的方法。重要的是，要看到"最佳"的方案不是像某种固定的方法或状态或社会组织方式的东西，在某个时间、某个地点、某种历史条件下看起来行得通的东西，也许在其他条件下就行不通了……这并不意味着，因为我们现有的观点在当下还过得去，就莫名其妙地成了绝对真理。相反，我们需要尝试不同的方法，来应对变换的物理、经济、社会和政治条件。"最佳方案"也不仅仅是满足那些此时此刻恰好掌权的人们的欲望，而是需要一种培养不断批评、自我反思和对立观点对话的战略（Johnson, 1993: 231）。

但是，竞争性的市场并不总能带来多样化，这一点只要花点时间看看美国那么多的电视频道就知道了。在高度竞争的媒体环境中，公共广播公司和其他公共媒体可提升公开存在的信息和知识的多样性、质量与社会相关度。的确，这应该确立为他们的主要目标。

## 教育体系

如果个人缺乏辩证思维能力（反思能力）与灵活的"多情境"（multi-contextual）以理解系统矛盾与创新信息的相关性，那么这些信息很可能得不到有效接受（Weick, 2003: 88）。另外，来自不同背景的个人要合作从事社会性的和其他种类的创新活动，需要有一些社会技能，比如办事灵活的态度、对新观念的宽容、在发生矛盾时愿意寻求妥协、愿意承担群体中的责任、有自信维护自己的观点以及良好的交流技巧（Hakkarainen et al., 2004b）。培养如此高水平的思考技巧和能力对当前的教育体系来说，是一个很大的挑战（Argyris, 2003: 45）。

通过让学生解决复杂而真实的现实世界中的决策问题，可锻炼他们的辩证思维能力和二阶学习技能。这类"基于问题的学习方式"在一些大学的院系（如医学院）中流行起来，但在基础教育中的用处也越来越大。这意味着，教育系统在教学过程中应更多地包含类似于研究活动的内容。有了灵活的、多种情境下的框架，个人就能克服传统的智力和学科划分，有助于认识到能够改变范式的信息和知识，从而有能力改变观念，将不同来源和范式中的知识融会贯通（Hakkarainen et al., 2004b; Weick, 2003）。这种框架并不是狭窄的、单一学科的培训课程所能建立起来的，学生需要接触教育系统中多种科学范式和专业领域中的环境、内容、活动和人士。❶教育要包含多种学科，也要和社会互动。

## 文化政策

文化和文化知识作为提高经济竞争力和发展水平的潜在资源，近来引起了人们越来越多的兴趣。文化知识在公司的研究发展活动以及品牌战略中起着日益重要的作用（Wilenius，2004）。与容易被模仿的技术创新相比，深厚的文化知识可使企业在研发或销售方面有更持久的竞争优势。同时，文化遗产和纪念物在许多地区被看做是地方旅游业的重要资产。

然而，我们希望突出文化对经济和社会绩效更深层次和间接的影响，这种影响存在于从文化到结构调整能力再到经济和社会绩效的各个方面。在重大变革期间，艺术与艺术家在社会结构更新过程中扮演着重要角色。

推动集体学习过程的不仅是客观的新信息，也有主观的印象。这种主观印象给公共议程带来新的经济上的和社会上的挑战，或以全新的视角看待现有的社会经济问题。艺术家们通过阐释其所在社会中的"时代精神"来提供新的集体性意义（Hauser，1982；Venkula，2003）。他们往往"首先寻找到学者们最终以更外在的方式探究的领域"（Gardner，2004：3）。他们主观但具有整体性的阐释具体而明确地表现了重要的、新出现的现象，供公众讨论。艺术的主要表现形式——故事和比喻正适合于社会经济转型期中不确定、混乱的环境，这个环境中没有现成的心理范式和理论来解释新的现象（Hakkarainen et al.，2004a）。

"进步艺术"通过展现新的社会问题、建立有吸引力的未来理想或描绘社会上进步势力和保守势力的斗争，来突出社会矛盾，这就引发了公共辩论，催化了集体学习过程。进步艺术经常因其激进性和批判性而被商业赞助者回避（Mäki，2004）。商业

---

❶ 卡尔·韦克（Karl Weick）认为学习博艺学科（liberal arts）的人"比一般就读于专业学校的人见识得到更多种多样的事物和更为丰富的价值观"。他十分信任通才的执行人员，认为"与专才相比，他们能对正在发生的事建立更充分、更有用的观点。至少，他们广泛的经验能够帮助执行人员不会（在危机来临时）束手无策"。

赞助者不愿将他们的产品和服务同社会上的争议问题与方法联系起来。与此同时却也存在着对进步艺术的潜在需求，因为进步艺术可使人们更好地理解身边日益复杂多变的世界。

然而，大多数新出现的艺术却并不具有进步性，只是试图取悦观众（Venkula，2003：68）。当今的大众娱乐和商业性质的艺术形式尤其是这样。现今的变革也容易为这种 "娱乐艺术" 创造需求，人们可以从中暂时逃避日常的压力。

通过文化政策支持进步艺术可以提高社会的结构调整能力，但这在政治上也许会很艰难，因为有社会敏感性和批判性的艺术创作不一定会受到决策者或大众的青睐。毕竟，现有的政策制定者可能成为进步艺术的矛头所指，而且对这种艺术的决策支持很容易变得高度政治化。对政策制定者来说，支持仅供娱乐大众艺术形式要容易得多，也安全的多。

## 社会资本和网络促进政策

集体学习过程产生将社会成员连结在一起的社会资本（social capital）：共有的心理范式（认知框架、价值观和行为准则）和以不同程度的信任和互惠为特点的社会关系网络（Nahapiet and Ghoshal，1998）。

个体通常是各种相互重叠的社群成员。在不同的活动和环境中，个体的行为受到不同社群的认知框架、价值观和准则的指导。举例来说，一名专家在日常工作中服从专业框架和职业道德的指导，在做某个雄心勃勃的决策时依赖于组织观念和文化，根据特定的宗教信仰和世界观安排自己的私人生活。随着时间的推移，社会资本中最耐久的部分渐渐制度化为社群的正式结构和组织化安排的一部分。

关于社会资本经济上的作用和影响，有两种截然相反的观点，可综合到现在的研究理论框架中。一些研究者强调了社会资本在高度专门化的增值体系中减少交易和协调成本的重要作用（Casson，1990；Fukuyama，1995）。这种正面的评价受到另一些人的质疑，他们强调，强大的社会资本会造成各种各样的系统刚性（Schienstock and Hämäläinen，2001；Florida，2002）。

# 第5章 政策启示：如何促进先进社会的结构调整和重建

第二章已有论述，社会网络的强大连结涉及到心理的、经济的、社会的和系统的刚性。首先，存在强大的（"连结"型）社会资本的社群几乎从其本身的意义上来说就存在一个强势的、共有的世界观、价值观和准则。强有力的心理范式涉及到大量的心理惯性（mental inertia）。第二，现有的网络和社会资本短期的效率收益增加了长期结构变革的机会成本。结构变革会牺牲这些短期收益。第三，在一个内部联系紧密的社会，其成员往往不想"惹是生非"而个人主动进行改变，这会在社群里对他们的伙伴造成不良影响。连接紧密的网络也使个人不愿求变，因为他们的收益有赖于这个相互依存的制度中其他部分的补充性变革。

关于社会资本正面的和负面的观点可在我们的研究理论框架中综合起来。在稳定的环境下，社会经济制度不需要重大的结构变革，社会资本具有无可否认的效率收益。强大的社会资本减少了经济行为主体的交易和协调的成本，有利于增值体系提高专业化水平和生产能力。在稳定的时期，社群的社会关系和心理结构有强化的趋势，并制度化为正式结构。然而，在巨大转型期间，强大的社会资本会对经济绩效产生负面影响——它将制度锁闭在固有的心理范式、结构和行为程式中。

一些学者分析了产业集群（industrial cluster）环境中社会资本作用的变化。他们认为，这种相互依存的网络在产业集群早期形成和发展阶段是一个力量源泉，而时间久了，就渐渐成为惯性和刚性（相对于产业集群外的企业）的源泉（Pouder and St John，1996）。而且，集群企业的"受限的集体视点"（restricted collective perspective）导致竞争上的"盲点"，限制了他们的创新潜力、战略定位和预料全行业范围的动荡并采取应对措施的能力（Martin and Sunley，2003：18）。

先前的分析指出，稳定的环境突出体现了强大的社群内部"结连"（bonding）型社会资本的好处，而剧变的条件下不同社群间"搭桥"（bridging）型社会资本则更有价值（Woolcock，2000）。搭桥型社会资本的连结较"弱"，通过将不同观点和背景的个人聚集到一起并促进他们开展有效交流与合作，来推动创新的过程（Hollingsworth and Hollingsworth，2000；Schienstock and Hämäläinen，2001）。因此，社会资本的性质应随着变化的社会经济发展速度而进步，以求对经济绩效有稳定的积极同学科、职业、部门和社群涉及到不同的活动、环境和语言。因此，有效的合作需要在一个共同目标下（如在真实环境下的一个实际问题）进行长期的、面对面的交流以建立共同语言和理解。野中和远山（Nonaka and Toyama）认为（2003），在创新性企业的"创新日程"中可以找到这样的集中交流和共同目标。

广泛地定义当下的问题或体系，也有助于交流的成功。大量变化的要素有更多空间找到令所有利益相关方满意的方案，使他们更有动力合作行动，因为他们之间更有可能存在共同利益（Bruijn et al.，2004：61~62）。

然而，在信息和理解（框架）都不足的创新过程中，现代通讯科技无法超越面对面的交流（Daft and Lengel, 1986；Doz, 2003）。反过来，面对面的交流又需要物理上的接近和地理位置相邻。如果使用太多新鲜、奇异的概念，也会导致新思想的交流失败。因此，使用故事、类比、比喻等建立共同理解并把新思想同已有的知识结构联系起来的方式，可促进创造性对话和集体学习过程（Van de Ven and Hargrave, 2003；Weick, 2003）。❶

参与者之间没有一定的社会资本（信任、互惠互利、共同理解），就不可能出现创造性的、开放的、长期的对话（Nahapiet and Ghoshal, 1998；Schienstock and Hämäläinen, 2001）。同时，一个中立的、平和的会面环境也有助于创造性交流，如果能远离参与者日常的活动和环境则更好，因为日常的活动和环境可能唤起和强化旧的思想和意识框架。社会资本和中立环境有助于参与者脱离出他们往常的职业角色，显露他们的隐性假定（tacit assumption），完全集中于眼前的问题，并从新的视角对问题进行反思。

结构变革还涉及"创造性破坏"，既产生赢家，也产生输家。如果从预期的变革中遭受失败的人们无法通过某种方式得到损失补偿的话，创造性对话所必需的社会资本也许会被轻易地摧毁。这需要变革中产生的一部分收益重新分配给他们（Chang

---

❶ 范登文和哈格雷夫认为（2003），最早用来形容和评价新体系的比喻是建立于在此之前已存在的体系之上的，因为还没有发现表达这种新系统的方法和概念。例如，早期汽车曾被称为"无马马车"（horseless carriage）。

and Rowthorn, 1995)。如果允许输家参与相关的政策制定过程，结构变化也会更让人能够接受（Stiglitz, 1999）。

为了系统变革而促进创造性对话，是一项公益事业——整个系统都会受益。因此，有了公共介入的可能性。当局可以推动创造性对话，其方式有：在系统范围内建立战略政策情报系统（前瞻、标杆分析法等）和战略过程、围绕重要的经济和社会挑战组织跨部门的培训课程，等等。除了参与对话、发出"声音"之外，参与者应从这种过程中得到一些个人的收获（如新知识、智力刺激、新联系人、声望等），争取让他们将精力和时间投入到这一公益事业中去。

一旦整体的、系统的愿景被创造出来，不同的部门和子系统也会创造出自己的、更为具体的愿景和战略，这些愿景和战略同更高层次上的愿景相一致，并互为补充。这些愿景和战略将指导新的科技创新、组织创新、政策相关的创新和体制创新的发展。

## 组织文化

为了保持集体学习过程可持续性，不同部门的组织应在组织日常工作中建设观念重塑能力。韦克（Weick）认为（2003），善于进行"意义建构"（sense-making）（观念重塑、二阶学习）的组织都拥有以下特点。他们都：

- 密切关注可能预示着更大的系统性问题的微小的、意料之外的事件；
- 关注失败；
- 对运营敏感；
- 拒绝将现实简单化；
- 行动前不作详细的计划；
- 尝试不同的选择和可能。

在我们的框架里，这种"学习型组织"专注于早确认系统性矛盾和绩效不佳。这些组织密切关注组织与个人实践，以及环境的变换与现实生活中的所有复杂情况。同时，学习型组织并不赞同简单的理论，也不进行细致的计划，这样会降低它们对冲突反馈的敏感性，并（在迅速变换的环境中）减慢重组过程。相反，这些组织倾向于采取行动、尝试不同的可能，然后进行反思并从中学习、改善战略、再尝试新的选择，等等（Weick，2003）。

## 对输家的补偿[1]

结构变革过程总是既关系到赢家，也关系到输家。结构调整的成本从未平均地分摊到经济中所有组成部分和成员头上。有些国家、行业、组织、群体和个人从变革中获益，有些则遭受损失。这使得结构变革过程本身十分困难，可能爆发严重冲突，减慢调整过程。解决这样的冲突，需要外部机构的介入，比如政府。

张和罗腾（Chang and Rowthorn）注意到（1995）政府至少可以采取三种不同的方法进行"冲突管理"。第一种方法是新古典主义方法：结构调整留给市场力量和输家自己承担。然而，如果他们的损失太大，这种方法将会造成社会严重紧张，专业生产性资产遭到不必要的抵消。第二种方法运用货币、财政和汇率政策来减少爆发严重冲突的可能。这些政策手段是"秘密的"，因为这些政策看起来是中立的，但其实是有利于某些群体，而不利于其他群体的。第三，政府通过不同程度地公开抗拒"市场规律"（the imperatives of the market），而明确支持某个特定群体的利益。这可能要涉及到压制或者保护输家。如果压制输家，要有个尤其铁腕的政府。

在当今科技经济转型中，调整造成的损失愈加严重，宏观经济政策不足以防止冲突，政府也不愿压制输家。这种局面造成结构调整十分缓慢，甚至造成社会经济彻底"硬化"（sclerosis）。尽管已证明缓慢调整的长期成本极高并且迅速调整的受益者要比输家多得多，却依然出现这种情况。调整速度缓慢的问题在于，调整带来的损失最早出现，并且很容易衡量，但获益却较不确定，并且通常过了很久才能出现（参见Rodrik，1996）。

---

[1] 这部分借用自海迈莱伊宁（Hämäläinen）（2003）。

## 参考文献

Alasuutari, Pertti (1996), *Toinen tasavalta. Suomi 1946 – 1994*, Tampere: Vastapaino.
Anderson, Chris (2003), 'Finding ideas', *Harvard Business Review*, November.
Argyris, Chris (2003), 'Altering theories of learning and action: An interview with Chris Argyris', interview by Mary Crossan, *Academy of Management Executive*, 17 (2), 40 – 46.
Bohm, David (2004), *On Dialogue*, London: Routledge.
Bohm, David and David Peat (1987), *Science, Order and Creativity*, New York: Bantam Books.
Bruijn, Hans de, Haiko van der Voort, Willemijn Dicke, Martin de Jong and Wijnand Veeneman (2004), *Creating System Innovations: How Large Scale Transitions Emerge*, Leiden: A. A. Balkema Publishers.
Casson, Mark (1990), *Enterprise and Competitiveness: A Systems View of International Business*, Oxford: Clarendon Press.
Chang, Ha-Joon and Bob Rowthorn (1995), 'Role of state in economic change entrepreneurship and conflict management', in Ha-Joon Chang and Bob Rowthorn (eds), *Role of State in Economic Change*, Oxford: Oxford University Press.
Cohen, Westley and Daniel Levinthal (1990), 'Absorptive capacity: A new perspective on learning and innovation', *Administrative Science Quarterly*, 35 (1), 128 – 53.
Daft, R. L. and R. H. Lengel (1986), 'Organizational information requirements, media richness, and structural design', *Management Science*, 32, 554 – 71.
Doz, Yvez (2003), 'Co-evolution of global firms and local environments', presentation at 'How to Create Globally? Symposium on Global Competitiveness through Creativity and Innovation', Helsinki School of Economics and Business Administration, 21 August.
Etzioni, Amitai (1991), 'A theory of societal guidance', *A Responsive Society: Collected Essays on Guiding Deliberate Social Change*, San Francisco: Jossey-Bass Publishers.
Feldman, Jerome, Pekka Himanen, Olli Leppänen and Steven Weber (2004), 'Open innovation networks', Helsinki: Sitra (www. sitra. fi/julkaisut).
Festinger, Leon (1957), *A Theor of Cognitive Dissonance*, Evanston, IL: Row. Peterson and Company.
Florida, Richard (2002), *The Rise of the Creative Class: And Honw It's Transforming Work, Leisure, Community and Everyday Life*, New York: Basic Books.
Fukuyama, Francis (1995), *Trust: The Social Virtues and the Creation of Prosperity*, London: Hamish Hamilton.
Fuld, Leonard (2003), 'Be prepared', *Harvard Business Review*, November.
Galbraith, John (1984), *The Anatomy of Power*, Boston, MA: Houghton Mifflin.
Gardner, Howard (2004), *Changing Minds: Tile Art and Science of Changing Our Own and Other People's Minds*, Boston, MA: Harvard Business School Press.
Hakkarainen, Kai, Kirsti Lonka and Lasse Lipponen (2004a), *Tutkiva oppiminen: Järki, tunteet ja kulttuuri oppimisen sytytäjänä*, Porvoo: WSOY.
Hakkarainen, Kai, Tuire Palonen, Sami Paavola and Erno Lehtinen (2004b), *Communities of Networked Expertise: Professional and Educational Perspectives*, Amsterdam: Elsevier.
Hämäläinen, Timo J. (2003), *National Competitiveness and Economic Growth: The Changing Determinants of Economic Performance in the World Economy*, Cheltenham, UK and Northampton, MA, USA: Edward Elgar.
Hauser, Arnold (1982), *The Sociology of Art*, London: Routledge & Kegan Paul.
Herman, Edward and Noam Chomsky (1988), *Manufacturing Consent*, Pantheon Books, published in Finnish as 'Propagandamalli' in *Ideologia ja valta I: Ideologiakritiikkiä ja vapauden näkökulmia*, Helsinki: Like.
Hollingsworth, Rogers and Ellen Jane Hollingsworth (2000), 'Major discoveries and biomedical research organizations: Perspectives on interdisciplinarity, nurturing leadership, and inte-

grated structure and cultures', paper given in 'Building Research Success at U of S', Research Symposium, University of Saskatchewan 21 −22 January.

Johnson, Mark (1993), *Moral Imagination: Implications of Cognitive Science for Ethics*, Chicago: University of Chicago Press.

Johnson, Paul (2004), 'Making social science useful', *British Journal of Sociology*, **55**, 1.

Kuhn, Thomas S. (1975), *The Structure of Scientific Revolutions*, Chicago, IL: University of Chicago Press.

Kuitunen, Soile and Kirsi Hyytinen (2004), 'Julkisten tutkimuslaitosten vaikutusten arviointi: käytfäntöjä, kokemuksia ja haasteita', 2230, Espoo: VTT Tiedotteita.

Lampinen, Osmo (2002), ' Yhteiskuntatieteellise tutkimuksen asema hallinnossa ja päätöksenteossa', *Tiedepolitiikka*, 2/02, 15 −21.

Lauder, Hugh, Phillip Brown and A. H. Halsey (2004), 'Sociology and political arithmetic: some principles of a new policy science', *British Journal of Sociology*, **55**. 1.

Leadbeater, Charles (2003), 'Open innovation in public services', in Tom Bentley and James Wilsdon (eds), *The Adaptive State: Strategies for Personalizing the Public Reahn*, London: DEMOS.

Lindblom, Charles (1990), *Inquiry and Change: The Troubled Attempt to Understand and Shape Sociey*, New Haven, CT: Yale University Press.

Mäiki, Teemu (2004), 'Kriittinen taide ei ole moraalin kertosäe', *Helsingin Sanomat*, 30 May, D5.

Martin, Ron and Peter Sunley (2003), 'Deconstructing clusters: Chaotic concept or policy panacea? ', *Journal of Economic Geograpto*, **3**, 5 −35.

Nahapiet, J. and S. Ghoshal (1998), 'Social capital, intellectual capital, and the organizational advantage', *Academy of Management Review*, **23**(2), 242 −66.

Nonaka, Ikujiro and Ryoko Toyama (2003), ' The knowledge-creating theory revisited: knowledge creation as a synthesizing process', *Knowledge Management Research and Practice*, 1 − 9, presented at the Center for Knowledge and Innovation Research seminar at the Helsinki School of Economics, 22 −23 August.

North, Douglass C. (2003), 'Understanding the process of economic change', Keynote Lecture at 7th Annual Conference of the International Society for New Institutional Economics (ISNIE), Budapest, Hungary, 11 September.

Pouder, R. and C. H. St John (1996), 'Hot spots and blind spots: Geographical clusters of firms and innovation', *Academy of Management Review*, **21** (4), 1192 −225.

Rodrik, D. (1996), 'Understanding economic policy reform', *Journal of Economic Literature*, March, 9 −41.

Schienstock, Gerd and Timo Hämäläinen (2001), *Transformation of the Finnish Innovation System: A Network Approach*, Sitra Reports Series 7, Helsinki: Sirra.

Schön, Donald (1973), *Beyond the Stable State*, New York: W. W. Norton & Company.

Scott, Richard (2001), *Institutions and Organizations*, 2nd edn, Thousand Oaks, CA: Sage.

Stiglitz, Joseph (1998), 'Towards a new paradigm for development: Strategies, policies and processes', 1998 Prebisch Lecture at UNCTAD, Geneva, October, Chap. 2 in Ha-Joon Chang, *The Rebel Within: Joseph Stiglitz and the World Bank*, London: Anthem Press.

Stiglitz, Joseph (1999), 'Participation and development: Perspectives from the comprehensive development paradigm', remarks at the International Conference on Democracy, Market Economy and Development, Seoul, February, Chap. 7 in Ha-Joon Chang, *The Rebel Within: Joseph Stiglitz and the World Bank*, London: Anthem Press.

Tubke, Alexander, Ken Ducatel, James Gavigan and Pietro Moncada-Paterno-Castello (2001), *Strategic Policy Intelligence: Current Trends, the State of Play and Perspectives*, IPTS Technical Report Series, Sevilla: European Commission.

Tuomi, Ilkka (2002), *Networks of Innovation: Change and Meaning in the Age of the Internet*, Oxford: Oxford University Press.

Turja, Timo (2003), 'Mitä me niillä tiedemiehillä sitten teemme? Yhteiskuntatieteellisen

tiedon käyttö eduskunnassa', *Tieteessfi tapahtuu*, **8**, 9 −15.
Van de Ven, Andrew H. and Timothy J. Hargrave (2003), 'Social, technical, and institutional change: A literature review and synthesis', in M. S. Poole and A. H. Van de Ven (eds), *Handbook of Organizational Change*, New York: Oxford University Press.
Venkula, Jaana (2003), *Taiteen välttämättömyydestä*, Helsinki: Kirjapaja.
Weick, Karl (2003), in Diane L. Coutu, 'Sense and reliability: A conversation with celebrated psychologist Karl E. Weick', *Harvard Busincss Review*, April.
Wilenius, Markku (2004), *Luovaan talouteen.' Kulttuuriosaaminen tulevaisuuden voimavarana*, Sitra 266, Helsinki: Edita.
Wiles, Paul (2004), 'Policy and sociology', *British Journal of Sociology*, **55**, 31 −4.
Woolcock, Michael (2000), 'Social capital: the state of the notion', in Kajanoja, Jouko and Jussi Simpura (eds), *Social Capital: Global and Local Perspectives*, Helsinki: Government Institute for Economic Research.

# 第二部分

# 行业部门、地区及国家的结构调整之再思考

# 第6章

# 美国汽车业的结构调整和相互矛盾的产业食谱

J.-C. 斯彭德

## 引言

　　本部分内容主要探索国家政策和经济绩效之间的相互作用问题。人们对编者所称的"第三次工业革命"再次燃起了兴趣。所谓的"第三次工业革命"所包含的内容包括由迅猛发展的信息技术和国际贸易所引起的各种剧烈的、全球性的社会、经济和技术动荡。我们的目的是探索诸如技术决定论或由技术为框架的经济调整等天真想法之外的领域,并找出对各国政府有用的具有前瞻性的政策性答案。国家的经济政策十分复杂而且具有多面性,很难用"推陈出新"这种简明扼要的说法来说清楚。编者将基本的建议阐述得十分生动:尽管技术创新很显然是经济绩效的一个巨大的"推动力",但是其影响力远不足以决定历史,因为由技术突破所带来的经济效益往往被他人所获得,而非那些创造技术的人。若让一个国家的经济引擎以最好的状态工作,必须得有其他的"动力"。这些"动力"或是将形势复杂化,或是起到调停作用,或是完美地融为一个整体。

　　本章我们探讨美国汽车业与国家或地区政策之间的复杂的关系问题,因为人们认为这种关系可以决定这个行业的竞争力或者行为。美国汽车业是世界上最大和被研究得最彻底的工业之一,对该行业的评述浩如烟海,我不想对这些评述作全面的回顾。

如果说有所不同，本章是为人们对这种关系的认识以及对这种关系的研究方法提出的一些看法。美国的汽车业已经家喻户晓并且影响了美国的文化、自我认同和日常生活，这一点已经得到了广泛的认同。除了其所带来的社会及文化影响之外，美国的汽车业还是一项巨大的经济活动，它带来了数以百万计的就业和数千万亿的美元。它所带来的就业率曾一度占全美国经济的1/7。可以毫不夸张地说，美国的国家政策塑造了美国的汽车业，而美国的汽车业反过来又塑造了美国的国家政策。不管我们想到的是教育（尤其是工程学、设计、时尚和商务教育），还是医疗、工人的报酬、工会法、城市和乡村规划、产品责任、反托拉斯立法、排放等等，我们都会立即联想到汽车业。甚至有人说，汽车制造商在生产汽车之前很久所做出的色彩选择决定了时装业一个季节的色彩选择。

我们面对的挑战是聚焦本书的目的，即揭示国家与汽车业之间具有启迪性的关系，因为这种关系有可能启发、提供信息给甚至可能指导国家的政策。在思考这种关系的过程中，我们以截然不同的方式想到了制度理论，所谓不同，就是我们的方式不同于当前关于"新制度主义"的流行的思路（Brinton and Nee，2001；Powell and DiMaggio，1991）。我们退了一步，回到了制度理论最初关于政治经济的争论问题，尤其是关于康芒斯（1924）所提出的论点。我们再次说明，本章并不是对当前关于制度的各种理论学说提出批评或者给予评论，而是要找出是什么阻碍了我们清楚地看到问题的本质，尤其是在政府与汽车业这样一个紧密联系、高度集中和十分强大的行业之间的关系问题上，是什么阻碍了我们的视线。其他人已经做出了类似的评述，尤其是就当前理论家们不愿意考虑社会概念中最难以捉摸的权力概念这一现象评述得最多（Barnes，1988；Seo and Creed，2002）。社会制度是国家、国家的权力及其选民之间的主要结构链接。在发达国家，法制和与其相伴的健全的社会制度能够改善不公正执行国家权力的现象。

本章十分复杂，这一点我们无法回避。关于汽车业的各大公司、联邦政府及州政府、工会、消费者、市场、全球竞争和生态系统之间的关系问题有很多的抽象讨论。这种讨论是规劝性的而且毫无帮助，但是又很典型，因为往往最麻烦的问题就是给出

## 第 6 章　美国汽车业的结构调整和相互矛盾的产业食谱　　115

细节。我们确实认为，关于制度分析的关键问题就是，我们必须抓住经济和法律形势下那些具有历史意义的偶然发生的细节，只有这样，才能揭示出一些有用的东西，比如各大公司或者官僚们为什么要这么做或者那么做，或者如何去做。所以，若想抓住汽车业的本质和历史，做出复杂的分析是必须的。

　　本章的开篇是由编者自己所引发的一场关于制度和制度理论的讨论。一方面我们看到的是现在与"新制度分析论"联系在一起的帕森斯模式，该理论认为工商业公司置于强大的社会制度之内，因此必须不折不扣地遵循制度的要求。另一方面，我们也看到了一个较老式的也许是更像马克思主义的模式，在这种模式中，"制度"其实是一个艺术术语，指的是任何有实力与别的实体竞争的合法的社会实体，不管这个实体是国家还是其他什么制度。我们可以通过公司法这个多棱镜简单回顾一下美国经济制度及其与国家的关系的历史，将其看做与国家权威进行权力之争的一个领域。

　　接下来我们简单回顾一下美国汽车业的历史。在目标和权力来源方面，制度之间相互不同，因此，国家的制度也就不同于私营的制度。在我们的模式里，各种各样的制度都在相互激烈地竞争，竞争就是他们历史发展的核心。战略理论家们对私营的公司做了广泛的研究，集中研究的是市场实力以及这些公司之间的相互竞争。普遍来说，这些研究都没有太多地关注这些公司或者行业与国家之间的竞争，不过，最近对公司管理的研究要广泛一些。

　　因此，鉴于我们的主要目的是聚焦社会制度及其对产业的影响，所以我们将避免通常的那种战略框架。我们将借用弗里格斯坦（Fligstein）最近关于"控制概念"（concepts of control）的论述和斯彭德早些时候关于"产业食谱"（industry recipes）的论述（Fligstein，2001；Spender，1989）。这些研究方法让我们看到了公司是如何组成的，即对所有那些需要高层管理者们解决的问题进行战略性的选择之后组织公司。那种简单的教科书式的"投入—生产—产出"模式——由一个企业家来决定一种产品、一种生产手段、一种营销手段、一种筹措资金手段的模式让位于一种更为复杂的分析方法：在这种分析方法中，大约有 12~15 个重大问题需要解决。当然了，这些重大问题下面的基数要大得多，是所有那些有可能影响公司战略的问题。可以争辩的是，企业界的不确定性和复杂因素太多，没有人能够预测这些众多的问题中到底有哪些能够会成为战略问题。因此，构成一个行业的各家公司都不得不以一种非常现实的方式来不断地进行试验，以探索什么方法有用，什么方法无用。从这个意义上讲，我们看到了产业的选择方式或"产业食谱"多年来发展和适应的进程，这种分析方法很适合于确定社会经济体内制度对公司及公司运作的不断的影响。

总的来说，我们的结论就是，美国的汽车业及其逐步形成的食谱整体上讲并没有因来自美国社会制度的压力而受到损害。或者说该行业的经营者们找到了转移这些制度影响的方法。尽管在汽车的设计上、在使用这些汽车的技术上、甚至在汽车装配工厂的地点选择上都发生过很多变化，但是，汽车业本身的根本含义、汽车业的种种选择、汽车业在社会的位置却基本上没有发生变化。鉴于美国人对全球资本主义竞争的固有观念，这一点又有什么关系呢？当然了，一个背景问题就是，鉴于美国国内汽车制造业的三巨头（福特公司、通用汽车公司和戴姆勒－克莱斯勒公司）在与本田、丰田甚至雷诺－日产的竞争中似乎注定要失败这种情况下，该怎么做、并且由谁来做，才能降低该行业不断的结构变化所需要的社会和经济成本呢？

问题也许应该是"真的需要做什么吗"，是不是应该让"市场的力量"来主宰一切？与此同时，现在许多公民都感到公路上和公路下的机动车数量已经超过了极限，感到社会的全部成本正在超过已生产的全部价值。很明显，公共交通正在受着不断的危胁，而危胁的后果又产生了深刻的社会影响，此外，污染、都市的破败以及城乡结合部凌乱的发展都越来越成为严重的社会疾病。我们对这些众多的难题不做全面的或者肯定的回答，而只是对它们进行探索。

## 对社会制度及其变化的思考

我们的编者提出了两个截然不同的社会和体制变化的模式。这样说也许过于简单化，不过我们还是可以说，海斯卡拉认为我们应该将研究重点放在那些重新塑造社会制度的社会创新上而不是放在制度本身上。这些创新的出现是由于技术—经济和社会—文化发生了变化，表明马克思和帕森斯两种概念发生了碰撞：一方面是技术决定论，另一方面是文化决定论。海斯卡拉认为，韦伯的分析方法提供了微妙的"第三种方法"，将这两种理论和众多的其他社会特点的相互作用也包括了进来。

创造和复制社会秩序的那些实践才是关键所在。这些实践大多数都是习惯性的，都会久久挥之不去，直到出现危机、冲突和矛盾将其扰乱。海斯卡拉强调，变化必然导致社会权力制度的转变或者成为社会权力制度转变的一部分。全球经济活动的增多迫使各国接壤地区作为权力制度的各种条件发生变化，将经济政策推向了前台，而将社会福利问题挤到了后台，使得社会从凯恩斯政策转到了熊彼特政策。当前，最有效的社会政策也许就是最适宜的经济政策。随之即产生财富，并且最大限度地扩大了国家政策的选择、最大限度地加强了国力，使之能够面对在全球化经济中竞争的其他国家。促进经济活动的社会创新间接地成为了战略性的创新，与那些为增加社会财富而发动的更为直接的政治运动成为鲜明的反差。

海迈莱伊宁更侧重地分析了社会结构调整的能力和社会采纳新思想和做法的能力，尤其详细论述了该怎么做才能打破那种刻板僵化的顽固观念，因为那种刻板僵化的顽固观念对那些早已不合时宜的旧思想和惯常做法抱着不放。

这个模式来源于勒温（Lewin）和费斯廷格（Festinger）的认知 "解冻—冻结"模式（cognitive unfreezing-freezing models），现在则更多地和库恩（Kuhnian）的范例转变联系在一起。危机、失败、异常现象或者长期的不安定都会引发问题研究家们去寻找新的方法，因此，相应的社会或制度的实体必须遏制或者允许矛盾和内部紧张的存在（March and Simon, 1958）。海迈莱伊宁的希望就是，通过更好的制度管理来缓解变化过程，这样，就不会等危机成为全国性的灾难后才寻求变化。

他认为，公司、制度和国家都更应该有反思和自省的能力，都应该遏制自己随心所欲看待问题的倾向。只有这样他们才有可能更好地适应或者提高自己"结构调整的能力"。他认为，认真学习加上系统的观察和自我批评，就是制度及时调整的关键所在；掌握知识对社会极为重要，对这个问题的认识绝不能存有侥幸心理。

## 关于制度的最初评论

我们的编者对社会制度的定义各有不同。海迈莱伊宁赞同"新制度"的观点

(Powell and DiMaggio, 1991)。他描述的等级制度里面有一环套一环的各种社会制度，从最高和涵盖面最广的社会——文化层次，一直到最小的工作小组和个人的层次，一个都不少。较低层次的社会实体，尤其是组织，被更强大的较高层次的社会实体或组织所塑造，因而导致产生了模拟和同态现象（Powell and DiMaggio, 1991）。正如海斯卡拉所说的那样，这种模式是帕森斯模式，即一种文化决定论的版本。它直接导致人们对有可能产生文化或制度变化的那些过程产生了各种疑问，尽管那些过程由徐（Seo）和克里德（Creed）设计得很完美（2002）。

海斯卡拉的模式则采取了更为辩证的观点。他反对帕森斯的结构概念论，该概念论认为稳定甚至一成不变的结构是社会制度的一部分，而这些制度又支撑着一个包罗万象的社会。海斯卡拉的观点更接近这样的一种思想，即社会制度尽管是持续性的但又是更容易改变的社会惯例的模式。他的模式更为强调社会惯常做法是偏离中心的复杂体。就美国汽车业而言，编者的分歧介于两种模式之间，第一种模式是：国家通过对各种制度进行安排有效地限定和控制该行业，第二种模式则更具竞争性：各个行业，比如汽车业，以及其他的社会制度在一种较为宽松的社会权力制度下与政府竞争，而政府对这种竞争制度则影响有限。在本章中，我们采纳第二种模式。

另外两种区别也很重要。韦伯等人将有目的的做法，即朝着一个已知目标前进的行动区别于那种再也不能或者也许永远不能靠这种目标解释或保证的"习惯性的"活动。反思行为的政策背后的动力是为了解决出现下面这种情况的可能性，不，是确定性，即：许多社会和行业的行为这样看来都是习惯性的。有时候这种习惯性会阻碍目的性行为的有效性。这其中的含义就是，通过参照组织或制度或国家的目标可以揭示这种摩擦和障碍，并采取矫正性的行动——这就是编者的主要论点。在我们开始认真思考到底该由谁来采取这种行动、采取行动的人又从哪里获得权力来做到这点之前，这个论点似乎很有道理。

所以，第二个区别就是，在编者关于"社会制度如何改变"的方法问题旁边，又出现了一个很少表达得清楚的问题，即谁有权力来实施这种改变。海斯卡拉论述了这一问题，提出在一种 "零和"的权力重新分配论和一种更令人困惑但却重要的集体权力增长论之间存在着区别,从社会学的角度来说,这与社会学家们关于财富的生产和分配的困惑很相似。大量的新制度文献都认定,尽管组织和制度的管理者们有权力来改变自己的公司和制度,但是他们所面临的问题仅仅是诸如系统的棘手问题、员工中的顽固不化现象和压制"调整能力"的普遍的超稳定性等结构方面的问题。因此,教育、沟通、给员工的奖励刺激等就成为了那些执行制度内部改变的管理者们武器装备库里的武器。与此同时,可以假定,制度外部的更大规模的制度拥有权力让这些制度来遵从,甚至通过剥夺他们必要资源的手段来迫使他们遵从。这里的理论含义就是,结构调整能力和吸收能力一样,也是组织内部的一种特点,在满足环境所提出的功能要求过程中,任何"失调"或者不适宜现象都是一种内部的失败,而且很有可能是管理上的失败。合适的就是好的,而且外部的制度本身就被认为比正在做出遵从努力的组织更具合法性。

关于社会制度如何发展成现在的样子的种种问题因而就成为悬而未决的了。于是,没有解决社会权力的格局和难以捉摸的本质的分析方法,将不可避免地向内部聚焦,将重点放在了被用来界定组织及其行动理性的认知或者"文化"上。关于公司及其他的社会制度如何以吉登斯(Giddens,1984)提出的结构理论来相互塑造和维持,这里并没有给出分析。因此,海迈莱伊宁坚持认为,阻碍变化的最大障碍就是认知上的,这些认知障碍阻止了公司内部的人"阅读"外部残酷环境的现实问题。相反,海斯卡拉则对社会权力的重新分配问题更感兴趣,因为社会权力的重新分配有可能让某些认知比另一些认知变得更加合理。

编者的不同观点围绕着分析中权力的位置而展开:海迈莱伊宁的观点认为,权力的位置是假定的和幕后的,海斯卡拉的观点认为,权力的位置是悬而未定的、前台的和具有竞争性的。我们不可能只看组织内部的惯常做法来解答这些差异,尤其是一旦我们的讨论超越了"所有的认知都是显性的"的观念而认识到组织知识的某些方面、元素或者特点则可能是隐性的,我们就更不能解答这些差异了。这时就会立即出现一些根本性的问题,因为试图分析公司内部非正式的隐性思想及/或行为的体现就等于直接陷入了徐和克里德所揭示的窘境(Seo and Creed,2002:230):我们怎么能期待不善思考的参与者们来理解或者赞同体制变革的必要性呢？因此，海迈莱伊宁就呼吁人们做更多的反思，这样，公司的状况和目的就能从隐性和不反思状态中得以公开化。但是仅凭更多的反思就能提供必要的杠杆作用吗？通过自己的"镜头"看世界的一个汽车行业能够学到足够的东西来保护自己免受来自其他拥有不同"镜头"的行业所引发的战略性和竞争性危机吗？或者说，对该行业与其"体制环境"关系的分析必须要超越帕森斯所提出的同态现象（isomorphism）之后才能开始去为了权力和个性而奋斗吗？

## 公司和管理权力的短期偏离

进行一场活跃的关于制度的讨论似乎十分容易，因为许多社会制度都是国家权力的直接工具，但是如果将所有的制度都这样界定也是错误的。有一些制度，比如互助组织和教育协会，是一些人为了保护自己的利益而建立的。文化和语言则具有更为微妙的特点：这些制度是涌现出来的而不是建立起来的。在此，我们可以回顾一下腾尼斯（Toennies）所做的关于"法理社会"（Gesellschaft）和"礼俗社会"（Gemeinshaft）之间的区别（Toennies，1971）。比如说，诺思认为制度是一种社会集体制定的合法的约定，其目的是为了应对集体所认定的难以预料的事件（North，1981）。法律和宗教制度这些实例验证了他的观点。这些制度的界定性特点就是，它们被看做是对个人行为的合法约束，因此也被看做是涂尔干所讲的"社会事实"。

海迈莱伊宁认为，"制度"这个词应该包括公司、行业和地区，因此，制度可以既是通过指导而进行的经济活动，也可以是自然发生的经济活动。从这个意义上说，市场也是一种社会制度。

海斯卡拉认为社会制度是由约束因素所支持的明确合法的规则和标准的模式。因此，制度既与社会权力和实践的模式和过程有着紧密的天然联系，也是其表现的形式。这里的含义就是，制度可以根据它们的等级高低来分类，看它们在狭义上掌握的国家权力中占有什么地位，也要看在社会权力分配的背景下自然发生的人际之间的安排情况。区别的关键在于所涉及的人们之间的关系：一方面，我们看到了等级制度中

## 第6章　美国汽车业的结构调整和相互矛盾的产业食谱

的隶属关系，另一方面，我们也看到了人们仍然自由行动的宽松局面——因为他们的制度是以人们的预期和行动的稳定模式所出现的。斯科特所提出来的人们很熟悉的制度分类法（制度由规则、准则和文化/认知这三个柱子所支撑的观点）反映了等级权力与自然发生的文化中所分配的权力这两者之间的二分法（Scott, 2003）。

如果一个制度的结构是自然发生的，是那个制度所服务的人们经过讨论而取得的成果，那么，我们必然会面对徐和克里德所说的那种内向的困惑：这种制度如何才能改变自己呢？海迈莱伊宁的答案是"通过更多的自我反思和对环境更敏锐的意识"来改变自己。如果暂时忽略认知结构如何阻碍我们看到其他可能性这个问题，那么，变革最终就要靠该制度的管理者们的权力来实施变革，因此，在管理者的观点与管理者努力要改变的体系中其他人的观点之间一定存在着重大的逻辑上的差异。一个制度要变革成什么样子，只能靠其管理者们或者那些从外部直接影响该制度的人的想象力。

同样，如果我们认为该制度是管理性的，是人们所知的国家权力的一个工具，那么，变革就是国家行动的结果，不管变革的过程是分配的和"民主的"，还是能掌握和控制国家权力的某个人或集团随心所欲行动的结果。与此同时，制度也可以获得一种独立于国家权力的权力。在许多发展中国家，大型的跨国公司就是"独立的"和竞争性的，因为它们具有独立的权力来塑造与它们做生意的国家。它们与东道主国家竞争这种权力。因此，制度变革的一种观点是关于权力的等级制结构和自然发生的结构之间的反差；而另一种观点则是关于国家所能获得的权力与管理者们（他们能够获取权力而不是靠国家的赠与）所能获得的权力之间的反差。下面关于社会制度权力确认来源的图表可以说明问题（图6.1）。

图6.1中的2×2表格与斯科特的三分分类法之间的关系引起了一场讨论，讨论的焦点是准则一列与认知/文化一列之间的区别，以及它们是否真的与社会权力的特性和来源有关，从而将三段论降为了简单的二分法。与此同时，我们也可以注意社会思想家们提出类似的三分法类型理论的历史：奥尼提出的强制性的、实用的和准则的分类法（Etzioni, 1961），乌奇（Ouchi）的市场、官僚制度和宗派分类法（Ouchi, 1980），道格拉斯使用的术语"飞地"（Douglas, 1996）和威廉森（Williamson）使

用的术语"杂交"(Williamson, 1991)。

图 6.1 社会制度的类型图

|  | 等级制 | 自然发生制 |
| --- | --- | --- |
| 国家控制的权力 |  |  |
| 独立的权力 |  |  |

要将所有这些关于制度各种理论的要点都说得清清楚楚在本章里我们无法做到。更重要的问题是将重点聚焦在权力上,正如海斯卡拉所说的那样,关于权力的意义,当代的制度理论家们普遍都没有足够的认识。另一方面,康芒斯则持一种基本上为霍布斯理论的观点:所有形式的社会秩序,尤其是法律和经济秩序,都被看做是社会权力的体现(Commons, 1924, 1931)。与世俗政府分离的宗教制度构成了另一种竞争性的权力制度。当社会实体变成了那个社会的道德、准则和价值观的载体时,我们也可以将其看做是制度化了的实体,因此就有了塞尔兹尼克(Selznick)的著名论断,"进行制度化就是注入价值观,将其超越手头任务的技术要求"(Selznick, 1957)。但是,本章的关键问题却是,所有的权力是由国家控制呢,还是由公司或行业等社会制度与国家竞争权力并且开发出独立的准则、价值观、规则和行为的制度。当然,我们的观点是,我们需要重视美国汽车业独立于联邦政府和州政府的制度化地位,以及其独立于其客户和供应商市场权力的显赫高度,这样我们才能理解美国汽车业的历史和实践。

海迈莱伊宁的研究方法认为反思的和正确的思维可以让公司与制度之间产生更有成果和促进经济效益的和谐关系,而海斯卡拉却似乎让这个结论悬而未决。或者换一种方式来说,一个经济体愿不愿意为了将自己公司的利益与国家的利益相一致而组织自己的运作呢?或者说,公司以及其他自我验证和自我利益的经济实体是不是正与国家进行着某种不可避免的实质性的竞争呢?在这些方面,私营公司的目标和目的与公共机构的目标和目的是相似呢还是不同呢?是不是仅凭这个假定,即"对通用汽车公司有好处的对美国也有好处",就应该对私营公司不加干涉而让它们随心所欲去发

## 第6章 美国汽车业的结构调整和相互矛盾的产业食谱

展呢？

这些问题犹如政治经济学一样古老，但是尽管如此，仍对我们理解美国社会及其汽车业之间的关系具有本质性的意义。如果不想将这种分析方法弄得十分复杂，我们简短地回顾一下美国经济和法律制度的历史就能了解很多的东西。做一个简短的小结肯定要冒犯历史学家们和法律专家们的论点，但是汽车业在美国经济中的地位是独一无二的。我们采用如下的观点作为指南：(1) 科尔曼（Coleman）和诺思的关于社会和经济制度作为国家及其公民之间的媒介的观点（Coleman, 1974; North, 1989），(2) 源自标准工厂的公司法的演进（Friedman, 1985; Horwitz, 1992; Hovenkamp, 1991），(3) 现代会计学的演进（Johnson and Kaplan, 1987; Littleton, 1981; Tricker, 1967）。

所有这些观点都认为，在美国独立战争之后，人们广泛地感觉到有必要调整这个新国家的法律和经济制度。以我们前面讨论过的关于社会体制自己进行改革的可能性，历史暗示我们，尽管国家的这种需要被广泛地感觉到了，但是可进行的选择却十分不明确而且竞争得也非常激烈。站在一方的是改革者们，他们憧憬着一个新的社会和经济未来。在另一方站着的是保守派们，他们紧紧抓住保守路线，热衷于保护前朝"最好的"特点。殖民时代的社会结构很显然是英国留下来的，反映的是几个世纪以来"老家"的政治进化进程。在那里，主要制度服务的目的是为了用国王的专制封建权力抵消公民义务权力概念中生来就有的分配的权利。科尔曼认为，18世纪的社会变迁（工业革命和经济增长的至关重要的先决条件）是出现了一种新的社会制度，这种新型的社会制度将全体公民所分配到的权利有效地集中到了社会实体中，从而有了足够的力量来与变革的国家竞争权力，而封建权力也进入到了这个变革的国家。这样，两层的社会进化到了三层的社会，而这个新的、充满问题的新社会制度中间层则具有了一种全新的社会权力，它同时与公民和国家进行竞争。

在这个新兴的资本主义民主国家里，这些新的制度中最具有经济重要性的机构就是私营公司。这些私营公司迅速地成为这个新国家的经济引擎。纵观独立战争之后一直到19世纪末这段历史时期公司法的演进过程，我们可以看到一个明显的总的趋势。最开始，所有的合法组织都在公共部门，准许它们成立的是地方和国家政府，而这些组织反过来又为其利益服务。它们开采了公有的矿山，开凿了公有的运河，建筑了公有的桥梁、水坝和水力磨坊，其目的都是为了进一步发展地方和国家的经济。这些新的组织被赋予了推翻公民个人利益要求的权力，前提是这些组织的倡导者要说服地方法官，让他们相信他们取得的结果会符合整体的经济利益。

后来，由于这些新的国家代理人过于考虑自己个人的利益而引发了法律和管理上不可避免的的腐败问题，私营部门的公司被允许可以与公共部门竞争，以挑战后者并保证后者的效率。这样，私营公司就被赋予了越来越大的权力，它们与国家制度的竞争也形成了体制化，直到19世纪末，它们似乎取得了全面的胜利。正如历史学家们所说的那样，当时的美国与其说关注政治和民主，不如说更加关注一种不受拘束的做生意的自由。这时，普通大众才感到了惊讶，私营公司似乎有着比联邦政府本身更大的权力来塑造美国社会。当然了，在整个这一时期内，法律允许市场发展和扩大，并且创造了一种媒介，通过这个媒介，这些新的公司之间不仅有了互动，而且公司与国家和公民之间也有了互动。

在美国，所制定的第一项旨在明确限制公司（现在主要以托拉斯的形式运作）权力的主要立法就是1890年的《休曼法案》（*Sherman Act*）。由于各种技术原因，私营公司只是受到了阻碍而实际上并没有受到这种所谓反托拉斯立法的限制，这一现象延续到了1914年的《克莱顿法案》（*Clayton Act*）。这两项法案所制定的目的主要是为了阻止资本过于强大的杠杆作用。我们现在可以将这种杠杆作用称做一个庞氏骗局（Ponzi scheme），通过这一系列的安排，一笔不大的资本就能确立控股地位，能控制国家生产经济资源中相当大的一部分。

联邦政府最终与私营部门展开了一场权力争夺战，而且一直延续至今天，但这一事实并不意味着联邦政府就能轻而易举地迅速取得胜利。正相反，联邦政府并没有取得什么有效的控制，直到20世纪30年代发生了社会和经济灾难之后，联邦政府推行了较为激进的新政立法时政府控制才有了效果。相比美国，欧洲各国政府为了直接夺取控制权则定期地将自己经济内很大一部分进行国有化。具有讽刺意味的是，在两次世界大战期间，美国经济差不多全都是中央集权化的。但是从公司律师们的观点来说，直到1950年的塞勒-基福弗立法（Celler-Kefauver legislation）时，这些公司才被反托拉斯立法给予了有效的限制。这项法案将所有的兼并都置于联邦政府的审查范围之内，以便确定竞争的程度是否降低了。值得注意的是，这项法案也使得高管们本人对共谋（collulsion）的行为负有责任。

弗里格斯坦也以类似的方式分析了国家与经济之间的制度化关系问题。他论证说，管理者们不可避免地在一种"控制概念"（CoC）下做出行动，所谓的这种控制概念就是一种社会制度化了的思想，即他们能做什么以及什么限制他们（Abolafia, 2002；Fligstein, 1990, 1991, 2001）。每一种控制概念都反映了某个特定的社会—经济背景。他提出了四个按历史先后排序的阶段：

1 直接控制竞争者
2 制造控制
3 销售和营销控制
4 金融控制（Fligstein, 1990）

弗里格斯坦的论证是，"直接控制"的控制概念管理私营部门的行为一直到19世纪末。制造控制盛行的时期是第一次世界大战之前和之后的这一段时间，但主要是第一次世界大战之后。从20世纪20年代到60年代营销控制概念处在主导地位。自从联合大企业出现以来，以金融为中心的控制概念处在了主导地位。

"控制概念"这一思想与早些时候的"产业食谱"的论述（Grinyer and Spender, 1979；Spender, 1989）有些吻合。我们以后再详细解释这个术语，但是我们现在将其简单地描述为一种自然发生的具有产业特定性的制度。在一个层次上，它起到了一种认知框架和交流语言的作用，在这种框架和语言中，产业的管理者们确定在其战略策划中需要解决什么问题。它成为限定该产业的特点、环境和战略及竞争手段总目录的镜头（Huff, 1982；Huff and Huff, 2000）。

弗里格斯坦的分析提出了这样的问题：将汽车业的历史看做是一系列产业食谱（应对公司与其制度环境之间的关系）更好呢，还是将其看做是朝着一个内部聚焦食谱的进化更好。在这一进化中,对公司权力的竞争越来越激烈,最初是生产与营销之间的竞争,现在是财务中心、营销中心和制造中心对公司权力的竞争。当然,在历史中这两个都有。重要的是在这两者之间做出区别:一个是内涵的有创造性的模式,在这个模式中,更高的内部效率转换成更大的内部权力(Nelson and Romer,1996;Romer,1990);另一个是新制度主义的模式,在这个模式中,内部的改变是为了适应外部事件和社会变革而展开的进化过程。产业的史学家们给这个故事提供了许多版本(Dowd,1974;Roy,1997;Trachtenberg,1982;Wiebe,1967;Wright,1990)。要真正理解这些问题的关键就是读懂社会—经济和制度背景(因为这一点为私营部门进行创造性的经济活动提供了合法的空间)和公司及公司的管理者们所做出的目的性很强的努力这两者之间的相互影响。公司及其管理者们之所以要做出这样的努力就是为了使用其所获得的权力来扩大从而主宰经济空间,继而取得并保持竞争优势或类似于垄断的地位。

## 探索美国汽车业及其产业食谱

前几节的要点是阐明我们对社会制度的看法,继而阐明美国汽车业的社会和法律背景。不论我们如何强调该产业的成功和积累起来的实力都不算过分。1900年它最初只是一个不起眼的经济参与者,到1920年它却一跃而成为美国的龙头产业。尽管在80年代和90年代该产业有些衰退,但仍然是美国的主宰产业,一直到今天(Fligtein,1990)。在这一时期,尽管许多公司成立、发展、失败并且再生,但是长期的结果就是出现了今天的三巨头(通用公司、福特公司和戴姆勒-克莱斯勒公司)以及这三巨头麾下众多层次的转包商网络。这些原始设备制造商(Original Equipment Manufacturer,OEM)响亮的名字的背后是一系列相互依赖的产业运作,从制造业供应链到汽车经销系统到售后服务等等行业应有尽有。这个复杂的综合产业链相对来说比较单一,因为三巨头在文化、技术和战略方法上大致相同。在很大程度上,汽车业及其高管们是在一起成长起来的,并且开发了一套具有自己特色的制造、管理和营销体系。尽管购买者的行为、工业技术和全球的竞争都发生了巨大的变化,但是他们的

## 第6章 美国汽车业的结构调整和相互矛盾的产业食谱

这套体系直到今天仍没有多少改变（Klepper，2002）。

作为一个文化上单一的集合体，汽车业对美国其他的社会制度有着巨大的主导力量，比如对法律和经济，以及对本行业的客户们都有着巨大的影响。承认这一点十分重要：在汽车业的整个历史中，基本上没有联邦或者州的立法来严格地限制该产业所选择的运作方法。即使现在，若想表明劳工、运作和产品等全部的立法让该产业的大人物们偏离了自己选择的战略轨道有多少，这也几乎不可能。这就是本章分析的最关键的要点之一。我们可以快速地做出一个能表明决策者们如何做选择的定论，这就是汽车业已经证明自己几乎牢不可破，至少就美国政府而言是这样的。政府与电信和计算机以及航空业在战略上和政策上发生了无数次纠纷，相比之下，汽车业和联邦政府之间还没有发生任何重大的冲突。

全球竞争也许会给汽车业漫长的历史带来一个截然不同的新阶段。在企业家活动、成功和独立这个简单的故事上有一个附录，是关于外国竞争和美国汽车业对此做出的反应。在这里，海迈莱伊宁的建议显得尤其恰如其分。假如汽车业做过更多的思考并且有更清醒的意识，在过去20年左右的时间里进行的大规模调整所花的社会和经济成本难道不会极大地降低吗？毫无疑问美国汽车业了解那些帮助郊区生活建立了新风俗的甲壳虫轿车、第一批丰田汽车和沃尔沃轿车。鉴于美国汽车业雇佣了大量的员工，说该行业对国外竞争毫无警惕这种都市神话是站不住脚的，因为该行业的很多员工都在购买这些外国产的汽车。

比如梅纳德（Maynard）就论证说，美国汽车业的三巨头从前很傲慢而现在也仍然很傲慢，他们根本听不进市场的信息，所以他们的市场份额在不断下降——现在已经降到了有史以来的最低水平（Maynard，2003）。我们需要知道为什么汽车业最初似乎很抵触编者所呼吁的那些种类的变革，我们还需要知道，后来，当变革终于来到时，汽车业为什么采取了当时的方式。还有一点也十分清楚：政府对自己愿意给国内的制造商提供多少保护也做了明确的限定，而且通过允许外国公司在美国的工厂里制造汽车，政府有史以来第一次对汽车业做出了战略的行动。这项行动很成功，其成功之处就在于它产生了结果。但是，按照编者所提问题的思路，说这些结果是深思熟虑计划所产生的,这倒并不明显。

美国汽车业正处在困难时期这一点已经得到广泛的认同,不过关于美国汽车业衰亡的各种报导似乎是夸大其辞。三巨头在美国汽车业中的比重十分庞大,并且有足够的能力参与全球的竞争。尽管它们在美国国内市场的份额比以往任何时候都小而且仍在不断下降,现在已经降到了 60% 以下,但是在世界上这个最大而且最重要的市场上,这些寡头垄断卖主们仍然是主要的竞争选手。尽管我们要承认联邦政府、美国文化和工会都是重要和强大的制度,但是美国国内的消费者也是强大的。当年斯隆(Sloan)组建现在的通用汽车公司时,他之所以在与福特公司的竞争中取得了成功,是因为他明白,尽管客户们都被切割成了不同的人口层次,但这并不意味着他们失去了对 OEM 的主宰力量。正相反,长远来看,美国的消费者对汽车业仍能起到相当大的影响。工会也起到了一定的影响。他们的历史和他们的成就也是一个特殊的分析领域。尽管很多人论证说,工会一直有着影响,而且关于工会在汽车业中所开展的各种斗争存有大量的平民主义的文献,说斗争的结果甚至使得该产业的竞争力有所下降,但是在本章我们却认为,对于深层次的战略问题来说,工会运动的影响一直以来都是微不足道的,现在仍然是。换一种方式来说,与其他的外部机构、政府、客户和全球竞争相比较,工会的努力并没有产生什么实质性的影响。再换一种不同的方式来说,我们认为,汽车业在控制劳动力这一方面一直都非常成功(Braverman, 1974; Chinoy, 1965)。

## 进化中的美国市场

美国汽车业对于国外竞争的反应关键在于其过于看重消费市场的力量。众所周知的是,汽车业的高管们低估了他们的客户愿意用外国汽车替换美国文化定义下的汽车的愿望,这一愿望已经体现在他们购买了欧洲和日本设计的汽车这个事实上。但是重要的后果并不是美国的 OEM 们在新的竞争中失去了一定的市场份额和营业额,尽管这已经发生了。重要的是它们通过政治手段而不是通过提高产品技术的手段来要求联邦政府保护他们的市场份额所产生的意料之外的后果。它们没有去对付操场上新出现的小恶霸，而去喊老师来帮助。里根政府知道日本经济对美国市场的依赖性，就迫使日本汽车供应商同意了一项非正式的进口定额限制的计划，这与美国在全世界范围内所做出的要求各国降低贸易壁垒和关税的广泛的国际努力形成了强烈的反差。但是作为对这项单方面强加定额的交换，美国政府同意对那些提出在美国建立自己装配工厂（移植工厂）的日本制造商在其运作时不过分制造重大的困难。从政府的角度来说，让国民看到在国内 OEM 那里丢掉了工作可以在这些新的工厂找回来，这在政治上是很有吸引力的。

另一个没有料到的后果是，美国国内的公司通过自己客户的反应直接接触到了外国公司新开发的"精益型"设计和制作方法。美国消费者就汽车价格/性能而言所了解到的该买什么汽车的知识得到了极大的扩大。过了一段时间之后，这种接触给美国国内工业带来了深刻的变化（Womack et al, 1990）。但即使现在，这些变化仍没有持续到自然的结束，最终的结果还远远不清楚。三巨头是否能够赶上海外公司的质量和价值，这仍不清楚。美国市场是否会形成"平衡"，让国内公司占有比如说 50% 的份额，而将其余的份额交给"外国拥有"的公司在国内进口、转包和装配，这一点尤其不清楚。正相反，汽车市场好像也要变成我们在高科技领域里经常看到的那种"一切归赢家"的游戏，在这个游戏中，美国公司的生存前景也许不妙。

美国人对汽车的"恋情"是复杂和多层面的，因此很容易低估其在功能方面因素的作用。尽管我们经常将轿车和卡车看做资本投资，但事实是，这些东西只不过是大型的消费产品：现代生活所必需的大批量生产的东西，如果不是发生事故而毁掉，也会自然磨损和破旧。在困难时期，人们会将汽车用得久些，然后才将其转手卖掉，而经过漫长的一段时期以后，汽车才能被扔到报废汽车遗弃点直至最终被熔炼掉。2002年，美国消费者花费了 1 000 亿美元购买新车，2 000 亿美元买旧车，又花费了 6 610 亿美元加油、修车、交过路费和买保险。如果将美元贬值的因素算在内，美国平均每个车主每年要花 10 000 多美元用于各种开销比如被罚款、堵车和避开公共交通——而且是在有公共交通的时候。将这笔费用乘以美国正在使用中的轿车和卡车总数（大约 2.2 亿），那么得出的钱数就相当可观了。再将其与美国医保和教育作比较，医保现在几乎占经济的15%，每人每年的花费为5 400美元，教育平均每个学生从小学到大学（包括大学）约为11 000美元。

  轿车和轻型卡车的总销售量时起时落，因为这是个随经济而起伏波动的饱和的消费市场。2002年美国汽车生产总量为502万辆小客车和726万辆卡车，其中75%是皮卡、SUV和小型厢式面包车，而其创纪录的年景是1973年，为967万辆轿车，和1999年，为739万辆卡车（Ward's，2003）。2002年进口量再次攀高，为608万辆轿车。而现在则是美国人买车的高峰期，这已是连续第六年了。2004年美国汽车销售总量预计大约为1 800万辆（2002年为1 714万辆），或许能超过2000年创纪录的1 781万的销售量。对于供货商和装配商来说情形相对艰辛，尽管他们的额度上升了。鉴于恐怖袭击之后为了"让美国前进"而提供的折扣和0%的财政刺激，在过去的五年中，利润率一直在下降，尤其是自"9·11"之后，利润率下降得更为突出。三年之后，这些折扣仍然存在，因而让美国的OEM耗费了大笔的资金。由于汽车价格下降和个人收入的提高，利特曼的"汽车负担能力指数"达到了25年来的最高点（《汽车新闻》，2003）。2002年，三巨头在美国国内市场的市场份额再次下降，跌到了61.5%。美国装配的汽车几乎占整个国内市场份额的80%，但是三巨头仅生产了其中轿车的63%，卡车的84%。其余份额汽车的生产商是"总部在美国之外"的公司——美国汽车业羞羞答答地如是说。数年来在美国畅销的丰田凯美瑞和本田雅阁，其销售量再次双双超过了三巨头中最畅销的福特金牛座。

  汽车就其本身而言并没有发生多大的变化——还是四个轮子、方向盘和汽油引擎（Mowery and Rosenberg，1998）。轮胎要比从前好得多，更加安全和耐用，但是仍然发生致命的车胎爆裂事故，尤其是SUV的车胎爆裂事故更是频频发生。尽管这是个越来越讲究生态意识的时代，但由于全国性地向轻型卡车和SUV（这些车现在占总销售额的50%以上）转移的总趋势，公司平均燃油经济性标准（Corporate Average Fuel Economy，CAFE）的里程数却越来越糟糕。2002年，丰田销售了43.4万辆凯美瑞小轿车，福特销售了77.4万辆F-系列皮卡车和43.4万辆探险者SUV。克莱斯勒销售了22.4万辆切诺基吉普车。如果说汽车真的有了变化，那也是汽车变得越来越大

## 第6章 美国汽车业的结构调整和相互矛盾的产业食谱

（和美国人的房屋一样），车体更重、燃油效能更低、加载了更多的引擎管理和指导驾驶员的电子仪器，以及其他让人消遣分神的娱乐设备，这更有可能是让它撞上谁谁死。

开车的里程数继续上升。根据美国交通部的统计，美国1.91亿有驾照的驾驶员（占人口的65%）2002年行驶了4.5万亿公里（1990年是3.4万亿公里），致使发生了4.4万起与交通有关系的死亡事故，其中6 000人是路上的行人。2002年的机动车总税收额为5 330亿美元，其中政府动用了600亿美元用于改善和维护公路，其余的钱用于支持社会保障基金。市区的平均车速一直很低，美国高速公路的速度也是全世界最低之一。纵然有很多关于电脑化驾驶、超经济型的混合型轿车、氢燃料或电动力的热烈宣传，但是迄今为止，除了宣传之外没有见到多少成效（Shnayerson，1996）。尽管政府高调表示支持氢燃料汽车，每年销售的动力混合型汽车仅为4万辆左右，而且往往是售给了那些喜欢标榜环保但通常在车库里还有一辆油老虎的"名人"和中产阶级职业人士。有趣的是，美国的OEM尽管在努力搞研究和设计，而且主宰着技术专利的主流，他们却和日本公司签署了协定，以获得其为本田和丰田混合型轿车所开发的技术。

汽车业的就业率随着生产量而时起时落。美国非农业的劳动力大约为1.3亿，其中大约1 500万在制造业工作。尽管许多部门受到了该行业活动的影响，但是2002年的直接就业率仍为91.1万，与高峰年1999年的101.8万和1978年的100.4万相比有所下降。2002年，美国的装配工厂雇佣了33.1万工人，比1995年的35.7万略有下降。但是随着三巨头在"铁锈地带"（Rust Belt）将工厂纷纷关闭，移植工厂将新的工厂上线，就业开始向南方（共和党的）各州转移，而且进入了非工会的领地。不祥的预兆出现了：在某些分装配和零部件制造业，就业率经过十年的稳步上升之后，现在开始下降。2002年汽车部件和配件（SIC 3714）就业率为48.9万，比2000年的55.2万有了下降，电器设备（SIC 3694）2002年的就业率为5.05万，比1995年的6.97万有了下降。制造业的工作机会通过北美自由贸易协定（NAFTA）和其他的协定出口到了海外的低工资地区。越来越多的这类工人都是没有全部福利待遇的"合同工"。同样，通过互联网向印度、爱尔兰、菲律宾、捷克共和国、中国等地方输出的"离岸外包"白领管理、程序编制、数据输入和客户支持等工作，这一迅猛发展的势头将会进一步使该产业的就业率发生变化。

上面提到的两种趋势——随着OEM将市场份额输给"移植工厂"产业所进行的调整，以及制造业和管理业工作的出口——必须放在两种背景下来分析：(1)美国生产力在不断提高，现在已是全世界最快的速度，(2)美国经济继续由制造业向服务业进行结构转移。制造业的生产力正在突飞猛进地发展——设1992年为100（指数），全部制造业生产力现在为154%。但是汇总的数字掩盖了许多细节：在汽车业，雇员人均小时的产量是141%，而在电子配件业，则为805%。

也许所有这一切都是关于相对生产力和贯彻了"精益生产（lean production）"技术的结果。"精益生产"技术是20世纪80年代日本作为"惟一最好的方式"而开发的技术（Womack et al, 1990）。1993年，三巨头平均每生产一辆汽车为22.4小时，日本为16.6小时，北欧为28.9小时（Kumar and Holmes, 1997）。主要的区别在于采纳"精益生产"的程度（Abo, 1994；Adler et al, 1997；Fine and Raff, 2002；Kenney and Florida, 1993）。对于美国工厂来说，潜力很明显早有了。1987年当丰田公司和通用公司在加利福利亚装配工厂合资企业实施精益生产计划时，名为NUMMI（新联合汽车制造公司）的这家合资工厂取得了每辆车平均19小时的成绩，其缺陷率成功地可以和丰田公司在高冈市的工厂相比但是生产力的差距仍然存在，尤其令人困惑的是，麻省理工学院的科研团队报告说，美国正在"重新取得生产力的优势"（Dertouzos el al., 1989），哈佛商学院的团队似乎掌控了该产业的挑战（Clark and Fujimoto, 1989；Clark and Fujimoto, 1991；Dyer et al., 1987；Dyer, 1996a, 1996b；Lawrence and Dyer, 1983），国家研究委员会很确信生产力的差距可以弥补上（National Research Council, 1992），《华尔街日报》的普利策获奖作家英格拉西亚（Ingrassia）和怀特（White）信心十足，说三巨头将很快引领全球的汽车产业（Ingrassia and White, 1995）。

而最近的迹象继续令人沮丧。日产公司在美国的工厂以（每台阿蒂玛）人均

## 第6章 美国汽车业的结构调整和相互矛盾的产业食谱   133

15.7的劳动小时成为行业的领头羊，丰田的美国工厂为21.8，通用平均为24.4，福特为26.1，克莱斯勒为28.0，NUMMI为28.4（《汽车新闻》，2003）。美国汽车业接受精益生产技术的方式与菲亚特彻底地改变自己制造和装配生产的方式之间有着强烈的反差。菲亚特的高管们让工厂的技术工人们设计自己的工厂，从而使得他们的工厂成为全世界最成功的工厂之一（Patriotta, 2003）。

弗里格斯坦的论点是，最近的战略转移是朝着财政控制概念方向的。但是上面所讨论的变化并没有给他的论文提供多少支持。汽车业已经被老练的财务专家管理了数十年（Freeland, 2001）。我们所看到发生的变化都是在后勤、技术和风格这些方面，结果，该产业的食谱也明显地在进化。其中的一些变化是采纳三巨头全球竞争对手所探索的特点：搬迁到非工会地区，（在某种程度上）引进精益生产方法和新设计。其它的变化是美国公司所独有的，反映了他们在处理国内市场问题上更有进取的心态，尤其是，他们还推行了诸如0%的财务手段。很多人认为这是个质量问题，因为外国公司更好的产品质量似乎使得这种营销刺激手段没有必要。但是也有着那种购买SUV、皮卡车以及今天的更大型汽车的倾向，支撑着消费者口味的变化，而引发这种口味变化的就是艾科卡的发明"足球妈妈厢式面包车"（the soccer-mum's van）。

我们被告知，汽车市场的竞争十分激烈，然而市场到底分割到了什么程度、购买者的态度到底是什么样子这些问题仍然令人困惑。这些OEM尽管手头上有着现成的现代营销技术，但是他们却误读了自己的市场从而犯下了代价昂贵的错误。相比于克莱斯勒－梅瑟拉蒂事件或者喜好雪佛莱的怪念头，爱泽尔（Edsel）并不是一次性的营销灾难（Ingrassia and White, 1995; Keller, 1989）。对汽车市场我们到底了解多少？汽车是一件产品呢，还是许多不同产品的复杂组合？汽车是财富或社会地位的象征呢，还是现代郊区生活所必要的代步工具，供人们上学、上班、送孩子上学、去医院或者赶火车用的呢？或者说价格/性能是关键问题？我们说到"质量"时心里到底想的是什么？戴明（Deming）在解释日本产品具有优势地位的原因时曾如是问过（Gabor, 1992; Walton, 1991）。当丰田凯美瑞或者英菲尼迪FX45唾手可得时，为什么还有人要买博世卡宴呢？美洲豹何时冒了出来？为什么现在已经拥有了沃尔沃、

阿斯顿马丁和路虎的福特公司要花上25亿美元买下这家实际上已经破了产的英国汽车制造企业？❶

这些困惑并非仅限于三巨头。更深层的问题是他们是否像他们的全球竞争者那样在按照同样的产业食谱来运作。如果是这样，那么他们的战略挑战就是以同样的或者更高的效率来运作。但是如果他们是按照另一个不同的食谱在运作，这两者之间又有什么区别呢？竞争对手们的关注焦点似乎放在了全球竞争上而不是国内的竞争，尽管庞大的美国市场意味着它在全球综合战略上注定总是占据着举足轻重的地位。关于全球汽车业的许多故事都提到了国家的体制以及缺少一个"平坦的赛场"的问题。其中的一个故事说日本的汽车业被通商产业省"规定了"低息和研发支持的目标，从而使得美国汽车业处在了劣势地位（Johnson, 1982; Kodama, 1995; Odagiri and Goto, 1993; Okimoto, 1989）。还有一个故事说德国中等专业技术学校教育的高质量是根本原因，使得德国汽车业有能力生产那种受过教育的美国人所喜爱的高技术性能的轿车（Jürgens, 1993; Keck, 1993）。还有一种说法，经过文化同化的日本工人能够忍受极端艰苦的工作条件，而这些条件美国工人则不能接受（Kamata, 1982）。我们还可以承认这一点，美国联邦和州政府都愿意为了建立美国和外国工厂而设立免税期和制定奖金刺激制度。

但情形似乎是，这些新的海外公司学到了某些特殊的东西，从而能够建立和运作他们极其复杂的设计、转包、装配、营销和支持体系。他们研发了一种特别的全球汽车业食谱，而这种食谱却有待于三巨头去采纳。这个新的食谱主要是由丰田和本田制定的。尽管这两家公司有许多巨大的差异，但是他们却似乎学到了某种非常特殊的东西，知道如何将公司的活动先分开和分配，然后再连接和管理。美国公司在自己的设计完成之后似乎也能做到这一点，这样就可以让他们的制造业业务完全全球化。但是这些成本在全部成本中却是逐步递减的。日本公司似乎能够将许多其他的活动也能全球化、分配、加速和协调，尤其是设计和营销活动，而在这两件活动上，三巨头却仍然将其精力集中在他们传统的堡垒地区。在前一个时代，这些活动的生产和管理或许

---

❶ 2008年，印度塔塔（TaTa）汽车公司从福特公司手中收购了路虎。——译者注

会有规模经济。现在，在这个新的知识密集型时代，可能会有成本过高和反应冷淡的现象。由于新技术、新的制度安排和滚滚向前的历史车轮，全球一体化和地方反应这两者之间的战略平衡也许有了根本性的改变（Bartlett and Ghoshal, 2000）。

美国消费者按照风格、对质量的看法、时尚、可靠性、服务效率、物有所值性、乘车安全度以及其他数十种复杂的产品特点来做出具有重大策略意义的选择。很显然，他们是一个强大的、功能上独立的社会制度中的一部分，同时又对一个竞争激烈的产业施加着巨大的压力，这个产业的激烈竞争不仅体现在国内与国外公司之间的斗争上，而且体现在巨头们之间。我们认为，竞争促发展、出精品。但是这种明显的竞争真的会有那么大的影响吗？美国消费者底气不足的要求到底是什么呢？他们似乎对低里程、超重的SUV和皮卡更感兴趣，而不太重视高里程混合型动力车或者电动车。由此而产生的对进口石油的依赖是国家的政策性问题，这一问题严重地限制了联邦政府的选择自由。打一个比方，如果让他们自己来做，美国的消费者能否主动去确立那项现在会节省数百万生产年和国家医疗成本的反吸烟立法？鉴于社会成本和效益，政府在汽车业中的合适角色是什么？政府有没有必要以更能反映国家优先政策的方式来驱使汽车业呢？就全国生产努力的损失、医保费用和基础设施的要求而言，交通所引起的污染和交通肇事所引发的死亡事故给国家带来了沉重的负担。城市的损坏就是汽车优先发展政策所直接带来的后果，而这种政策又导致美国式郊区的产生。政府对汽车业相对较少的影响是成功呢还是失败呢？说其成功是指让市场的力量来自我掌控，说其失败是指社会所要求的目标没有达到。政府应不应该以能够反映国家需要到方式来努力影响汽车业食谱的进化呢？下一节我们将简单地回顾一下那段较短的立法历史，看一看那些想直接影响汽车业的相对很少的政府立法里都有哪些法律。

## 倡导公路还是抢劫公路？

我们不能对这一事实视而不见：尽管很多人认为汽车是社会主要问题的一种来源，并且要求政府制定政策来减少这些问题，但私人汽车绝对是解决绝大多数美国人交通问题的方法，而且两代人以来一直是这样（Dunn, 1998）。作为连接员工与其工作的主要方式,更不用说在休闲时的用处,私人汽车对社会和经济的影响是巨大的。与欧洲相比,美国私人交通工具和公共交通工具之间的差异是十分明显的。美国幅员辽阔,人口密度小,人们都希望自己居住的地方大些、周围的环境好些,每天通勤100英里甚至更多是很平常的事情。邓恩(Dunn)还指出,在20世纪60年代以前,美国的汽车业还无章可循。在当时自由放任的关系下,汽车业的设计和生产完全按照自己认为合适的方式发展着。对这种关系的评述据说(并不正确)是通用的总裁查尔斯·威尔逊(Charles Wilson)做的。他说:"对通用公司有好处的对国家就有好处。"(Dunn,1998:52)当规则最终出台时,其内容并不是像某些人所希望的那样关于管理资方与劳工之间的关系问题,而是关于公路建设的政策和保护公众免受不安全的汽车设计和过多排放的危害。

邓恩认真分析了许多关于汽车公司、石油公司和轮胎公司如何共谋让都市美国人没有公共交通从而迫使汽车市场开发的故事。如果细细解读,这些故事没有几个会站得住脚。尽管如此,倡导建设高速公路很明显符合汽车业的利益。因此我们问,是谁促使其发生的呢?在美国,州和联邦政府有权力提高与汽车有关的各种税收,主要是在汽车燃料上的税收。州和联邦政府同样也享有公路规划、资金筹措和运营的部分权力。美国之外的世界对美国燃料税持续不断地处在低水平的状态感到震惊,认为提高税率没有坏处只有好处,认为应该将美国的汽油价格提高100%甚至更高,而到了这个水平才达到欧洲人早已习惯交税量的一半。制造商们将被迫生产经济型的小轿车,停车的要求将减少,行使的里程将减少,温室气体排放将减少,喝油的SUV和卡车将会被推下公路。但是任何提出这种建议的政客都会倒霉的。对于这种保护生态和社会鼓励的政策,美国似乎还远远没有做好准备。美国似乎锁定在了一个完全不同的轨道上。

当艾森豪威尔1953年成为美国总统时,当时正处在享受战后繁荣喜悦中的公众要求解决公路拥挤的问题。政府没有为了减少汽车的使用而要求生产小型汽车或者提高燃料费,而是开展了一项重大的修建公路的计划。结果是联邦公路公司应运而生。最初的想法是发行一种30年期的公路建设公债,并靠收缴燃料税来补偿。这激起了一场政治风波，因为有人反对并游说资金筹措应该按照量入为出的原则。私家车主们建议设立等级悬殊的收税制，让那些"破坏"公路的商用大卡车多交税，卡车运输业者抗议说这种做法会让他们破产而且还阻碍经济的发展，市长们要求更多的基金来修复市区的道路，就连要帮助修路的预拌混凝土企业也想分得一杯羹。一共有18个行业集团参加了这次广泛的立法辩论，结果通过了一项一分钱燃料税增加法律，税收将投给公路信托基金会。州际公路地方投入基金10%，联邦政府投90%，其他道路工程的资金投入是50∶50。工程开始之后，所有各方都很快发现真正的费用被严重低估了，最后促成无争议地通过了一项追加的一分钱燃料税增加法律。

到20世纪70年代末，负责满足越来越多的建设和维修基金要求的政府开始担心，因为底特律推出的燃料效能更高的汽车意味着税收将下降。同样，在1989年，当老布什总统入主白宫时，由于"石油过剩"而导致了油价和税款下降，与此同时，用燃料税收来为日益增长的国家预算赤字提供资金，这似乎是至关重要的。最后终于达成了一项五分钱增税法律，其中50%的税收转到总账（general account）上。这表明了那种普遍存在的"政治拨款"倾向，将问题一个压在另一个上面，直到整个法律大厦严重塞满最后坍塌。1991年，"多运输方式间联运地面交通效能法案"（ISTEA）获得通过——现在重新起草变成了"21世纪交通平衡法案"（TEA-21）——多运输方式间联运是一个政治性的"艺术词汇"，其含义就是在公路、中转站、人行道、城市轻轨等等之间挪动基金的能力，以及协调地区和城市交通规划的可能性。后来发生的事件表明，这种高尚的意图所取得的惟一成就就是更广泛的政治和官僚拥堵现象。

促使产生这些变化的工具是1967年成立的国家公路交通安全管理局和1970年成立的环保局。这些是最早的迹象，表明公众越来越关注汽车城底特律的选择，关注他们对德国大众甲壳虫轿车成功的冷淡反应（甲壳虫轿车是自1953年以来从大众公司在加拿大的工厂进口的），关注他们对自50年代末从日本进口轿车的冷淡反应，而这两种进口轿车加在一起在1960年已经占去了整个美国市场的10%。在参议院听证会上所揭示的内幕让汽车业感到无地自容：通用公司雇佣了一名私人侦探去搜集拉尔夫·纳德（Ralph Nader）的"脏事儿"。纳德是一位作者，他以前所出的一本书鲜为人知，但是书中却对通用公司的科威尔（Corvair）小型轿车不安全设计提出了抗议（Nader，1965）。新当选的泰德·肯尼迪（Ted Kennedy）吹嘘说，通用公司从其1964年的17亿美元的利润中一年只花125万美元在安全设计上。因此，1965年，约翰逊总统抓住一次机会重申汽车安全中的公共利益问题，并将其作为他"伟大社会"施政纲领中的一个内容。

最早的排放规定是1966年由卫生教育和福利部发布、1968年生效的。1970年的《空气清洁法案》，规定到1975年时按照1968年的水平减少90%的排放量。重要的问题是要认识到这项立法的起草人并非那些不懂技术的政客们。相反，起草人得到了汽车业工程师们的许多建议，而且，当时有明确的迹象表明，排放技术很有可能达到这些目标。1975年的"能源政策"和《自然保护法》确立了公司平均燃油经济性标准，规定1985年每加仑汽油里程为27.5英里（约合44.267公里）。但是这时，汽车业向华盛顿展开了强大的代价昂贵的游说攻势，想重新夺回从前完全在他们权限内的汽车制作工序权。汽车业的立场是想取消或者推迟公司平均燃油经济性标准，因为他们认为这些标准让他们与日益流行的进口轿车相比处在了一个技术劣势的地位上。当然，真正的问题是，他们感到不能转嫁排放控制技术的成本而不受竞争和财政方面的惩罚。最终，在里根的监护下，汽车业获得了成功，而到了老布什总统执政时他们又进一步取得了成功。

## 未履行的工业政策？

在取消公司平均燃油经济性标准的游说过程中发生了一件政治上很有趣的事情。1979年，OEM中惟一达到了标准、拥有97 000名员工、在美国最大企业中排名第14位的克莱斯勒公司似乎突然要濒于破产了。政府现在会对汽车业表示直接的兴趣并且挽救克莱斯勒吗？1979年的《克莱斯勒贷款保证法案》规定了一系列的联邦贷款和供货商、交易商及福利归还等条款。结果，公司总裁李·艾科卡（Lee Iacocca）成为了全国英雄，挽救公司于危难之中而且偿还了贷款。政府提供了15亿美元贷款，工会提供了4亿多美元，公司的银行提供了5亿美元，海外债权人提供了2.5亿美元，交易商和配件供货商贡献了1.8亿美元。

也许最意味深长的就是成立了一个克莱斯勒贷款保证董事会，美联储主席和他的审计官们担任委员，劳工和交通部的部长们担任无投票权的委员。这个董事会负责监督该公司的事务并且保证该贷款法案各项条款的执行。这种政府行为对于欧洲人来说是很熟悉的。克莱斯勒最懂得尊重政府的妙用，因为该公司1975年在英国也被大大地"挽救了一把"（Dunnett, 1980）。汽车业深知，作为劳动密集型的企业，他们可以施加强大的影响力，而且政府为了保护就业率会给这些OEM很大的好处。而政府方的谈判者们也惊奇地发现，汽车业的高管们在他们寻找纳税人的资金时对诸如里程限制和劳工关系等公共政策问题竟然表现出了同情心（Dunn, 1998：60）。

一些人认为1979年的克莱斯勒挽救行动是一种新的产业政策或政府与产业间合作的预兆，但是1980年，新当选的里根总统却采纳了一种不同的、更典型的保护主义的解决方法。三巨头销售额的直线下降和日本进口车数量的上升引发通过了许多有利于汽车城底特律的立法，包括推迟公司平均燃油经济性标准和开始了一系列旨在限制日本进口而实际上又不通过这种规定关税立法的微妙的谈判——在经济的其他行业部门这种做法有可能引发严重的贸易战。最后，日本人别无选择，只好同意一大堆让他们自我限制的规定。另一个没有料到的后果是，这种对进口轿车的限制使他们得以提高价格从而获得了比任何其他手段都更大的利润。这反过来又使得三巨头把握十足地提高了价格，最终，购买汽车的公众等于直接花钱让生产力不足的美国工人保留了工作。这也为新兴的韩国汽车供应商敞开了大门，因为他们的轿车进口不受该立法的限制。

## 汽车业的食谱问题

产业食谱到底是什么？这一思想的起源、理论支持和经验证据都由斯彭德作了规定（1989）。其他采纳了这种概念的人认为这是组织层面之上的一种心理地图（mental map）（Huff, 1982）。一般的概念就是该组织模式被作为该产业更加开放和广泛的模式的一个子集或示例。举一个日常生活的例子。男人理发是一件很基本的事情。

但是在"高端市场"的时尚美发廊和普通的理发店之间却有着天壤之别。所以我们可以将理发业简化为执行两个完全不同产业食谱的行业(同时我们要记住,现在几乎所有男人都自己剃须了)。这里的含义就是两个不同的企业模式,但是 100 美元一次的理发就比 10 美元一次的理发"更好"或者更有价值吗?毫无疑问,对于付账单的人来说,这两种理发似乎是不一样的,但是两位先生所买的东西都是同时要贬值的,而且除了对自己的自尊心之外不可能有更多的价值。这个产品并不是简单的哪个脑袋更整洁、更漂亮些。这里有发廊的环境和所处的位置、理发师的体贴关怀、使用诸如洗发香波或香水等额外服务的可能性,以及邂逅相遇某个重要的生意客户或听到关于某匹良马的可能性。在美发廊里还有那种受宠的体验。结果,这个产品竟然变得复杂起来。因此,源于舒茨和凯利(Schutz and Kelly)的关于产业食谱的最早概念就是一个管理人员在其中运作的认知领域,它既复杂又具有多面性,但尽管如此,却仍然界限十分分明(Kelly,1995;Schutz,1972)。这个领域是根据社会和文化而定,远不是主观武断的。它由 12～15 个"概念"(construct)构成。这些概念涵盖了管理者创立公司时必须要解决的最重要的战略问题。公司在这个领域里运作的方法是自己选择给这个产业的 12～15 个战略问题做出特定的答案。所以,公司围绕着特定的答案簇拥在一起或组成"战略组"(McGee and Thomas,1986)。

这里的理论的含义是,尽管事后我们能够理解这些概念以及它们之间的关系,但是,当这些概念以我们认为很有说服力的方式被指出来时,我们真的没有办法事先发现他们。管理者们在相当不确定的条件下经营管理,而且不得不选择该做什么。这些都是判断方面的问题,与数据关系不大。管理者们不能面面俱到,但是关于自己在市场上如何定位他们还是要做出战略性决定的。产业食谱是对公司战略有什么包罗万象理论的可能性的明确否定,所谓包罗万象的理论我们今天可以称之为现代主义或放之四海而皆准的理论。一个集团公司在市场上试验着不同的方法来应对并获得优势,在这种背景下产业食谱才能出现,而我们也只能在这个时候来发现这个食谱。这表明,战略决策与其说是应用了某个包罗万象理论而产生的结果,不如说是一种创造性的艺术形式。向其他公司学习的机会、通过模仿成功和避免似乎会失败的决策,这都表明，这个创造过程实际上是在集团（或"物种"）的水平上运作的，因而从这个意义上说，它也意味着一种进化理论。但这绝不是随意的变化、挑选、保留和复制的模式。食谱其实是在管理者们创造性活动指导下、以及后来的传播和沉淀逐渐形成的。既然创造活动是有目的性的而且避免不了问题的出现，我们建议创造活动应该根植在十分熟悉的环境中，即产品、市场和竞争所展示的竞争性挑战中（March and Simon, 1958）。

这种共有或集体心理模式的讨论极其需要美国汽车业的案例来加以丰富。首先说一下运作和制度环境的概念。技术选择在该行业中尤其受到限制，所以，所有的公司都可能以类似的方法作出自己的技术选择。这并不是说他们都采用同样的技术或同样的技术战略。因此，罗杰·史密斯（Roger Smith）领导下的通用公司大张旗鼓地致力于自动化，而福特公司和克莱斯勒公司却没有这么做。这是否因为他们经不起这么做（史密斯这么认为），还是因为他们觉得这么做不合适，这无关紧要。所有公司都认为，如果他们想采纳一种与功能有关的战略，自动化是需要回答的一个战略问题（Patriotta, 2003）。我们也看到立法通常都是针对整个行业的而非具体针对某个公司。克莱斯勒公司选择达到公司平均燃油经济性标准，而通用公司和福特公司却选择不那么做。食谱是在开始解决不同的战略问题时产生分歧的，而不是在公司以不同的方法回答同样的问题时（Spender, 1983, 1989, 1992）。

将一个产业食谱纯粹看做一种心理模式，认为在这个模式中某个组织的商务模式或组织思想在运作（Normann, 1977），这种观点根本没有切中要害。这个食谱超越了纯粹认知的范围，其所包含的内容是明确和心照不宣的，是"实践团体"（community of practice）思想所提出的具有产业特点的惯常做法（Brown and Duguid, 1991; Wenger 等, 2002）。作为社会惯常做法的一个体系，食谱也是准则和伦理道德价值观的一个体系（Spender, 1989）。很明显，美国汽车业食谱所展示的价值观与日本公司的价值观截然不同，这并不是说比他们的更好，但肯定是不同的。战略传播的主要方式是在实践层次上，尤其是当高管和熟练工人跳槽时更是这样。我们可以把产业和管理实践的这套体系看做是将这些心理模式固定在一起的隐性的道德粘合剂。我们立即会明显地看到，"精益生产"与其说是重新设计和运作一家装配工厂的方法，不如说它是一套复杂的含有隐性的道德和文化内涵的实践做法。三巨头采纳了他们海外竞争对手所开发的方法，但是其规模受到了极大的限制，而限制他们的就是他们自己吸收这些思想并将其转换到自己产业食谱的能力问题。潜在的问题是，美国的食谱和他们竞争对手的食谱是一样的呢，还是不一样的？如果不一样，这个食谱能否具有竞争力？

我们主要的结论是，今天的美国汽车业是一个令人敬畏的少数制造商垄断市场的局面，这是半个世纪以来巨大的商业活动所产生的结果。在这场活动中，美国汽车业毫无悬念地主宰了这个世界上最大的汽车市场。它的食谱似乎在起着作用，若按进化论的角度来看，多年来它却没有多少变化。精益生产很显然带来了一些影响，比如各州所提出的投资刺激计划，尤其是非工会的南方各州所提出的刺激计划，都产生了一些影响。新的供应链管理技术，以及随之而产生的"即时生产"（just-in-time）方法也带来了一些变化。但是美国汽车业根本性的产业食谱真的前进了吗？

值得注意的是，尽管在国内市场取得了落日余晖般的成功，但是三巨头在海外市场却没有取得相应的成就。这些公司在充分利用美国法律的根本性变化，并且遵循着美国整个经济普遍流行的那种直接和制造"控制概念"的格局，从而在美国树立起了强大的力量。他们的高管们从前是、现在仍然是不择手段地保持并提高自己公司的权力；他们所继承的是整个帝国，而不仅仅是公司。他们有足够强大的力量来左右美国的政治进程并使之朝着有利于自己利益的方向发展。当美国政府反对他们时，他们坚守阵地，比如在新政时期以及后来的艾森豪威尔政府时期，但是当美国政府示好时，他们就疯狂地抓紧一切机会，比如在里根政府和老布什政府时期。但是在海外，当地的公司和政府却顽强地阻止他们贯彻这同一项战略方针。长期来看，这导致产生了一种强烈的内向型产业文化，这种内向型文化不仅极大地降低了这些公司在海外竞争的能力，而且也极大地降低了他们遏制国内市场份额流失的能力。抢占他们市场份额的外国公司不仅抢滩登陆了，而且在他们的移植工厂里进口和装配着各种各样的汽车。

三巨头的高管们得到的报酬极其丰厚，而且很显然，他们是按照自己个人的利益

## 第6章  美国汽车业的结构调整和相互矛盾的产业食谱

操纵着公司的大权。汽车业在20世纪60年代之前尽管是全国最大的产业，但是却无章可循，这使得他们可以为所欲为。工会组织并且建立起了防线，但是却从没有对重要的政策产生过什么重大的影响，尤其是未能限制住巨大的收入差异或强制性地制定防止外国公司侵入的政策，也未能阻止后来对低收入的非工会工人的结构调整。三巨头的寡头垄断根据形势的需要统一并且自如地时进时退，但是从来没有被迫放弃过权力，除了那次克莱斯勒似乎濒临破产的例子之外。即使当时，该公司也被给予了财力使自己摆脱了联邦委员会的密切监督。

与此同时，汽车业竟然变成了一场全球性的活动，参与的各方集团如八仙过海各显其能。他们中既有日本公司，也有欧洲公司。这些美国之外的公司在探索着新的结构、一体化和控制方式，而这些方式在他们争夺全球市场份额的竞争中确实起到了作用。对于这些参赛选手们来说，美国这个全球仍然最大的市场至关重要。而在各条战线上，尤其是在技术战线上，美国公司似乎都在节节败退。美国政府的角色仍然模棱两可。一方面，他们对国内产业负有责任，而且多次地支持了"企业友好型"的立法和立场。从政治角度来说，他们密切地关注就业问题，而且很显然愿意采取措施来保护就业。同样，他们也关注整体经济的增长，并且利用诸如北大西洋自由贸易区和世贸组织等国际和自由贸易协定来帮助美国的生产商开发市场，尽管在最乐观时期汽车业的出口也不是很强势。政府也是玩弄政治手腕的中心，耍弄机会主义权术的高手，时刻捕捉公众对汽车的不满因素并将其转换成对自己有利的东西。但是，尽管美国购买汽车的公众被认为如何如何地"热恋"汽车，但是在这一时期，他们却基本上没发表什么态度。就连政府也只是在纳德等人掀起了"企业家"政治风波以及政客们利用了这场风波之后才对行业规则提升了兴趣。

故事的结局都有一个刺激，但是关于制度的一个刺激却没有被料到。与上面的立法不同，汽车业并没有被作为一个特殊案例来对待。法律规定美国的所有公司，这其中也包括三巨头，都必须履行养老金和医保的义务。到2003年年中，这些OEM已经没有能力履行他们的养老金义务，这一点得到了广泛的认同。与此同时，他们为公司的现役员工所支付的每辆车医保为700美元到1500美元之间，这已经高出了钢铁的成本。比如，瑞士第一波士顿信贷银行就提出理由证明，五个行业——汽车、汽车配件、石油和汽油、制药、航空——现在是养老金计划资金缺口的大户。我们应该回顾一下历史，最早的合同是建立在确定的福利金计划上的。这些计划保证工人退休之后将永远获得养老金和医保金。那个时候，工人是20岁开始工作，一直干到70岁，之后不久便去世。现在，工人20岁开始工作，50岁退休，活到90岁，这样算起来就不得了。1999年，通用、福特和克莱斯勒的养老金资金十分充裕；现在，他们的缺口总共为520亿美元。尽管这个缺口的实际计算随着股价的波动而十分复杂，但是根本的事实是，移植工厂却没有这个负担，是在没有这种经济惩罚的约束下竞争着。

这里隐含的意义就是，三巨头如果想让自己的产业食谱具有竞争力、继而换取一些价值，就必须找到某种方法将工人的终生养老保险转换成更高的生产力。然而情形却截然相反：新来的竞争者生产力高、管理费用低，一支劳动大军有着截然不同的两种期望，形成了双重优势。2002年，仅在美国国内，福特公司在医保上所花的费用就高达28亿美元。在这笔费用中，有21亿美元花在了福特各工厂里联合汽车公会(UAW)组织内的小时工和退休工人身上，而这些人绝大多数都是公司蓝领劳动大军中的残余者。新来的知识型工人的福利金待遇则较低。所以，这里的战略问题就是，汽车业怎么来解决这个附加的负担。钢铁公司和航空公司宣布破产并把其养老金责任转交给联邦政府，从而很快将负担转嫁给了纳税人。这时人们再次谈起向政府求助的故伎，并纷纷推测，三巨头如果想在与海外公司的竞争中生存下来，就必须游说政府承担起这些养老金和医保的义务以保护就业。业内人士说，关键就是个时机的问题：什么时候做，而不是要不要做。同时，如果把必要的资金投入到养老金中，这就会极大地减少这些公司想要改善生产方法、设计方法和全球一体化和管理所要用的资金。

当我们考虑本章前面所提到的国家政策问题（环境问题、OEM下滑的市场份额、就业向南方流动的倾向以及最终总部在美国的公司的国际竞争力降低问题）时，我们只能得出这样的结论即美国政府似乎：

• 不太情愿通过施加更严格的安全标准和"公司平均燃油经济性标准给三巨头的困境雪上加霜；

- 不太情愿以影响市场份额的方式来干预；
- 不太情愿阻止就业或向南方或向海外的流动；
- 不太情愿参与提高美国这个行业在国际上的竞争力；
- 不太愿意保护三巨头使其脱离劳动密集型沉重的养老金和医保责任负担。

与此同时，三巨头也没有表现出多大兴趣来改变自己并采用其全球主要竞争对手丰田、本田和日产－雷诺正在开发的更为复杂、更为有效的全球设计、生产和一体化体系。他们坚决要把权力留在底特律，远离技术、消费口味或者生产效率发展最快的地方，其决心之大再一次证明了他们的孤芳自赏心态和其全身心致力于的并非是全球性的食谱而是国内食谱。克莱斯勒也许正在融进戴姆勒－克莱斯勒❶，而且，鉴于梅赛德斯公司所出现的问题，他们要采取什么战略现在仍不清楚。但是，与日本集团公司的暗中使劲形成反差的是，美国公司高管们的制度化了的内向态度和他们之间的内讧，对他们最终的竞争力却不是什么好兆头。

除了他们在财政方面的期望，劳工问题仍处于次要位置，尽管汽车业中的劳资纠纷恩怨很久，而且人们也普遍认为与工会搞好关系是提高产业生产力的关键。事实上，对于这个说法没有多少实际经验方面的支持。由于企业正在向白领"知识型工作"转移，情形变得越来越复杂（Reich，1992）。鉴于蓝领工会参加的人数锐减而且就业向非工会地区转移这一情形，今天白领工会也许比蓝领工会有更大的潜力来限制和破坏这些OEM。最终，正如养老金和医保问题一样，汽车业的劳资关系也反映了整个经济的情况。与欧洲的工会相比，美国汽车业的工会在与这些OEM的对决中似乎显得软弱无力。正如奥伦（Orren）所论证的那样，美国大企业所聚集的权力在公司法的演进中已经成为合法化，因而在各个民主社会里都是无与伦比的（Orren，1991）。同样，豪斯（Howes）也论证说，美国工会所成功体制化了的那些惯例在全球产业食谱中是不能存在的（Howes，1993）。当前的布什政府不会为了追求某种梦幻般的更为人性化的劳工政策而出面干预。而事实上，鉴于政府那么乐于鼓励更多地使用非法的墨西哥劳工，政府似乎完全是往相反的方向走的。当然了，另一种选择就

---

❶ 2009年，菲亚特收购了克莱斯勒。——译者注

是看着三巨头的工厂以及那些移植工厂迁往海外，因为这个现在已经彻底全球化了的产业正在根据国际劳工市场的进化而做着调整。在全世界范围内运输配件甚至全车的成本是否会严重地抑制这些选择，这一点现在尚不清楚。在美国社会出现重大变革之前，劳资之间的平衡是不会发生重大改变的。但是十分清楚的是，假如美国的公司能找到某种方法来采用日本公司与众不同的、相互间平衡关系很好的全球设计、管理和供应链技术，并且创出自己的版本，那么他们就会有重大的收获。但是毫无疑问，这需要将今天在这个产业中已经明显体制化了的惯例做出重大的调整。别的选择似乎更不能被接受，也许联邦政府直接干预的时机已经到了呢？

## 结论

这里提供的方法假设社会是一个多样的惯例体系，在其中互动的是众多的相互竞争的社会制度。参看图5.1我们就会发现，这些制度类型各异，有些是国家权力的工具，有些是在民主资本主义制度的开阔空间进化而来，并信奉公民利益组织。与帕森斯的观点相反，我们认为在这个体系内没有内在的秩序，而可能观察到的秩序就是这个社会的政治和社会各种进程所取得的日常成就——这些进程本身就是某个特定的历史偶发的制度种群的方方面面的特点。每个制度都能做到某种程度的自我维持、复制和继续，但条件是它能够保护自己不受与自己互动和竞争的其他制度所带来的毁灭性挑战。这些互动的目的是为了自身的特点，是为了得到和行使社会—经济的权力并受之保护。有些制度能够树立起自己的权力，或者能将权力吸引过来并且钻社会系统的空子，尽管所有的权力最终都是由国家转交过来的。制度（如同公司和行业部门一样）都有自己的身份特点并成为合法的制度，其合法度足以使他们拥有和使用这个权力。

美国汽车业所拥有的权力相当可观，这个巨大的权力是经过长期的规模增长和经济及政治影响而获得的。它所深深根植的复杂的习俗和惯例构成了美国的社会和经济生活。作为一个美国行业，其身份体现了汽车在"美国梦"中的地位：私有化的、自主的、自由的、一项资本投资、妒忌和渴望之物、一条社会声明、一个机械学和真正

# 第6章 美国汽车业的结构调整和相互矛盾的产业食谱

现代派的奇迹（Kay，1997）。但是美国汽车业仍然是极其内向型的，而且，从全球的广义角度来说，它的权力也是相对毫无意义的，只是当美国政府利用其更广泛的权力通过贸易谈判、施加经济压力或者"炮舰外交"政策在海外保护和推行汽车业的利益时，才算是例外。但是现在，美国国内的消费者再也不对汽车业俯首帖耳了，而且，由于汽车业未能获得联邦政府的全面支持以保护自己免受竞争，它从斯隆时代到当代 SUV 的成功一路进化而来的产业食谱现在完全暴露在由本田、丰田和雷诺－日产公司所正在开发的截然不同的全球食谱面前。前景十分暗淡。

## 参考文献

Abo, T. ( ed. ) (1994), *Hybrid Factory: The Japanese Production System in the United States*, New York: Oxford University Press.
Abolafia, M. Y. (2002), 'The architecture of markets' ( book review), *Administrative Science Quarterly*, **47**(4), 728.
Adler, P. S., T. A. Kochan, J. P. MacDuffie, F. K. Pil and S. Rubinstein (1997), 'United States: Variations on a theme', in T. A. Kochan, R. D. Lansbury and J. P. MacDuffie( eds), *After Lean Production*, Ithaca, NY: ILR Press, pp. 61 –83.
*Automotive News*(2003), 'Harbour report 2003', *Automotive News*, 18 June.
Barnes, B. (1988), *The Nature of Power*, Urbana, IL: University of Illinois Press.
Bartlett, C. and S. Ghoshal( eds) (2000), *Transnational Management: Text, Cases, and Readings in Cross-Border Management*, 3rd edn, Boston, MA: Irwin McGraw-Hill.
Braverman, H. (1974), *Labor and Monopoly Capital: The Degradation of Work in the Twentieth Century*, New York: Monthly Review Press.
Brinton, M. C. and V. Nee( eds) (2001), *The New Institutionalism in Sociology*, Stanford, CA: Stanford University Press.
Brown, J. S. and P. Duguid(1991), 'Organizational learning and communities-of-practice: Towards a unified view of working, learning, and innovation', *Organization Science*, **2**, 40 –57.
Chinoy, E. (1965), *Automobile Workers and the American Dream*, Boston, MA: Beacon Press.
Clark, K. and T. Fujimoto(1989), 'Reducing the time to market: The case of the world auto industry', *Design Management Journal*, **1**, 49 –57.
Clark, K. B. and T. Fujimoto(1991), *Product Development Performance: Strategy, Organization and Management in the World Auto Industry*, Boston, MA: Harvard Business School Press.
Coleman, J. S. (1974), *Power and the Structure of Society*, New York: W. W. Norton.
Commons, J. R. (1924), *The Legal Foundations of Capitalism*, New York: Macmillan.
Commons, J. R. (1931), 'Institutional economics', *American Economic Review*, **21**, 648 –57.
Dertouzos, M. L., R. K. Lester and R. M. Solow(1989), *Made in America: Regaining the Productive Edge*, Cambridge, MA: MIT Press.
DiMaggio, P. J. and W. W. Powell(1991), 'Introduction', in W. W. Powell and P. J. DiMaggio( eds), *The New Institutionalism in Organizational Analysis*, Chicago, IL: University of Chicago Press, pp. 1 –38.
Douglas, M. (1996), *Natural Symbols: Explorations in Cosmology*, 2nd edn. London: Routledge.
Dowd, D. F(1974), *Twisted Dream: Capitalist Development in the United States since 1776*, Cambridge, MA: Winthrop Publishers.
Dunn, J. A. (1998), *Driving Forces: The Automobile, Its Enemies, and the Politics of Mobility*, Wash-

ington, DC: Brookings Institution Press.

Dunnett, P. J. S. (1980), *The Decline of the British Motor Industry: The Effects of Government Policy, 1945 – 1979*, London: Croom Helm.

Dyer, D., M. S. Salter and A. M. Webber(1987), *Changing Alliances: The Harvard Business School Project on the Auto Industry and the American Economy*, Boston, MA: Harvard Business School Press.

Dyer, J. H. (1996a), 'How Chrysler created an American Keiretsu', *Harvard Business Review*, **74**(4), 42.

Dyer, J. H. (1996b), 'How supplier partnerships helped revive Chrysler', *Harvard Business Review*, **74**(4), 46.

Etzioni, A. (1961), *A Comparative Analysis of Complex Organizations: On Power, Involvement, and their Correlates*, New York: Free Press.

Fine, C. H. and D. M. G. Raff(2002), 'Automobiles', in B. Steil, D. G. Victor and R. R. Nelson(eds), *Technological Innovation and Economic Performance*, Princeton, NJ: Princeton University Press, pp. 416 – 32.

Fligstein, N. (1990), *The Transformation of Corporate Control*, Cambridge, MA: Harvard University Press.

Fligstein, N. (1991), 'The structural transformation of American industry', in W. W. Powell and P. J. DiMaggio(eds), *The New Institutionalism in Organizational Analysis*, Chicago, IL: University of Chicago Press, pp. 311 – 36.

Fligstein, N. (2001), *The Architecture of Markets: An Economic Sociology of Twenty-First-Century Capitalist Societies*, Princeton, NJ: Princeton University Press.

Freeland, R. F(2001), *The Struggle for Control of the Modern Corporation: Organizational Change at General Motors, 1924 – 1970*, Cambridge: Cambridge University Press.

Friedman, L. M. (1985), *A History of American Law*, 2nd edn, New York: Touchstone Books.

Gabor, A. (1992), *The Man who Discovered Quality: How W. Edwards Deming Brought the Quality Revolution to America*, New York: Penguin.

Giddens, A. (1984), *The Constitution of Society: Outline of the Theorvy of Structuration*, Berkeley, CA: University of California Press.

Grinyer, P. H. and J. -C. Spender(1979), 'Recipes, crises, and adaptation in mature businesses, *International Studies of Management and Organization*, **9**, 113 – 33.

Horwitz, M. J. (1992), *The Transformation of American Law 1780 – 1860*, New York: Oxford University Press.

Hovenkamp, H. (1991), *Enterprise and American Law 1836 – 1937*, Cambridge, MA: Harvard University Press.

Howes, C. (1993), 'Constructing comparative disadvantage: Lessons from the US auto industry', in H. Noponen, J. Graham and A. R. Markusen(eds), *Trading Industries: Trading Regions*, New York: Guilford Press, pp. 45 – 91.

Huff, A. S. (1982), 'Industry influences on strategy reformulation', *Strategic Management Journal*, **3**, 119 – 31.

Huff, A. S. and J. O. Huff(2000), *When Firms Change Direction*, Oxford: Oxford University Press.

Ingrassia, P. and J. B. White(1995), *Comeback: The Fall and Rise of the American Automobile Industry*, New York: Simon & Schuster.

Johnson, C. (1982), *MITI and the Japanese Miracle: The Growth of Industrial Policy, 1925 – 1975*, Stanford, CA: Stanford University Press.

Johnson, H. T. and R. S. Kaplan(1987), *Relevance Lost: The Rise and Fall of Managerial Accounting*, Boston, MA: Harvard Business School Press.

Jürgens, U. (1993), 'National and company differences in organizing production work in the car industry', in B. Kogut(ed.), *Country Competitiveness: Technology and the Organizing of Work*, New York: Oxford University Press, pp. 106 – 23.

Kamata, S. (1982), *Japan in the Passing Lane: An Insider's Account of Life in a Japanese Auto Facto-*

ry, New York: Pantheon Books.
Kay, J. H. (1997), *Asphalt Nation: How the Automobile Took Over America and How We Can Take It Back*, Berkeley, CA: University of California Press.
Keck, O. (1993), 'The national system for technical innovation in Germany', in R. R. Nelson(ed.), *National Innovation Systems: A Comparative Analysis*, New York: Oxford University Press, pp. 115 −57.
Keller, M. (1989), *Rude Awakening. 'The Rise, Fall and Struggle for Recovery of General Motors*, New York: Harper Perennial.
Kelly, G. A. (1955), *The Psychology of Personal Constructs*, New York: W. W. Norton.
Kenney, M. and R. Florida(1993), *Beyond Mass Production: The Japanese System and its Transfer to the US*, New York: Oxford University Press.
Klepper, S. (2002), 'The capabilities of new firms and the evolution of the US automobile industry', *Industrial and Corporate Change*, **11**(4), 645.
Kodama, F(1995), *Emerging Patterns of Innovation: Sources of Japan's Technological Edge*, Boston, MA: Harvard Business School Press.
Kumar, P. and J. Holmes(1997), 'Canada: Continuity and change', in T. A. Kochan, R. D. Lansbury and J. P. MacDuffie (eds), *After Lean Production*, Ithaca, NY: ILR Press, pp. 85 −108.
Lawrence, P. R. and D. Dyer(1983), *Renewing American Industry*, New York: Free Press.
Littleton, A. C. (1981), *Accounting Evolution to 1900*, Tuscaloosa, AL: University of Alabama Press.
McGee, J. and H. Thomas(1986), 'Strategic groups: Theory, research and taxonomy', *Strategic Management Journal*, **7**, 141 −60.
March, J. G. and H. A. Simon(1958), *Organizations*, New York: John Wiley.
Maynard, M. (2003), *The End of Detroit: How the Big Three Lost their Grip on the American Car Market*, New York: Doubleday.
Mowery, D. C. and N. Rosenberg(1998), *Paths of Innovation: Technological Change in 20th-Century America*, Cambridge: Cambridge University Press.
Nader, R. (1965), *Unsafe at Any Speed: The Designed-In Dangers of the American Automobile*, New York: Grossman.
National Research Council (1992), *Dispelling the Manufacturing Myth: American Factories Can Compete in the Global Marketplace*, Washington, DC: National Academy Press.
Nelson, R. R. and P. M. Romer(1996), 'Science, economic growth, and public policy', in B. L. Smith and C. E. Barfield(eds), *Technology, R & D, and the Economy*, Washington, DC: Brookings Institution, pp. 49 −74.
Normann, R. (1977), *Management for Growth*, New York: John Wiley & Sons.
North, D. C. (1981), *Structure and Change in Economic History*, New York: W. W. Norton.
North, D. C. (1989), 'Institutional change and economic history', *Journal of Institutional and Theoretical Economics*, **145**, 238 −45.
Odagiri, H. and A. Goto(1993), 'The Japanese system of innovation: Past, present, and future', in R. R. Nelson(ed.), *National Innovation Systems: A Comparative Analysis*, New York: Oxford University Press, pp. 76 −114.
Okimoto, D. I. (1989), *Between MITI and the Market: Japanese Industrial Policy for High Technology*, Stanford, CA: Stanford University Press.
Orren, K. (1991), *Belated Feudalism: Labor, the Law, and Liberal Development in the United States*, Cambridge: Cambridge University Press.
Ouchi, W. G. (1980), 'Markets, bureaucracies and clans', *Administrative Science Quarterly*, **25**, 120 −42.
Patriotta, G. (2003), *Organizational Knowledge in the Making: Hon, Firms Create, Use, and Institutionalize Knowledge*, Oxford: Oxford University Press.
Powell, W. W. and P. J. DiMaggio(1991), *The New Institutionalism in Organizational Analysis*, Chicago, IL: University of Chicago Press.

Reich, R. B. (1992), *The Work of Nations: Preparing Ourselves for 21st Century Capitalism*, New York: Vintage Books.
Romer, P. M. (1990), 'Endogenous technological change', *Journal of Political Economy*, **98**(Supplement), S71 −S102.
Roy, W. R. (1997), *Socializing Capital: The Rise of the Large Industrial Corporation in America*, Princeton, NJ: Princeton University Press.
Schutz, A. (1972), *The Phenomenology of the Social Word*, London: Heinemann.
Scott, W. R. (2003), *Organizations: Rational, Natural, and Open Systems*, 5th edn, Upper Saddle River, NJ: Prentice-Hall.
Selznick, P. (1957), *Leadership in Administration: A Sociological Interpretation*, New York: Harper & Row.
Seo, M. -G. and W. D. Creed (2002), 'Institutional contradictions, praxis, and institutional change: A dialectical perspective', *Academy of Management Review*, 27(2), 222 −47.
Shnayerson, M. (1996), *The Car that Could: The Inside Story of GM's Revolutionary Electric Vehicle*, New York: Random House.
Spender, J. -C. (1983), 'The business policy problem and industry recipes', *Advances in Strategic Management*, **2**, 211 −29.
Spender, J. -C. (1989), *Industry Recipes: The Nature and Sources of Managerial Judgement*, Oxford: Blackwell.
Spender, J. -C. (1992), 'Business policy and strategy: An occasion for despair, a retreat to disciplinary specialisms, or for new excitement?', *Academy of Management Best Paper Proceedings*, 42 −6.
Toennies, F. (1971), *On Sociology: Pure, Applied, and Empirical*, Chicago, IL: University of Chicago Press.
Trachtenberg, A. (1982), *The Incorporation of America: Culture and Society in the Gilded Age*, New York: Hill & Wang.
Tricker, R. I. (1967), *The Accountant in Management*, London: B. T. Batsford.
Walton, M. (1991), *Deming Management at Work*, New York: Perigee Books.
Ward's (2003), *Motor Vehicle Facts and Figures: Documenting the Performance and Impact of the US Auto Industry*, Southfield, MI: Ward's Communications.
Wenger, E., R. McDermott and W. M. Snyder (2002), *Cultivating Communities of Practice: A Guide to Managing Knowledge*, Boston, MA: Harvard Business School Press.
Wiebe, R. H. (1967), *The Search for Order, 1877 −1920*, New York: Hill & Wang.
Williamson, O. E. (1991), 'Strategizing, economizing, and economic organization', *Strategic Management Journal*, **12**(Winter Special Issue), 75 −94.
Womack, J. P., D. T. Jones and D. Roos (1990), *The Machine that Changed the World*, New York: Macmillan.
Wright, G. (1990), 'The origins of American industrial success, 1879 −1940', *American Economic Review*, **80**, 651 −68.

# 第7章

# 从路径依赖到路径创造？
——巴登－符腾堡州和德国模式的未来[1]

格尔德·施恩斯托克

## 引言

在这篇文章里，我描述的情形是，当一个地区长期以来经济一直非常成功，但是却面临了衰退问题，而为了克服经济困难，这个地区努力开发一条新的发展路径。我要讲述的就是这其中所发生的种种问题。在20世纪90年代初，拥有传统产业（汽车、机械工程和电子）的德国巴登－符腾堡州就面临着这种形势。由于巴登－符腾堡州面临着自从第二次世界大战以来最为严重的一场经济危机，该地区经济中的结构问题就日益凸现出来。就目前的发展状况来看，还很难判断向新的发展路径转移的努力是否已经成功；然而，最近的发展似乎表明，这项事业的困难度和所花时间的长度都超出了各方参与者的预期。

因为地区间在经济结构和相关的经济问题上存有巨大的差异，因此我只选择了一个地区而不是整个德国作为研究课题。我之所以选择了巴登－符腾堡州是因为这个州比任何地方都更能代表德国的生产和创新模式，而自从战后一直到20世纪90年代初，这个模式在经济发展和促进社会福利方面一直非常成功。这个模式一直被描述为"灵活的专业化模式"（Sabel，1989）或"多样化的质量生产模式"（Streeck，1991）。

---

[1] 本章完稿于2004年，因此并没有反映关于巴登－符腾堡州最近的发展情况。

以斯图加特地区为经济中心的巴登－符腾堡州被作为一个成功的经济发展例子提供给这场关于产业地区的讨论。在以分散权力的地区网络经济为特点（Naschold, 1996）的欧洲发展的新模式中，巴登－符腾堡州被赋予了一个决定性的角色。和其他某些地区一样，德国的这个州也被看做是欧洲权力分散、网络为基础的经济和社会一体化发展的发动机之一。对技术和科学生产地区化现象做过分析的希尔伯特（Hilpert, 1994）将斯图加特列为主宰了欧洲创新过程数十年的十大"创新岛屿"之一。

1952年，原来独立的巴登、符腾堡—巴登和巴登—霍恩佐伦地区联合成为德国联邦制度下的巴登－符腾堡州。拥有10 400 000人口的巴登－符腾堡成为联邦德国最大的三个州之一。该州位于德国西南部，面积为35 000多平方公里。巴登－符腾堡州的经济并不单一；除了四大工业集群之外，它还包括乡村地区。这些城市群的特点是拥有不同的技术和专业化的部门。巴登－符腾堡州的州府斯图加特地区聚集了该州几乎25%的人口，是该州生产和创新体系的中心。1999年，巴登－符腾堡州的人均收入为27 000欧元，远远高于德国的平均水平（约23 500欧元）和欧洲的平均水平（约20 000欧元），这表明了这个州强大的经济实力。

本章分为八个小节。在第一节，我主要讲指导我做分析的概念框架。第二节讨论巴登－符腾堡州生产和创新模式的历史根源。在第三节，我提供一些数据表明该州一直到20世纪90年代初期的经济成功，但也揭示了那个十年后半期的经济问题。第四节讲的是该州战后生产和创新模式的主要特点。关于巴登－符腾堡的经济成功是否能用其特殊的生产制度即灵活的专业化模式来解释，我也表示了一些疑问。我也论述了各家公司为了应对经济危机而做的战略调整。

在第五节，我详细地叙述了制度背景，及通过影响和支持生产和创新模式，这个制度背景如何促成了经济的成功。我也提到了一些新的发展，因为这些发展表明了重大的制度变革。第六节分析了政府的技术和创新政策以及经济危机之后所发生的变化。第七节讲述的是最近为了克服对传统工业群的依赖而开发新工业群的努力。最后一节讨论了在巴登－符腾堡开发一条新的增长路径的问题和机会，和为了达到这个目标必须采取什么政策措施。

## 概念框架

### 路径依赖的概念

进化经济学将路径依赖概念摆在了突出的位置。路径依赖观点的力量在于它并不将技术创新从过去的发展分离出来,而认为这是技术变革和产业发展过程中的某种连贯性。新技术被放在了与早期具有历史新意的技术变革同等的位置(David,1985:332)。正如福雷(Foray)所论证的那样,今天的技术进步为今后数代的进步奠定了基础(1997:65)。某种专门技术知识被生产得越多、在新产品与/或程序技术中体现得越多,它就越容易产出更多的相关的知识,这种现象的特点被描述为"递增回报逻辑"(increasing returns logic)(Arthur,1996)。

知识的连续积累导致形成了一种技术轨道,而这种轨道则限制了进一步发展的选择。这种轨道概念表现了航道式(chaneled)变革的思想,因为限制这种变革的机会也受到了限制(Metcalfe,1997)。在这个方面,我们就可以谈谈技术发展过程中的路径依赖现象(David,1985)。路径依赖现象体现了强大的"处方"(prescription)的力量,这些处方规定了应该朝着哪个技术变革的方向走,不朝着哪个技术变革的方向走。❶

有明显的证据表明,国与国之间的制度差异在塑造技术变革的过程中起着至关重要的作用(Lundvall,1992;Nelson,1993)。多西(Dosi,1982)将一般性技术模式与各国的轨道加以区别,他做的区别强调了这一观点即驱动技术发展的并非一种科学或技术的原理,而是除了各种社会选择之外还有社会结构和重大事件的空间来塑造它的方向。尽管技术发展进程的累积性特点限制了潜在选择的范围,但是国家的轨道却能提高从主要发展路径分流出来的区分度和多样性(OECD,1992)。因此,路径依赖的概念给我们提供的方法是,将创新活动看做是临时定位的和根植于社会的(Garud and Karnoe,2000)。

---

❶ 卡尔松(Carlsson)和斯坦凯维奇(Stankiewicz)认为(1991),研究技术体系发展的最好方法是通过对行业做分析来进行。

这里我来采用科格特（Kogut）的论点（1991），即国与国之间在其组织的安排上也各异，按照科格特的观点，这种差异会持续很长的时间。卡斯泰尔（Castells）也同意这种论点，并建议考虑（在考虑技术轨道观点的同时）"各种不同组织轨道的发展，也就是在新的技术模式中和全球经济中朝着提高生产力和竞争力方向发展的各种手段体系的特殊安排"（1996：153）。和技术创新一样，组织创新也受到国家制度框架的限制。❶但是我并不打算在技术和组织这两个不同的发展路径之间做什么区别，反之，我使用"技术—组织路径"这个术语，假定技术和组织形式共同进化（Pavitt，2000）。

一个根深蒂固的技术—组织模式往往与社会的制度结构组成一个协同增效的联合体。❷根据弗里曼（Freeman）和佩雷斯（Perez）的观点（1988），在技术、组织和制度模式中这些协同增效的互补作用为长期的经济增长提供了一个坚实的基础。作为主流的标准，制度和政策也不断受到来自于技术、组织和制度发展的各个进化阶段中积极的经验和反馈的加强，人们也往往在内心深处有相互类似的"心理范式"。我们可以说这是大多数经济参与者所共有或至少主流联合体所有的一种"心理范式"，而这又进一步巩固了这种根深蒂固的发展路径（Hämäläinen，2003）。

然而，路径依赖性总是带有一种会变成所谓的"锁定状态"（lock-in）的风险（Grabher，1993；Johnson，1992）。不但旧的技术会而且传统的组织模式也会将一个国家的经济锁定在一个劣势的发展选择上，而且从长期的观点来看，会导致其失去竞争力并阻碍经济增长。我们还可以进一步将"结构的"、"政治的"和"认知的"锁定情形加以区别。当一个经济体的大多数资源都流向一项技术或者很少的几项技术、当组织和制度背景主要依赖这种技术体系从而没有给产业多样化和新产业的开发留有空间时，我们就可以说这是一种"结构锁定"的局面了。当一个经济体中处在主导地位的权力结构阻碍了技术—组织变革时，"政治锁定"局面就出现了。最后一种

---

❶ 比如，由于其特殊的体制环境（双重的职业培训制度以及工会在集体谈判中的强大作用），"灵活的福特制"可以被看做是德国开发的福特主义组织模式的一种特殊的轨道。

❷ 关于组织和机构之间的区别，参见 Edquist and Johnson（1997）。

局面是"认知锁定"局面,这时,经济的参与者们由于原来的成功仍继续沿着现有的技术—组织发展的路径走下去,即使这条路再也不能保证他们在全球的竞争地位和经济的增长。

## 路径创造作为一个新研究观点

在技术—组织模式中发生变迁的条件下,我们再不能谈论限定的变革了,因为传统轨道根植于其中的制度背景本身已经变得越来越脆弱。正如佩雷斯所论证的那样(1983;也参见 David,2000;Freeman,1987),只有在组织、制度和文化发生根本变革时,国家轨道中的技术模式才能够展开。适于一套技术和某个特定组织形式的社会和制度框架很可能不适于全新的发展。尽管递增的技术—组织创新可以很容易地被融进来,但是对于根本性的技术与/或组织变革来说这也许不适用,因为后者的变革从其本身的意义上来说含有毁灭性的要素。

跳出路径依赖的怪圈并创建一条新的发展路径绝非易事,这不是什么单一因素或者简单模式的问题。相反,应该将其看做是这个体系内"新机会之窗"、社会一般性的各种势力、重大的变革事件和行动历程之间的相互作用所产生的结果。"新机会之窗"的存在(打开这扇窗户的是一个新兴的技术—组织模式)对于新发展路径来说是决定性的因素。然而,新技术和组织机会本身并不能引发重大的变革过程,因为这些机会具有不确定性而且总的来说只是一种希望。

相反,国家或地区可能会受到社会的压力来利用这种新兴模式。在新的技术—组织模式的激励下,经济的全球化可以被看做驱使国家进行根本变革的最重要的因素,因为全球化不仅使竞争更加激烈,而且确立了新的竞争标准。在正在进行全球化的经济中,公司和国家再也不能期待他们过去成功的产品和生产方式保证他们将来也会成功。相反,他们必须准备好迎接艰苦的创新竞争,必须适应新的技术—组织模式,因为在旧的模式中开发根本性的创新变得越来越困难。

当然,在适应新的模式和创建新的国家技术—组织轨道时,并非所有的国家都感到了同样的压力。旧模式中的领导层也许会成为迅速传播新模式过程中的障碍,因为世界上的主要国家彻底改变自己成功的发展模式的压力较小。在是否要做重大变革时他们可能会犹豫不决，因为他们所走过的传统发展路径曾吸收了绝大多数可获得的资源。然而，在确立的技术—组织轨道中，进行重大的能促增长的创新变得越来越难，因此，旧模式中的大国们可能会受到越来越多的递减损失，因而也不得不去适应新的技术—组织模式（Hämäläinen, 2003）。

还有可能的是，在新兴的技术—组织模式中哪怕是落后也会导致严重的经济危机，所以国家或地区会感到有压力，必须进行重大的结构改革并适应新的技术—组织模式。一场严重的经济危机经常被称为重大的"变革事件"，它可以引发根本性的变革过程。在经济危机中，对于国家和公司来说，呆在原地不动可能比朝着错误的方向走风险还要大（Sabel, 1995）。

很明显，新的国家增长路径不能只靠诸如新的技术—逻辑和组织机会、一般性的社会势力和重大的变革事件等客观因素来解释。相反，我们必须强调人的意志和自发性变革过程的重要性（Bassanini and Dosi, 2000）。但是在根本性变革的威胁下，人们往往会产生认知性的僵化态度，从而抱着旧的技术—组织轨道根植于其中的传统制度不放，继而反对文化变革。因此，变革过程要依靠某些尤其善于用想象力探索和创造的人员的参与（Johnson, 1992；Hämäläinen, 2003）。

科学制度中预期的制度变革成为改革过程中一个重要的部分（Galli and Teubal, 1997），因为重大的创新越来越受到新科学知识的培植。大学和公共研究机构必须集中全力搞研究活动，必须能够培养出能够参与全球组织的知识创造过程中所需要的科学人才（Audretsch, 2001）。在一个根本性变革的时代，一开始就参与创造新的技术—组织模式会给国家带来竞争优势。

熊彼特在他早期的论述中（1934）认为在创造一个新的技术—组织发展路径时企业家的意志起着决定性的作用。即使在某个地区或国家有很多熟悉新模式的科技人才，但是如果缺少企业家文化，这就会成为开辟新轨道事业中决定性的阻碍因素（Audretsch, 2001）。

总之，我们认为，路径创造观与路径依赖观的不同之处就是经济的参与者们如何被看待的方式。他们不应被看做是一系列事件中被动的观察者，而应该被看做有知识的媒介，他们有能力做出反应和行动的方式并不限定在现有的社会规则和想当然的技术产物所规定的范围之内。路径创造被看做是一种不安分的偏离过程，它含有一种"脱离现有的清规戒律结构的能力和发动一个集体的能力，尽管在路径创造过程中可能会遇到反抗和懒惰的表现"（Garud and Karnoe, 2000：235）。进一步的链接和合作对于开辟一条新的国家发展路径来说十分重要。这些链接必须包括各企业公司之间、参与的科学家和这些公司之间、公司和大学之间以及高科技小公司和老字号大公司之间密切的知识交流（Freeman, 1991; Schienstock and Hämäläinen, 2001）。

具有开拓精神的企业家和科学家以及创新的网络可以担当起改革过程中开路人的重担；然而，整个经济的全面改革必须包括国家产业中绝大多数的公司和企业（Galli and Teubal, 1997）。处在技术—组织改革前沿的那些大公司和那些与他们合作的组织的知识、信息和经验需要在整个经济中传播开来。这种集体性的学习过程需要一种制度和文化的重新根植过程；还需要开发一种新的制度基础设施和新的文化典范，因为它们可以支持新轨道的创建事业（Teubal, 1998）。如果没有制度和文化方面的重大变革（而这些变革只能与公司的结构调整共同发生），绝大多数公司在这个进化的轨道中就不可能找到自己的"安身之处"；很有可能的情形是，路径创建的过程将会失去活力，整个改革过程将会失败。

## 国家的角色变化

只有当经济的各方都真正地参与并朝着一个方向前进了，这时才会出现稳定和永久性的路径创建过程。在这方面，国家需要扮演一个重要的角色，因为企业公司并不总能够开发启动路径创建过程所需要的那种再生动力。然而，国家再也不能以那种至高无上的经济参与者的身份来控制技术进步的全部动力，它既不能通过建立新的刺激研究的手段也不能通过设立公有的研究机构的方法来控制，因为这样做的结果就是直接干预了改革的进程（Schienstock, 1994）。在根本性的改革时期，来自于所有参与各方的不确定性因素也会成为关键问题摆在政策制定者的面前。正如梅特卡夫（Metcalfe）所说，"我们不能假设政策制定者对市场或技术信息有更好的理解；其实政策制定者所享有的是协调各方的突出能力"（1997：274）。

- 雇佣合格的外国工人请他们在新生产方法和技术上提供建议；
- 引进和传播新的机器和工具；
- 与经济中自主的合作企业合作建立地区范围的教育和培训体系；
- 建立信用和保险制度；
- 制定支持出口的措施。（Bechtle and Lang, 1999: 23~24）

可以得出结论，即使在工业化的早期，德国西南部的政府也扮演了重要的角色：它通过开发一种授予权力的制度环境来支持经济增长。

## 宗教的虔诚派作为生产和创新政府的文化特点

德国西南部的经济发展也与路德宗教会的一个特殊的派别虔诚派的思想和传播有着联系（Trautwein, 1972），尽管虔诚派和工业发展之间没有直接的关系（Leibinger, 2002）。贝希特尔和朗（Bechtle and Lang, 1999: 24~25）认为符腾堡州的虔诚派有如下的主要特点：

- 从宗教权力中解放出来达到自治；
- 虔诚派居民区中的兄弟会情谊使得人际关系密切；
- 个人职业与虔诚派社区之间的特殊关系。

对清规戒律十分严格的教会等级制结构的反抗运动致使人们普遍对任何权力和法律规则产生了质疑，这对虔诚派教民中强烈的自我意识的发展有着重要的影响。与旨在控制人类行为的那些制度相比较，在这里人被赋予了很高的地位。争取自治和独立往往成为摒弃传统习俗和探讨新选择的基础。

然而，独立性的强势越来越受到地区和本地领导人及其特定教义的日益重要地位的限制。若想成为一个被接受的虔诚派教民，仅过着谦恭朴素的生活还不够；这还越来越取决于你是否是某个兄弟会的成员，而这些兄弟会都是以地区或本地领导人为中心的。兄弟会中的宗教集会变得很重要，因为这些集会已经超越了宗教内涵而成为某种教育活动。由于地区和本地的领导人往往都背景贫寒，所以他们特别渴望提高自己的语言能力和知识水平，因为这不仅能帮助他们在职业上取得进步，而且还成为所有社区成员模仿的典范。还有一点提一下很重要，在虔诚派中，除了阅读《圣经》和探寻良心之外，观察大自然也被认为是对上帝的一种特别虔诚的敬意，因为在这种做法中人们产生了对研究和科学思维的喜好。探寻自己对上帝独特敬意方式的心理作用促发了一种静默沉思的态度，而在今天来说，这种态度对于经济成功仍然是一种理想的心境（Leibinger, 2002）。

特殊的农耕和经济秩序加上虔诚派宗教的信仰促生了一种特殊的劳动人口。劳动者由于不得不同时做几样工作所以都身怀几种技艺，但是，由于他们特殊宗教的影响，他们同时也培养了一种很高的职业道德、对自治的强烈要求以及喜好制作手工艺品的癖好。因为本地区没有大批的无产者工人，所以这里不能产生产业无产阶级，而这一特点反过来又支持了以手工艺为基础、与小企业有关的经济的发展。缺少原材料和能源供应成为产业单一文化发展的障碍，但是这为纺织、金属、乐器和钟表制造业早期的专业化敞开了大门。此外，水平相对很高的劳动人口在其工作方法中欣然采纳了某种程度的灵活性。

在下一节，我提供一些数据来说明第二次世界大战之后最初几十年巴登-符腾堡州的经济成功。这些数据也显示了20世纪90年代开始时的经济危机以及这十年后半段的缓慢恢复。

## 巴登-符腾堡州经济发展的一些数据

一个产业区所在地的吸引力和竞争力可以用多种方式来描述。下面我用一些不同的指标来描述巴登-符腾堡州的竞争力。在20世纪90年代初之前，德国这一地区经历了很长一段时期的非常成功的经济发展。不仅这个地区的GDP在不断地增长，而且它在德国整个GDP中的比重也在不断地增长。由于经济的成功，这个地区成为移民的天堂。最初的移民来自东欧和前民主德国，这为进一步经济发展提供了必要的高水平的劳动力。后来，由于迅速发展尤其是汽车行业的快速发展同时也引进了资格稍差的工人，这里的人口继续呈上升趋势。

关键工艺部门的大量出口为巴登-符腾堡的经济成功做出了很大的贡献：20世纪90年代初该州的出口率接近30%。出口主要针对欧洲市场，出口份额达到了70%，而巴登-符腾堡州的各公司在亚洲或南美等未来市场的比重却很小。然而，由于其传统的专业化背景，巴登-符腾堡州经济出口的高科技产品的水平则稍差些。到90年代初，该州由于在工业部门生产力的提高而大获收益，这也使得工会为提高工资水平而加大了斗争力度。

由于20世纪90年代初的经济衰退，德国这一地区的经济形势发生了巨大的变化。整个德国经济中的消极经济趋势在巴登-符腾堡州表现得尤其糟糕：该州经济的支柱行业机械工程和汽车业受到经济危机的严重打击。1993年经济下滑到了最低谷：与1992年相比，GDP下降了3%，汽车业的生产下降了16%，机械工程业下降了13%，在经济危机期间，就业率骤降，尤其是在这两个核心行业。1997年，失业率上升到了9%。

尽管巴登-符腾堡的经济在20世纪90年代中期开始复苏，并且在这个年代末时显示出了强有力的增长，但是这场经济衰退却产生了长期的消极影响。比如，在90年代，经济增长为1.4%，这一增长率比欧洲许多地方都要慢。这种缓慢的经济增长对就业也产生了影响；在这十年中，就业率平均只提高了0.7%。不过，失业率从1997年的高峰下降到了2001年的约4.9%。20世纪70年代和80年代非常强势的生产率的提高在经济衰退之后也降了下来；在90年代，生产率的提高低于欧洲平均水平。与此同时，巴登-符腾堡在社会福利方面的优势也缩了水，因为在1993年之后每年人均收入只提高了1.5%，仍然低于欧洲许多地区。

可以得出结论，巴登-符腾堡能在20世纪的60年代、70年代和80年代早期连续地提高其经济竞争力。然而，80年代晚期该州经济发展的动力却出现了减缓，90年代开始时的经济危机是一个转折点。德国的这一地区尽管在那个年代末经济增长有了起色，但是与欧洲许多最强势的地区竞争相比却输得很惨。到目前为止，从2001年开始的经济再次下滑还没有达到20世纪90年代初经济衰退的水平，但是也显现出一些消极的结果，GDP和就业率自2002年以来一直都呈略微下降的趋势。巴登-符腾堡州能否保持其在欧洲经济中的强大地位或者在国际竞争中落在后面，还要拭目以待。

## 巴登－符腾堡的生产制度作为灵活专业化模式的佐证？

20世纪后半叶巴登－符腾堡州强势的经济发展既不是依靠自然资源也不是依靠贸易的地域优势,这一事实让学者们去寻找其他的解释因素。所谓"灵活的专业化(flexible specialization)学派"的学者们(Sabel et al., 1989; Herrigel, 1989, 1993)指出,组织、社会和文化这三个因素可以解释这个事实。根据他们的观点,巴登－符腾堡可以作为灵活专业化模式的一个优秀典范。这个模式可以经常在文献里看到,不过研究者们所聚焦的是其不同的方面(Sabel, 1989; Piori and Sabel, 1984; Sengenberger and Pyke, 1992)。❶一般来说,如下特点被认为是灵活专业化模式的重要方面:

- 众多的中小型和高度专业化的公司;
- 一方面,在竞争前的几个阶段这些公司之间密切合作,但是另一方面又以创新为基础进行激烈的竞争;
- 旨在支持创新活动的灵活和分散化的组织结构并高度使用信息通讯技术;
- 工人身怀多种技能、工作积极性很强;
- 劳资双方相互信任的关系,工人对自己公司的主人翁态度。

经济根植于一个稠密的各种不同支持机构的网络中,比如研究机构、技术转让机构、培训机构、地区银行、大学等,积极主动的地区技术和创新政策将合作推到了最重要的位置,这些都经常被看做是灵活专业化模式的核心要素。

然而,战后时期在巴登－符腾堡所发展起来的生产模式只在某种程度上符合这种灵活的专业化模式。比如,尽管这里的经济以其强大的中小企业著称,但是这里占主导地位的并不是一个主要由中小企业构成的产业群。相反,我们可以区分出两个截然不同的产业群:由大公司(戴姆勒－克莱斯勒、博世和奥迪)占主导地位的汽车企业

---

❶ 在文献中,这个模式争议很大,因为一些研究者认为其与产业地区概念几乎没有区别(Brusco and Sabel, 1981)。

群和以中小型公司为核心的机械工程企业群。❶此外,与这两个企业群有着密切联系的还有强大的电子工业。该工业包括诸如 IBM、惠普、塞尔－阿尔卡特(SEL-Alcatel)以及 SAP 等许多大型跨国公司的子公司,使得这里成为世界最大的电脑软件产地之一。❷尽管如此,供货商和客户的地理分布更加突出了巴登－符腾堡这两大产业群生产基地的重要性,至少在 90 年代初期之前是这样(Bechtle and Lang, 1996:77)。

除了高度的专业化之外,巴登－符腾堡州各公司之间纵向和横向的合作都不很密切(Cooke and Morgan, 1990)。专业化过程的协调主要是作为"消极协调"而产生的,因为各公司在自己产品的范围及市场的分配等问题的限制上都达成了意向。协调的目的不是整合资源,而是划定界限、自治和独立。尽管各产业联合会做出各种努力来组织生产和创新网络,但是该地区各公司之间并没有就利益、知识和产品进行广泛的交流,这其中的部分原因可能是许多公司都是家族所拥有的(Morgan, 1994)。组织间的合作形式都或多或少地局限在专一的 "生产商—客户"之间的互动上。核心公司和供应公司之间的合作经常以一种不对称的方式进行,很少建立在信赖和伙伴关系的基础上。

实证研究表明,在 20 世纪 80 年代,各公司在现代技术方面做了广泛的投资,尤其在机械工程行业的投资更多(Kerst und Steffensen, 1995),这可能是因为机械工业的强大。然而,这种技术推动却首先导致了电脑集成制造(CIM)概念的传播❸,这种概念的目的是用机器尽可能地代替人的劳动(Lay and Wengel, 1994; Wengel and Gagel, 1994)。据假定,新技术将有助于克服效率和灵活性之间的矛盾。

此外,巴登－符腾堡州的公司使用自己劳动力的方式并不符合理想主义的灵活专业化模式的观点。❹产业的劳动力包括相当数量的工程师以及高比重的非技术工人

---

❶ 所谓的斯瓦比亚中型企业(Swabian Mittelstand)包括众多的公司,每个公司所拥有的员工也都超过 1 000 人(斯瓦比亚人是约三百年前定居在巴登－符腾堡州的一个部落)。这种企业的特点,与其说是其规模,不如说公司都是由家族所拥有的。

❷ 一些研究者提到了第三个产业群(软件),因为所涉及的公司都具有一定的规模。

❸ 电脑集成制造代表生产过程中技术集成的一种综合概念,包括管理和服务的各种任务。

❹ 这种模式含有一定的劳动分工意味,要求工人在生产过程中训练有素而且专业化极强。

(约50%)。此外,许多技术工人没有充分发挥作用,因为他们不得不在装配线上工作。这些数字表明劳动力明显的两极分化。此外,职业教育制度培养了生产程序中严格的责任界限,从而导致产生了等级森严的专家制度和不成比例的管理机构(Wasserloos, 1996)。

然而在20世纪80年代,新技术的灵活性潜力必须得到组织创新的支持这一观点逐渐被人们所接受。新的生产模式来到了巴登-符腾堡,在这些模式中,小组工作成为核心要素。与制造业的升级一起,各公司从广泛的劳动分工模式中退出,好几件工作被有机地融为一体,因此工作达到了很高的职业水平,技术工作朝着多技术的方向有了发展。一种新型的"技术工人"成为生产工序的核心(Kern and Schumann, 1984)。然而,尽管各公司引进了某种组织的变革,但是这些调整的措施几乎不能被理解为"后福特时代"生产逻辑的核心要素(Schienstock, 1997)。车间里新的工作形式代表了新生事物,但是却不能说明产生了新的组织逻辑和全新的公司模式。

我们可以得出结论,巴登-符腾堡20世纪80年代生产工序的组织与灵活的专业化模式相去甚远,因为它其中含有许多福特式的要素(Braczyk and Schienstock, 1996; Naschold, 1996)。这从而提出了一个问题:80年代生产结构对该地区战后的经济成功到底有多大的贡献?一些作者论证说,若想解释巴登-符腾堡的成功故事,你必须首先聚焦需求方(Semlinger, 1994)。可以稍微夸张地说,在60年代、70年代和80年代,当廉价的批量产品吸引力降低时,那些能够不受自己具体的生产体系影响而生产出高质量产品的公司就获得了成功(Semlinger, 1994; Schumann et al., 1994: 406)。

德国和巴登-符腾堡作为经济发展的后来者不得不运用一种利基战略,将重点放在高质量和高价格的高端市场上,因为畅销货市场已经被其他的经济体尤其是美国的竞争者所占据(Schienstock and Steffensen, 1995)。在产业的所有部门,高质量和技术上乘成为巴登-符腾堡产业生产的标志。因此,首先针对需求方的"多样化质量生产"的概念(Streeck, 1991)要比灵活的专业化模式更为合适,更能代表战后在巴登-符腾堡和整个德国所出现的生产模式的特殊性。

内斯霍尔德（Naschold）指出了生产制度中前后矛盾的现象，并提出了"迷惘的80年代"（1993）这个说法，因为在20世纪80年代，由灵活生产技术所提供的提高生产力和创新力的组织机会并没有被巴登－符腾堡大多数公司所利用。斯特雷克（Streeck，1997）对德国生产模式（巴登－符腾堡成为了这种模式的示例）的未来是否能够与英美模式相抗衡提出了质疑。

## 20世纪90年代的新挑战

巴登－符腾堡经济的成功故事受到了若干次经济下滑的影响，但是20世纪90年代初的衰退却不同于以往。这次衰退是这个地区自从第二次世界大战以来所面临的最深的一次危机。这次不仅是周期性的下滑，而是一场揭露了巴登－符腾堡生产制度中重大结构弱点的危机，是自从20世纪80年代以来其缓慢适应急剧变化的经济环境积重难返所导致的危机。在两德统一期间，这一情况曾短暂地出现过，但并没有引起人们的注意。

随着20世纪80年代中期经济全球化趋势的加强，以及日本和东南亚的新的竞争者的展露，巴登－符腾堡各公司的经济优势开始慢慢地被削弱。苏联解体后中欧和东欧市场相继打开，这些地区也建立了新的生产基地，所以巴登－符腾堡的经济又面临着新的竞争对手。1993年欧洲内部市场的实现也加剧了经济竞争的激烈程度。

该地区的很多公司被全球新的经济环境竟然会影响到他们这一事实弄得措手不及。他们当时确信，全球化进程所掀起的结构变革会给传统的批量生产带来压力，但不会影响巴登－符腾堡的多样化质量生产。但正相反，这场全球化进程很显然确立了一种新的竞争。光靠生产高质量和技术先进的产品再也不能打天下了。事实上，由于利基市场遭到破坏，价格和时间成为了新的竞争标准。所有全球规模的竞争者都必须能够低成本地生产出高质量的产品，能够以合理的价格售出，还要准时地送货上门。

与其说巴登－符腾堡各公司具体问题具体解决方法这一看家本领已经过时了，不如说这部分市场变得越来越小了。在机械工程业，日本公司靠着一种新的竞争手段——通过提供廉价的标准机器——渗入进了高质量市场。在汽车行业，很显然，那些只注重高质量利基市场而放弃了批量市场的公司都很轻易地被弄得手忙脚乱。

1992年成立了未来委员会"经济2000"（Zukunftskommission "Wirtschaft 2000"），所有重要的决策人都到了场，这表明这个地区对这场经济危机的严峻性有了更多的意识。然而，尽管他们在结构危机的严峻性上达成了确诊性的共识，但是在共识的背后，在这场危机的具体特点以及如何去根治上，人们的意见却大相径庭（Naschold, 1996）。一方面，这场结构危机主要被解释为成本的危机，劳工和社会成本以及征税和规则方面的成本尤其被认为是阻碍巴登-符腾堡各公司在全球市场成功竞争的因素。这种观点假设这是经济发展中的一次衰退，认为可以靠一些旨在降低成本和重新分配沉重经济负担的应急方案来迅速弥补。

毫无疑问，与工业化世界其他地区相比，德国包括巴登-符腾堡州的劳工成本很高，这成为他们在越来越激烈的全球竞争中的劣势。[1]此外，德国的公司在工作小时和机器使用小时上的规定也很僵化。但仍有许多专家认为，这场结构危机和巴登-符腾堡各公司竞争力的削弱根本不是高成本造成的。他们将该州各公司竞争力的减弱归咎于相对较差的生产力和创新动力（参见对未来委员会"经济2000"的报告的少数票数，1993；Wittke, 1995：725）。他们认为，巴登-符腾堡州生产制度的基本特征与主流的现代化趋势之间出现了结构性的困境，而解脱这种困境的惟一方法就是创建一条新的发展路径，将战略重点放在提高公司生产更具有创新意义产品的能力上。在社会生产组织和创新程序上进行重大的改革，这才是这种振兴战略的核心要素。

尤其就创新竞争而言，巴登-符腾堡的生产制度中显示了更大的缺陷。当地的公司将重点放在渐进型创新上，这是很普遍的现象。各公司很少制定目标来扩大产品范围以开辟新的生意领域和市场，只是被自己的工人或竞争对手的动力推着走。此外，尤其是在汽车和电子行业，迅速连续不断地将新产品样式推向市场的能力让人们看到了大量的可变因素的战略重要性。鉴于推向市场的时间成为了衡量企业成功与否的重要标准（Wittke, 1995：727），巴登-符腾堡的各个公司由于臃肿的官僚和各等级的专家权威和实行的创新工序严格按前后顺序走的做法，因此失去了竞争力。

---

[1] 比如，德国公司在欧洲、北美和日本等地的子公司每小时的劳动成本要比德国母公司的劳动成本低，差距最多达50%（未来委员会"经济2000"，1993：30-31）。

然而，创新的问题也不能都归咎于时间方面。全球竞争越来越依赖于能推出激进型创新的能力，而这往往成为进入新产业领域的门票。这些激进型创新是在打破了单一产业界限之后在各部门交叉的局面下产生的。巴登－符腾堡由于将精力都集中在了中高科技的产业上，因而缺乏创新的活力。在20世纪90年代，巴登－符腾堡各公司在有重大创新的高科技领域里几乎没有身影。这对传统的支柱产业产生了负面的影响，因为它们的经济发展越来越依赖于高科技产业知识的转让。

总而言之，我们可以说，在战后经济环境稳定的时期，巴登－符腾堡的各公司都非常成功，那是因为它们能够通过不断推出渐进的创新来挖掘现有发展路径的潜力。然而，在一个充满活力和更为复杂的环境中，这种适应性的学习却成为进一步发展的阻碍。这些公司的渐进主义信念使得他们对创新学习望而却步，而创新学习尽管会遇到外部风险但却能让这些公司利用现有发展路径之外的新机会。❶

## 精益生产作为结构调整的新模式

精益生产方法不仅成为企业振兴的新模式，而且也成为整个巴登－符腾堡经济结构调整的指导模式（Schienstock，1997）。全球利基市场一直以来都由本地公司作主导，而现在的威胁则被认为是来自日本的竞争者，因为它们通过实行灵活的批量生产模式为自己高质量产品取得了巨大的成本优势（Berggren，1992）。就价格和创新两方面而言德国汽车制造商都输给了对手日本人，这一信息在一本名为《改变了世界的机器》（The Machine that Changed the World，Womack et al.，1990）的书里得到了传播。这一信息令巴登－符腾堡州的整个工业感到震惊，尤其令他们震惊的还有其他出版的关于德国机械工程业的类似评述（Brödner and Pekruhl，1991）。

麻省理工学院所做研究的功劳在于它强调了在提高生产力和创新力的努力中组织和其他的社会创新的重要性。正是由于这项报告的发表，一个高效率企业组织的基本原则才得到人们的注意，这些基本原则包括：生产工序中的零失误导向、工序链中的客户导向、责任的分权制、通过外包将精力集中在核心能力上、功能转换的合作、持

---

❶ 关于适应型学习和创新型学习这两者之间的区别，请参见 Johnson，1992。

续性的改进、及时到货等。该报告指出了巴登－符腾堡州生产制度的缺点，即该州的各公司注重更多的是技术方面的调整而不是组织结构的调整。

在精益生产模式的指导下，这两大主导产业群的各家公司采取了许多调整结构的措施。这些措施包括通过精简机构和外包以及引进扁平化的等级制来降低成本、建立功能转换设计团队和利润中心，及开发更广泛的网络结构。一种特点为"杂乱的协调"（discursive coordination）的新的企业管理模式出现了（Schienstock, 1995; Braczyk and Schienstock, 1996）。

比如戴姆勒－奔驰公司在1993年损失了接近10亿欧元之后，将自己的结构调整计划形容为一场"文化革命"，而引发该公司进行这场文化革命诱因的是丰田公司成功地将豪华轿车雷克萨斯引进了北美市场。日本公司能向世人表明，豪华轿车的生产也不用像德国汽车制造商造车那么昂贵。梅塞德斯－奔驰公司的调整计划包括如下措施：精益和扁平化的管理结构、以目标价格为导向的产品开发项目、通过工作流程优化而改变的工作习惯、新的供应战略（全球外包、系统供货商）、新样式迅速更新以及拓宽产品范围（精灵）。汽车业和机械工程产业群的其他公司也引进了类似的调整计划。

然而，一些观察家评论说，精益生产模式转换成实践过于缓慢，变革过程的特点更是修修补补型的而不是全面彻底的，而且所关注的焦点主要就是降低成本，这就是说，这个模式只是部分上被运用了（Naschold, 1996; Braczyk and Schienstock, 1996）。比如，公司内部制造的份额仍然高于40%，这一事实足以表明其系统的外包战略仍不到位。还有，就通过开展小组工作的措施来提高灵活性并降低成本而言，各家公司似乎还做得不够。

品管圈（quality circle）的引进仍然现象不明显；管理方认为来自车间工人的改革建议与其说是支持不如说更是干扰。"来自下面的改革意见"这一思想与占主导地位的技术推动力观的想象相互矛盾（Naschold, 1996: 199）。再者，系统的员工发展战略（这可以被看做是持续改善的重要先决条件）也没有获得多少赞许。此外，由于精益生产模式本身也前后不连贯（因为它不仅要求员工提高技能而且还需要多做工作），所以遭到工会的普遍反对。

尽管如此，结构调整的计划还是产生了一些积极的效果。汽车业、机械工程业和电子业中许多在世界市场上选择了价格和成本领先原则的公司成果非常显著，即使是在高工资的条件下也是很成功的。很显然，不靠把工资降到发展中国家的水平但是挖掘所有的潜力来提高生产力，这些公司在价格竞争中也能成功（Fuchs and Renn，2002）。

另外，组织间和跨组织合作的问题也解决得很慢，这对公司的创新能力产生了负面影响。1996年在所做的一次企业调查的基础上，贝克希尔和朗（Bechtle and Lang，1999）将巴登－符腾堡州各家公司的创新情形的特点总结如下：会议、交易会、专业化的文献和客户公司扮演着新技术发展的最重要的信息来源的角色，而大学、供货公司和技术转让中心则很少被算作重要的信息来源。创新过程中的合作也主要在供货商和客户之间进行，而诸如大学、研究机构、咨询公司和技术转让中心等机构的影响则非常有限。

两位研究者认为他们的调查结果表明这些公司有很强的自我为中心的心态，而这种心态是基于自己发明的哲学上的，所以他们更喜欢内部解决问题。各家公司因为担心丢失知识而不进行合作。普遍来说，他们都确信自己拥有所需要的全部知识，而这种知识都是在自己员工内部逐步积累起来的。因为可以让人获得在自己公司所得不到的知识，所以合作也可以加快并改进创新的过程，但是他们却很少承认是这样。巴登－符腾堡州的公司不仅是在各自为政地搞着创新，而且公司内部生产和创新之间的界限也非常严格。这意味着公司网络和智能工作组织的学习潜力都没有充分挖掘出来（Kern and Sabel，1994）。

然而，一些公司组织创新过程的方式最近发生了一些变化。不仅核心公司和供货商之间的价值链中有了合作，而且在市场上竞争的制造商也在新知识和新产品的开发上有了更多的合作。尤其是正在蓬勃发展的数字网络业，它不仅为生产和创新网络的横向发展而且为生产和创新网络的纵向发展做出了贡献（Fuchs and Renn，2002）。与此同时，各家公司也开始将创新功能的权力下放。在许多公司，身怀多种技能的工人成为新创新战略的核心要素。然而，在大多数情况下，新型的知识型工人的创新潜力并没有得到充分的发挥，原因是计划和开发的任务仍然高度集权化（Wittke，1995：731）。

采纳精益模式也引起了一些矛盾；实际上它给公司内部正在发展的创新活力带来了危险。作为精益生产核心要素的利润中心概念，其目的是严格控制资源的使用，这时却变成了公司创新潜力的关键问题。职业培训（一直是巴登-符腾堡州大公司的核心活动）和研发都成了要修正的目标，所以，这两项工作都必须为自己正名。各家公司越来越认为这些成本只是管理费用，可以很容易地缩减掉（Walla，2002）。如果各家公司继续降低培训和研究预算，短期来看他们有可能提高自己的竞争力，但是长期来看却会失去竞争力，因为他们供产品和工序持续性现代化的资源可能会枯竭。生产更具创新意义产品的可能性尤其会更小。众多的中小企业将来都没有了继承者，这一事实会减缓他们的创新活动，因为公司现在的拥有者不准备冒险。

巴登-符腾堡的公司在高出口率的基础上推行他们的利基市场战略，这意味着他们没有开发自己关于如何开辟新市场的专门知识。尤其是，由于失去了这种专门知识，巴登-符腾堡的公司在全球生产和创新战略的开发方面落在了北美和日本竞争对手的后面。戴姆勒-奔驰与克莱斯勒的合并以及这家新公司在三菱公司的投资表明他们对以出口为导向的战略做了重大的修改。这家汽车制造商首次在这个三分天下的经济中所有三个部分里都有了代表，这一事实表明它已真正发展成为一个全球性的巨头。❶

然而，该地区的中型公司效仿的速度却很慢，在是否建立全球性的生产网络问题上他们犹豫不决（Schäfer and Hofmann，2002）。他们越来越努力地利用邻近的中欧和东欧的低员工成本来建立其战略生产网络，但是由于严重的质量问题，他们并非总能成功。这一点可以解释，为何机械工程和汽车业当地供应的份额（本已经降到了50%），最近几年再次提高了。但是一些公司感到了压力，因为为了保证他们作为系统供应商或第一级供应商在生产链中的优势地位，他们必须要提高其全球生产、营销

---

❶ 德国汽车制造企业的全球化战略不是很成功。与克莱斯勒的合作导致长期的亏损。戴姆勒-克莱斯勒在三菱公司的投资产生了重大的经济问题，继而使得投资终结。

和研究的能力。从地区供应商开始成为全球性的供应商，博世公司就是一个很好的例子。

这些评述表明在20世纪90年代巴登－符腾堡的公司开始做了重大的调整，目的就是要夺回他们因利基市场争夺更加激烈、规模也越来越小而失去的全球竞争优势。然而，他们所采取的结构调整措施是否足以让他们保持经济增长，这尚待以后见分晓。尽管这些公司确信自己为了重振竞争力已经采取了必要的措施，但是就调整措施的根本性质及这些措施能否对生产力和创新力产生重大的影响，国外的观察家们则更持怀疑的态度（Naschold，1996）。此外，还要考虑的一个事实是，精益生产模式作为调整模式产生了新的矛盾，这些矛盾尤其对公司的创新能力有着不利的影响。

**产业的服务化？**

巴登－符腾堡的工业实力也表明了该州经济的弱点：它的服务业相对较小。在整个德国，早在1987年，服务业雇佣人员的比重已经超过了50%，而在巴登－符腾堡州，直到1995年服务业的人数才超过了半数。在斯图加特地区情形也是这样，尽管州府一般来说都是服务业的中心城市。虽然与其他大都市（汉堡、慕尼黑）相比，斯图加特地区的就业岗位要高于平均数，但是其服务业的比重却低于平均数（Strambach，2002）。❶

虽然最近几年与德国大多数地区相比斯图加特地区的服务业发展得更加迅速，但是2002年服务业员工的比重仍然低于60%，比德国全国的平均水平要低得多。而与其他以服务业经济为特点的国家如英国相比，德国在第三产业进程化中也远远落后。然而，如果我们把焦点放在职业上来看，向服务业社会发展的趋势还是明显的。2002年，巴登－符腾堡州70%以上的所有雇员都从事着服务工作，而从事制造工作的雇员比重还不到30%。

在各类服务业部门，商业服务尤其是知识密集型服务业（咨询、工程、营销、研发等）表现出了蓬勃发展和充满创新活力的势头。2002年，巴登－符腾堡州商业服

---

❶ 与其它大州和都市群相比，巴登－符腾堡的情形也是一样。

务业的营业额约占行业营业额的 7% (Lay et al., 2000)。斯图加特地区知识密集型服务业的比重仅占整个服务业的 13%,远远落后于欧洲其他的大都市地区 (Strambach, 2002)。❶然而,也需要考虑,在斯图加特地区以及巴登-符腾堡州,商业服务的功能往往都在产业公司内部进行,而不是在独立的服务公司里进行。制造业中约 40% 的雇员做着服务性的工作。

不过最近几年,全部提供的知识密集型服务的比重有了很大的增长 (1998: 53%)。然而与地区提供服务增加的总的趋势相反,知识密集型服务往往都是从地区以外甚至国外购进来的,这一事实证明这个部门的服务业现在仍然很弱。这里有一种风险,由于服务业的弱势,中小企业尤其认为知识密集型的服务不重要。自给自足所占比重之大很有可能危及到专业化和优化组合的进程 (Fuchs and Renn, 2002)。

知识密集型服务企业在地区创新的体制中也可以起重要的作用。一方面,尤其是以技术为基础的知识密集型服务企业本身就是创新的制造者,而另一方面,通过在各个不同公司之间起着桥梁的作用,这些知识密集型服务企业也参与了知识的传播和外部知识的传递。很有可能的是,以技术为基础的知识密集型服务业通过扮演刺激创新的催化剂的角色,可以为巴登-符腾堡州经济的稳定和扩大做出贡献。然而,这个州的一个特殊的问题是,许多知识密集型服务都是公共或者半公共机构所从事的,这一点有可能阻碍私营积极性的发展。

## 机构环境

为了解释巴登-符腾堡州在战后时期的经济繁荣,研究者们常常提到那里所存在的浓厚的机构背景 (Semlinger, 1996)。本节我将分析其中的一些机构以及它们对该州经济成就的贡献。但是我也要提到机构的锁定现象,因为这个现象可以解释早期机构适应和创新学习中的问题。我还要谈科学和知识转换体系、教育和培训体系、金融体系、产业关系体系和文化体系。然后,我要探讨技术和创新政策中的变化。

---

❶ 不过,知识密集型服务业这么小的比重,也许部分是研究方法问题造成的。

这里，巨大的技术进步是和高花费有着密切关系的，它们帮助公司挖掘了现有发展路径的技术潜力。但是这种对现有产业群的特殊关注也可以说明为什么巴登－符腾堡州在高科技和其他有前途领域中存在着某些弱点的原因。在研发和技术转让领域里建立机构和发展机构，这一成绩并不是经过规划而取得的，而是为了保持现状所采取的保守做法，这一点我们可以给予批评。因为从某种程度上来说，巴登－符腾堡经济失去了竞争力也许就归咎于这种机构背景。

在技术转让领域所建立的各种机构相互间几乎没有合作，这一事实也被认为是一个缺点，因为这些机构所提供的往往并不是最佳方案（Cooke et al., 1993）。人们甚至产生了疑问，说减少这种机构的数量是否可以提高效率，因为这里密如蛛网的公立和其他的机构已经给人带来了太多的困惑，它们所提供的许多服务项目几乎毫不协调配套。

**教育体系**

职业培训和职业化的基本体制经常被认为是德国生产模式的一大优势。事实上，从技术工人到技术员再到工程师的相互重叠、环环相扣的资格认证结构保证了将技术密集型的概念成功地转换到商业现实中（Naschold, 1996: 196f.）。以制造业为导向的生产模式和职业培训制度起着相互稳定的作用。

然而，实际的运作水平却离这种培训制度相去甚远，产业部门仍然有大批工人或是根本没有技能或是只能算作拥有一半的技能。尤其是在汽车业，有相当数量的技术工人只做着半技术的工作（Schöngen, 1993）。技术工人的这种高能低就的现象抵消了高效的职业培训制度的优势。所有公司中只有20%的公司为工人提供进一步培训，而在大多数情况下，非技术工人和半技术工人又一次被排斥在了培训之外（IAW/ZEW, 1993）。

一些批评者认为，德国的职业培训制度变得越来越失去了其功能，因为在新的权力下放的组织形式的条件下，职业之间的区别开始变得模糊起来，复合型人才变得越来越重要（Geissler, 1991）。德国高度专业化的职业培训制度过于僵化，已培养不出日益需要的"多技能型工人"。此外，培训制度太过于注重那些需求很可能减少的职业，而未来看好的信息技术培训却很落后，尽管最近引进了新的信息技术的职业。自从20世纪90年代以来，技术需求和技术供应之间的这种不匹配现象致使许多技术工人失了业。

技术学院和理工学院的这种职业培训制度推动了高度职业专业化这一事实一直受到批评，因为这种制度在复制着没有多少横向合作的强大的等级制（Kern and Sabel, 1994）。由于这种僵化的制度，几乎不可能容许公开的信息交流和知识的整合（Lullies et al., 1993：59）。人们之所以批评巴登-符腾堡各家公司的产品"过于工程化"，究其原因，就是在横向和纵向分界线上，各职业集团之间经常发生权力和名声的冲突。各专家小组不是寻找最佳方案，而是努力使自己二流的部分性的解决方案被接受，从而导致开发出了高度复杂的产品，而这些产品在东南亚、南美甚至中欧和东欧的新兴市场几乎卖不出去。

人们还可以提出质疑的是，德国的以实践为导向的双重职业培训制度是否能够达到新兴的知识社会对技术的要求。这种制度可能服务于那种渐进型的技术变化过程的要求，因为在这种过程中典型的做法就是边做边学。然而在知识社会，必须要开发对新的和复杂的问题更全面的解决方法。公司的雇员们都面临着对自己认知能力很高的要求，因为他们必须要应付的是挑选、分析、判断和解析越来越多的各种数据。

1999年，巴登-符腾堡州所有雇员中有60%完成了职业培训但是只有约8%的人完成了高等教育，数字远远低于加拿大、美国、芬兰、日本或瑞典等国家的水平（OECD, 2001），这一事实表明该地区的经济还没有为兴起的知识经济做好准备。教育和培训制度对引进以信息技术为基础的生产工序和开发以信息技术为基础的产品都可能成为一个制约的因素，因为达到高等教育水平的学者寥寥无几。

另一方面，所有雇员中约有23%的人没有职业学校的资格，这一事实可能引发劳动力市场产生分割过程。在越来越以知识为基础的经济社会里，这些工人若想找到长期的工作也许会非常困难。有这样一种危险，即将来当低生育率年龄段的人进入劳动力市场时，随着对高资质员工需求的增加，会出现非技术工人与此相应的高失业率。

**金融体系**

巴登-符腾堡州的地区银行也被列到对战后经济成功做出了巨大贡献的机构之中（Sabel et al., 1989）。信用社团、信用合作银行（Raiffeisen Bank）和储蓄银行基本上来说一直是中小企业的主要融资机构。与此同时，该地区最重要的公司的老板或者高管也一直是这些金融机构的管理委员会成员。由于这些联系，地区银行对该地区的经济形势以及其客户的优势和弱点都了如指掌，因此能够为他们提供量身定做的咨询和金融服务。

该地区的银行体系很完美地融入在巴登-符腾堡州经济的渐进型创新格局中。连续的生产开发所含有的投资风险相对有限。而另一方面，没有经过多少估算的更为激进的创新对于这种小型的金融机构则风险太大。能够表明该地区金融体系特性的事实是，大多数供应公司都集中在这个地区，这些地区银行对本地市场尽管了如指掌，但是对全球经济形势和国外市场却很生疏。因此，随着经济全球化的趋势，他们的咨询和金融服务开始不到位了，各家公司对本地区银行的支持也越来越不满意（未来委员会"经济2000"，1993：39）。再者，新建立的以技术为基础的公司却很难得到金融支持，因为银行的主要精力都放在了他们的老客户上。此外，在对风险资本的准备程度上来说，德国比美国也差得很远。

由于风险增加并受到创纪录债务的震撼，金融机构越来越不情愿给中小企业贷款，其结果就是这部分公司的财务状况日益困难。由于银行控制了贷款，传统的融资来源已经枯竭。而另一方面，许多中小企业也抵制外来资本。正如我们所提到的那样，这可能会成为严重的问题，因为在不久的将来，许多中小企业将后继无人。这些公司需要寻求外来投资以获得生存。

早些时候金融机构还选择用"声音"来影响企业的决策，而现在他们往往更喜欢选择用"生存"。德国证券交易所的新市场（Neuer Markt）创建时的初衷是为了帮助高科技中小企业获得资本资源，然而它的倒闭却增加了这些企业迅速增长而需要的融资的难度。根据外界专家的看法，德国的金融体系由于其高分割化现象已经陷入了深深的危机之中，而重新获得竞争力还得需要几年的时间。小型的金融机构尤其有倒闭的风险，因为无力偿还的债务数目在增长，而注销坏债的必要性也增加了。很自然，这对整个经济及经济振兴和创新的潜力都有负面的影响。巴登－符腾堡州中小企业日益加剧的困难很有可能对该州经济和德国全国的经济是个沉重的打击。有迹象表明银行准备增加它们给中小企业的贷款，但是他们不接受任何额外的风险。

**产业关系体系**

除了研发体系、教育体系和金融体系之外，产业关系的体系对巴登－符腾堡州经济的生产力和创新力也有着重要的影响。德国产业关系模式的特点是冲突规则的合作模式（cooperative model of conflict regulation），这个模式让工会在制定规则的过程中有很大的影响。在全国尤其是在金属行业的谈判过程中有着开拓者角色的巴登－符腾堡州，冲突规则的合作模式建设得很完善，部分原因是这里工会工人的数量非常大。

大型汽车制造商在巴登－符腾堡州的产业关系体系中扮演着至关重要的角色。这些汽车巨头不仅在金属业的谈判过程中起着主导的作用，而且，由于关键性的谈判经常发生在这个行业里，所有它们对整个产业都有着重大的影响。因为罢工行动都会产生非常消极的效果，所以大型汽车制造商们尤其看重维持产业的和平。20世纪90年代初，戴姆勒－奔驰公司的董事长埃查德·罗伊特（Edzard Reuter）将其特点归纳如下："巴登－符腾堡州的大型汽车制造公司已经习惯于向工会做出让步，尽管它们知道这样做早晚会导致严重的经济问题"（Gow，1993）。然而另一方面，那些不太富有、对成本很敏感的中小企业的利益则在整个产业的谈判过程中几乎不被考虑在内。大型汽车制造商开始将全球化过程所带来的越来越大的成本和价格压力转嫁给供应商之后，这些中小企业的经济情况每况愈下。所有这一切都导致了各个供应行业的萎缩继而又导致了大批的工人失业。

随着各家公司在其中所运作的社会—经济环境越来越不同于从前，要想将工作和操作的规章制度（工资、工作时间等等）都标准化的可能性也就越来越小，可是将规章制度标准化却是产业范围内谈判产生功能的先决条件。当公司开始达成公司一级的协定从而破坏了集体标准的效力时，所有产业范围内的协定都会受到越来越大的压力。为了保证自己公司的生存和竞争力，工作委员会（work council）就公司一级的协定进行谈判，继而承担起了更大的责任。

在工会内部，对谈判权力如何下放和工作规章制度如何弹性化的争执非常激烈。现代派们说，由于各家公司根据自己的经济情况而相互之间疏远起来，所以采取适应性的措施是必然的，而其他派别则坚持根据整个产业范围内的协定来实行高工资策略，并论证说德国和巴登－符腾堡产业的实力从来没有基于低工资上而是基于高度发达的产品工程和高质量的生产上的（Roth, 1992）。他们认为，能解释德国这个州成功的就是这个事实，即这里发展了高生产力和高工资制度。

工会由于只注重了高工资等方面的问题，因此在组织改革以及与之配套的培训措施等过程上则没有多少影响。在重建结构的过程中，工作委员会由于得不到工会的任何支持只得全靠自己的努力去做为。所谓的那种"能力陷阱"（competence trap）（Lilja, 1998）就描述了这样一种情形：工会内部的各级组织以及其官员的专业化知识根本不实用，他们应付不了关于工作组织、技能或管理等方面的问题。那么，当企业谈判这些问题时，工会就没有多少机会支持工作委员会。如果我们去看雇主联合会，也会发现同样的"能力陷阱"。

除了工作和操作规程都出现了松动和权力下放的现象（Naschold, 1996）而且开发了公司一级的劳工关系之外（Braczyk and Schienstock, 1996：326f.），公司一级的谈判人和他们的代表实体这两者之间的关系也产生了疏远。但是现在判断这些趋势是否会导致产生以牺牲传统的产业范围的谈判制度和代表参加制度为代价的新的公司一级的谈判制度还为时尚早。从形式上说，工会在与时俱进的工资待遇或者劳动小时数等传统的分配问题上谈判的立场一直都很坚定（Kern, 1994）。然而，人们还是有些怀疑，这种解决冲突的合作模式是否会在巴登－符腾堡州以及德国全国生存下来，因为传统的高生产力和高工资制度受到了越来越大的压力。

**文化体系**

科学家们反复强调，在工业化国家中已经发生了一种根本的价值变化（Inglehart,

1977)。他们论证说,诸如忠于职守、决心和持之以恒等旧的价值观已经失去了重要性,而所谓的创造力、实现自我价值和享受工作等自我发展的价值观却变得越来越重要。正如克拉格斯(Klages, 1966)所论证的那样,价值观的变化在德国尤其普遍。

这是不是说,巴登-符腾堡州经济成功背后的文化基础正在受到损害呢?事实上,被看做巴登-符腾堡成功故事中重要因素的传统价值观今天被人们以更挑剔的眼光来判断着。比如,渐进型创新的模式曾被看做是以质量为基础的利基市场战略的关键成功因素之一,一直被归因于斯瓦比亚人修修补补的手艺。然而,这种对修修补补手艺的爱好却被消极地描述为"对技术有瘾",说那是为了技术而发展技术。由于这种爱好导致产生了技术的复杂性而且走向市场花费了更长的时间,所以在全球化的经济中,它成为了一个不利因素。

先前提到过的作为企业家精神重要特点的独立的进取精神,也被解释为没有能力和不愿意合作,并被指责造成了公司没有能力生产出更具重大创新意义的产品,因为这得依赖各公司之间进行广泛的信息和知识交流。而先前被积极地评价为具有联合优化能力意义的"争取一致性的冲突解决方案的努力",现在也被看做是阻碍开发更重大创新的关键因素,因为这种努力更多的是缘于争吵和冲突(Naschold, 1996; Morgan, 1996)。

然而,传统的价值观绝非过时。重要的是开发出一种新的价值体系将新老价值观都联在一起。这会给传统的、更为保守的产业带来新的动力,与此同时,新的充满活力的产业也将会有一个坚实的价值观基础。此外,这种文化基础会给新老产业之间的合作带来极大的便利,因为它们之间的合作往往由于价值取向不同而失败了(Leibinger, 2002)。

巴登-符腾堡州的企业为什么更关注渐进的而不是更激进的创新呢?该州文化体制中有着一种极为流行的避免风险的趋势,这种关键的因素至少在某种程度上可以对此给予解释(Bechtle and Lang, 1999: 62ff.)。重大的创新意味着要把不同的知识储备联系到一起,还要把具有不同文化差异的思维和推理方法维系起来。然而,将这些不同的东西牵到一处这种做法会产生更多的复杂化,因此就意味着更高的失败风险:

引进的复杂的东西越多,创新决策所带来的风险也就越大。

准备冒风险的心态需要你去做熊彼特类型的企业家,而这种企业家类型与斯瓦比亚手艺人的心态是相矛盾的。此外,家族企业和大公司的管理一般都是由工程师作为领导者,其遵循的策略往往都是应对低风险和很容易估算出的风险。这样的做法所产生的结果就是注重渐进的、路径依赖型的创新并只和所熟悉的人进行合作。然而,这种闭关自守的策略却有着骄傲自满的风险,这一点可以说明为什么巴登－符腾堡州的各家公司忽略了20世纪80年代末经济下滑的最初迹象,以及它们为什么对90年代的经济危机很晚才做出了反应。当经济危机迫使企业采取更大的变革措施时,该州特殊的工程文化背景(Cooke et al., 1993)才开始受到挑战。然而,进行更为激进的变革所必需的那种企业家文化在巴登－符腾堡仍然还没有出现,能表明这种停滞不前状态的是反而出现了少量的由母公司抽资摆脱而产生的新公司和新企业。

此外,由于高风险技术的发展,越来越多的人反对突出发展技术的方向,这一现象被认为是阻碍重大创新的发展和传播的主要因素。下面我来引用未来委员会"经济2000"报告的内容:

在德国,人们面向信息时代高科技社会发展的进行结构变革的意识没有日本和美国那样强烈,也赶不上法国和英国。我们有一种保持现状的心态,而这种心态导致社会越来越闭关自守,社会里众多的中小型压力集团都反对变革。那些害怕技术并反对技术进步的少数派却有着相对很大的影响力。就高科技领域的投资而言,这种心态是德国最严重和最基本的定位劣势。

这份报告强调了克服这种心态的重要性,因为正是这种心态在反对着巴登－符腾堡州经济为了重振其全球竞争力所开展的技术进步运动。❶

然而,若想实现一种根本性的文化变革是非常困难的。正如富克斯和雷恩(Fuchs and Renn, 2002)所论证的那样,这需要建立一种新的技术发展和创新模式。要想建立这样一种模式,需要复杂的网络结构内的生产者、消费者、公众、政客

---

❶ 然而,实验调查结果表明,德国人一般并不反对技术进步;他们主要反对在某些高科技领域里进行高风险的技术运用。

以及中间机构之间的密切互动。这种非常规的网络为新的和往往是激进的技术和社会创新提供了一个培育基地，这个培育基地同时又能限制社会和生态的风险。

更为认真地看待创新过程中社会和生态方面的后果，不仅会提高全球竞争力，而且还会有助于减少某些人群对技术的怀疑。创建这种网络主要是公司的任务，中间层然而，创建的工作也可以得到中间机构和决策者的支持。在巴登－符腾堡州，通过设立创建竞争力和可持续经济的论坛，已经启动了一些政治程序来支持公司的网络活动。然而，这种模式不能以自上而下的方式来贯彻执行，必须通过技术制造者、技术使用者和那些受到技术影响的人之间激烈的争论之后才能发展下去。在德国的这个州，一个新的模式要成为技术发展过程中关键的指导准则还要假以时日。

## 结论

上述论证表明，巴登－符腾堡州支持经济发展的机构体系很是复杂。然而，一些批评人士认为，在这方面，巴登－符腾堡州与欧洲及世界上其它经济成功地区相比几乎没有区别。德国其它成功稍差的地区也有着类似稠密的支持机构。这使得评估这种机构背景对巴登－符腾堡经济成功所做的质量贡献有些困难。很明显，经济成功所依赖的与其说是机构的密度，不如说是机构的特点及其特殊的贡献和表现（Heidenreich and Krauss, 2004）。

稠密和相对稳定的机构背景也许对巴登－符腾堡的经济成功做出了贡献，其贡献的方式是通过支持现有发展路径内的渐进型创新。然而，在经济危机和根本性的技术变革进程中，机构背景对技术变革和创新过程的轨道制约也许造成了一种锁定的局面，因为昨天成功的配方已经被确定并且成为了建设新发展路径的绊脚石。我们可以用证据表明，巴登－符腾堡的机构背景起到了这样一种作用：只要技术—经济形势非常稳定，各家公司就能够广泛地挖掘传统发展道路的生产力和创新潜力。然而，这种适应性的学习方法妨碍了积极探索外部风险和机会的具有创新意义的学习方法。巴登－符腾堡州为了重现其全球竞争实力，必须从体制方面下手，进行某种预期的机构改革和文化更新。尽管最近几年已经进行了一些机构改革，但还必须采取更大的措施。在新的技术发展指导原则产生效果之前，文化改革的路程仍然还很漫长。

## 技术和创新政策

德国的探寻者想给技术—经济发展施加重大的影响,但是其机会从几方面来说却减少了(Sturm,2002)。首先我们可以说,以全球发展为目标的公司越多,决策者尤其是地区一级的决策者的影响就越小。巴登－符腾堡情形就是这样,这里政府的技术和创新政策尤其是聚焦在中小企业上。

从体制上来说,德国一个州的政府所能运作的空间受到了欧盟和联邦政府的限制。例如,就财政收入最重要来源的税收而言,巴登－符腾堡州政府与联邦政府以及所有政府都达成了一个协定。在重大的合作项目上情形也是一样,比如建立新的大学或者改善地区的经济结构等。

除了一些小的例外,州政府旨在为地方公司创造优势所提供的补贴款都被欧盟所控制,因为欧盟在努力阻止任何不公平的竞争。这就是说,一个州政府只能在欧盟所划定的界限内执行自己的经济发展政策。而另一方面,欧盟则通过不同的项目比如结构基金、团结基金或者区域研究项目(INTERREG)等来影响地区的发展。然而,巴登－符腾堡州只是在很小的程度上从这些项目中受益。

巴登－符腾堡的地区政府集中采取了一些措施来改善研究和技术开发问题,还进行了技能培训项目,其目的是让中小企业实现产品和生产工序的现代化(Bernschneider *et al.*,1991)。这些领域变得越是重要,国家政府所执行的宏观经济政策就越受到限制,因为这些限制是通过对全球市场的控制和欧盟在国家债务的指导原则上实施的。通过完善职业学校体制和支持在职培训,通过建立众多的与产业相关的研究机构和技术公园,通过开发密集的技术转让机构网络,地区政府已经创建了一种以坚定务实方向为显著特征的机构环境。

在20世纪80年代,巴登－符腾堡从程序上和概念上率先在德国制定了一项新的干预性的技术和创新政策。这个州代表着"选择性社团主义"(selective corporatism)(Sturm,2002);只是到了80年代末,工会才成为政策制定过程中的一个参与者。日本的"技术社会"(technopolis)等知识转让的国际模式概念也得到了效仿,比如科学城乌尔姆所展现的那样。通过建设所谓四大汽车创新基地（除了巴登－符腾堡之外，还有伦巴第区、莱因－阿尔卑斯区和卡塔洛尼亚区），建立了与外部的联系。然而，20世纪70年代和80年代巴登－符腾堡的技术政策几乎不能说是前摄性的。那时技术政策的重点是将现有的产业结构巩固得更加有效，而不是为开辟新的发展路径打基础，进行预先的制度变革（Braczyk et al., 1995）。

在20世纪90年代初，关于政治是否会影响经济过程的种种期待得到了认真的考虑：政府开始以一种新的方式来解释自己在技术—经济发展过程中的角色。政府再也不能以那种官僚式的自上而下的方式来掌握经济进程的方向，而是应该作为各种未来对话的调解者、作为新发展项目的发起者、作为正在开展的重建过程的支持者，以及作为社会未来职权范围的提供者（未来委员会"经济2000"，1993）。在以未来为主题的对话中，合作的过程成为了产品不可缺少的一部分（重新获得全球竞争力）（Morgan，1996）。网络现代化的概念成为一项新的创新政策的核心（Sturm，2002）。在这一方面，自行组合的原则变得愈加重要，比如在汽车业发起了一些联合倡议，各大公司、工商会和金属工人产业联合会都派代表参加了。

地区政府开始调整自己的技术和创新政策以适应新兴知识社会的要求并且更加注重高科技领域的开发，这主要是受未来委员会"经济2000"（1993）所提建议的驱动。新的亚区域产业群的开发可以被看做是组成了新政策方法的核心（卡尔斯鲁厄技术工厂、腓特烈多媒体地区或者曼海姆国际以及乌尔姆生物区和上莱茵生物谷）。支持价值的评估仍然由地区政府来做，而项目的实施则由分区的决策人来负责。一般认为，鉴于他们事实上和空间上的距离非常紧密，他们能够开发出更高效能的策略并将宏大的项目变成具体的实践。

由于采用了这种策略，地区政策中实现了某种自下而上的因素，而那种政府干预的概念则被抛弃了（Sturm，2002：291）。然而，这种将重点放在地方网络上的政策能否有助于发展有竞争力的新产业群还是引来一些人的怀疑。他们责备这种亚区域策略，说它并不是什么精心开发的新政策方法，而只代表其采取实用主义的态度、全盘接受了巴登－符腾堡州多中心的特点。此外，由于许多公司都与这种主导产业群的以需要为导向的网络联系紧密,所以跨产业网络的开发一直都比较困难。

20世纪90年代建立了两个新颖的机构:一个是跨部门创新顾问委员会,另一个是技术评估学会。创新顾问委员会的宗旨是通过收集和提供最新技术发展的信息来支持地区政府发展创新和技术政策。建立技术评估学会的想法是源于一种以对话为方向的政策方法,其目的是将不同的相关方和利益集团联合在创新的过程中,并为以未来为方向的论坛开辟一个平台。2003年年末这个新机构的关闭标志着一段努力的结束,即从所谓基于"杂乱的协调"自下而上的方向改弦易辙了。

可以得出结论,新的技术与创新政策方法是基于一种非直线创新模式之上的。它摒弃了单方面的技术方向,更关注组织和其他的社会创新。其目的是开发一种带有活力的创新体制,在这种体制中传统产业和新产业都紧密地联系在一起。表7.1列出了20世纪90年代技术和创新政策中所发生的重大变化。

将来这个产业核心将会失去其对该地区经济的重要性,这一事实将成为公共技术与创新政策的主要挑战。占主导地位的产业群中大公司的经济成功与经济增长和社会福利的发展这两者之间的各种联系开始解除。与此同时,由于全球化的战略、外包和全球转包业务频频,未结盟公司的命运变得越来越独立于地区经济的要求(Braczyk and Krauss,1997:223)。地区创新体制的基础变得越来越不稳定,只有与联邦政府和欧盟进行更紧密的合作,地区政府才能为集中的创新政策留有一定的空间。

表7.1 巴登-符腾堡创新政策中的变化

| 20世纪80年代创新政策的特点 | 20世纪90年代中期之后创新政策的特点 |
| --- | --- |
| 以直线型创新模式为方向的策略 | 以更复杂的创新模式为基础的策略 |
| 注重技术创新及技术转让和传播 | 包括技术、组织和服务创新的积极措施,重点在知识创造、技术转让和传播 |
| 有很强的行业导向的措施,重点是具体的参与者(如中小企业) | 多行业措施将众多的参与者融为一体,包括私营和非私营机构,公司不论大小 |
| 局限于国家和地区一级 | 亚区域知识汇聚的支持,同时还有国际合作的支持 |
| 非常注重结果的措施 | 注重过程的措施,倡导自行组合 |
| 注重传统产业 | 传统产业和新产业的一体化 |

资源来源:摘自Strambach(2002:227)。

## 新产业群的发展

毫无疑问，巴登－符腾堡州经济中根深蒂固的行业部门结构将会经历一场根本性的变革。当然，产业结构的基础将仍然是传统的工业。仅限于主导产业群的产业重组过程再也不足以保证经济的增长和社会的福利，它们作为德国南部经济发展中主要部门的重要性正在被削弱。更近些时候，巴登－符腾堡开始寻找新的增长领域。多媒体和生物技术，当然还有环境技术，已经被确认是发展新产业群的核心领域。

**多媒体**

在有可能组成新产业群的候选产业中，斯图加特地区的多媒体产业也许具有最大的增长潜力（Fuchs and Wolf，1999）。政客和企业界人士普遍认为，斯图加特应该发展成为一个"多媒体城市"或"网络城市"。建立一个多媒体产业群并不一定要从零开始。大约已经有230 000名雇员工作在一个广义上的媒体行业里（Grammel and Iver，1998：17）。一个潜在的多媒体产业群的重要要素已经存在，其中之一就是强大的电子工业。

多媒体行业的发展潜力主要与稠密的机构背景有着联系。尤其是在教育和研究领域，斯图加特拥有着坚实的机构背景基础，足以支持一个多媒体产业群的发展（印刷技术学院、图书馆科学专科学校、斯图加特大学信息科学中心以及夫琅和费工业工程学院）。最近政府还创立了"巴登－符腾堡媒体与影视中心"，该中心是一个特殊机构，也位于斯图加特，其目的是协调该地区的媒体项目并作为举办与媒体有关的各种活动的基地。

巴登－符腾堡电子工业的硬件部门很是强大：该州是好几家大型硬件公司的生产基地，比如塞尔－阿尔卡特、博世电信、国际商用机器和惠普。但是，尽管索尼和诺基亚在巴登－符腾堡还保留着生产基地，但是上述所提到的大公司在20世纪90年代已经关闭了它们在这里的工厂。该州还是一些大型软件生产商的基地，比如SAP，该公司是全世界最大的软件公司之一，但是却没有多少多媒体的内涵。

若想成为德国和欧洲的多媒体中心，斯图加特地区还缺少一些重要的先决条件：

这里既没有强大的电影产业，也没有国家级的报纸。巴登－符腾堡也没有能与德国行业巨头德意志电信公司相匹敌的网络操作系统。在这些方面，德国其他的多媒体城市比如科隆、汉堡或者柏林都拥有自己的优势。通过网络搞创新的能力在多媒体产业发展得还不是很好，这个行业里尤其是中小企业几乎不去利用这里众多支持机构的服务（Fuchs and Wolf, 1999）。在内容和应用开发领域里，众多的中小企业都缺少实力，很难把众多的数目变成一个产业群。

电子工业里较大型的公司在是否加入这个新兴的多媒体产业问题上犹豫不决。这其中的部分原因是，外国的跨国公司在自己的国家都有核心的研究和设计中心（阿尔卡特，国际商用机器和惠普），较大的本地公司又和汽车产业群关系密切，而汽车产业群到目前为止对多媒体还没有多少要求。这些大公司各怀异心追逐着自己的利益，这成了产业组合过程中的一大障碍。这可以从一个简单事实中略见一斑：被称作"斯图加特互动音像服务"（IVSS）的这个迄今为止最雄心勃勃的项目至今毫无进展（Fuchs and Wolf, 1999）。这个项目的初衷是吸引地区企业合作开发新的 i-TV 相关产品和服务。这个项目一开始就陷入了很多技术和组织方面的困境，使得提供电信网络的德意志电信公司撤出了各方约定的试验项目。从本地区的角度来看，这个项目失败所产生的副作用是，在之后的几年中，巴登－符腾堡的其他与多媒体有关的活动都陷入了困境。

只是最近，为了将传统的产业形成一体化使之成为组成多媒体群中潜在的利基市场，才开展了一些新的活动。这种战略在未来也许会产生一些积极的结果。但是，斯图加特是否能够达到这一目标，即发展成为多媒体产业的一个全球网络中心还尚待分晓。斯图加特所定的目标竞争很是激烈。德国其他的以都市为中心的地区似乎已经走在了前面，尤其是因为这里的地区政府还没有去考虑发展以多媒体产业为基础的新的增长路径（Fuchs and Wolf, 1999）。此外，斯图加特这个并不光辉耀眼的汽车工业基地对于充满活力、色彩光鲜的多媒体产业来说几乎没有什么吸引力。

**生物技术**

巴登－符腾堡州生物技术的形式表现出了该地区组成新的产业群所面临的一些问

题。该州的一个中等城市海德堡素以高水平的分子生物、遗传学和癌症的研究而著称。一些享誉世界的研究机构比如德国癌症研究中心(DKFZ)、欧洲分子生物实验室(EMBL)、海德堡分子生物中心(ZMBH)和马克斯·普朗克医学研究所(Max-Planck-Institute for Medical Research)于20世纪70年代和80年代相继在这里建立。然而,这些研究机构所产出的优秀成果却几乎没有被本地区的大型化学和制药公司所利用(巴斯夫、勃林格、现在的罗氏、默克),在20世纪80年代所建立的生物技术公司也很少。相反,对新知识进行经济开发利用却在美国的商业生物技术能力中心所展开(Krauss and Stahlecker,2001)。

然而,最近几年,在改善巴登-符腾堡生物产业的现状方面我们还是看到了一些新的发展(Schell and Mohr,1995;Dohse,2000)。到目前为止,新建的生物技术公司几乎有400家,而且主要位于四个"生物区域"之内(弗赖堡/上莱茵区生物峡谷、莱茵-内卡三角区、斯图加特/内卡-阿尔布区和乌尔姆区)。尤其著名的是莱茵-内卡三角生物区❶,因为在德国政府生物区域计划的框架内,该地区被选作德国该领域三大区域之一。新兴企业的发展带来了一种争先恐后发展的局面,而这种发展局面将会越来越多地受益于这里稠密和具有高度竞争力的机构背景。另外还建立了诸如海德堡创新有限公司和生物科学两合公司,为该领域的中小企业提供金融支持和其他服务。

以建立亚区域产业群战略为基础,该地区的政府采取一碗水端平的态度,对于该州所有四个生态区域都给予同样的支持。这种政策受到了强烈的指责,一些观察家论证说,只有将可获得的资源集中使用在最有发展前途的区域中心,新产业群的组合才能够成功。❷然而,在巴登-符腾堡这个多元和多中心的州里,这种只注重一两个基地的战略几乎行不通。将地区政府和这四个下辖区域之间的关系归纳一下,我们可以说这是一种"联合的决策陷阱"(Scharpf,1986)。

---

❶ 莱茵-内卡三角生物区包括三个州:巴登-符腾堡、黑森和莱茵兰-普法尔茨。不过,位于巴登-符腾堡州的海德堡却是该生物区的中心。

❷ 美国的生物技术产业只集中在少数的几个地区(Audretsch,2001:4)。

的企业正在奋起直追,但是大部分知识密集型商业服务仍然是公司内部进行的。这个事实表明,与独立的知识密集型商业服务公司有关的生产潜力和创新潜力还没有充分挖掘出来。因为独立的知识密集型商业服务公司可以在公司和部门之间起到一种桥梁的作用,所以它们在创造知识尤其是在传播知识过程中起到了重要的作用。知识密集型商业服务行业的发展也可能对创新过程产生一些影响,因为它可以反思这种单方面的技术方法,并对组织和其他的社会创新提供重点的支持。

置身于一种浓厚的能得到许多支持的机构背景之中,这一点经常被认为能给公司在全球竞争中带来决定性的优势,而在这种背景中最重要的就是科学的、能够产生知识的机构环境。然而,就产业与科学之间的关系而言,科学研究对产业需求如果跟得过于紧密有可能会产生相反的结果:当公司的竞争力需要依靠其生产更激进的创新产品的能力时,科学研究的功能化作用有可能会使技术进步的源泉枯竭。毫无疑问,巴登-符腾堡的研发基础设施对核心产业群的高创新能力有着重要的影响(Grupp,2002)。但是,包括高校和传统产业这些产出知识的机构之间链接得很紧密,这一点也可以解释巴登-符腾堡为什么不太可能产出更激进的创新产品的原因。

另一方面,如果知识创造和经济体的生产基础这两者之间不相适应,那么强大的研发基础设施本身并不能保证取得经济成功。例如,人们可以怀疑,只要外国和德国其他地区取得经济成果的可能性高于巴登-符腾堡,那么该州在生物技术研究上所做的巨大投入是否还值得。尽管在科学体系中预期的机构变革对于激发和支持根本性的变革过程很有必要,但是如果不考虑可能的生产基础也是不应该的。

在教育体系中似乎存在着某种迷失方向的现象。职业培训受到了越来越大的压力,因为只注重单一的职业,该体系似乎不太适合给实现重大的组织创新(包括将直接的和间接的生产工作一体化)提供支持;事实上,它越来越被看做是阻碍根本性的组织结构重组的一个因素。人们甚至还可以问,将技术工人放在生产体系中心的这种双重的职业培训体系在新兴的知识社会里是否会有效。这种强大的双重职业培训体制的另一面是，就高等教育水平而言，巴登－符腾堡州以及整个德国都落后于欧盟其他的主要国家。一直都被视为德国生产和创新模式中王牌的职业培训体制最终有可能成为新兴的知识型经济中的一个薄弱环节。

对更灵活的工作规章制度越来越强烈的要求成为巴登－符腾堡产业关系体系的一大挑战。在一种不断变化的环境中工作的灵活化是否会在一种产业关系的稳定体系中产生，解决冲突的合作模式是否还能生存下来，这些现在都很难预测。有证据表明，产业范围内的谈判制度越来越受到公司一级的各种谈判的破坏，因为各公司所面临问题的差异越来越大。德国全国和巴登－符腾堡这个州是否能保持产业范围内冲突解决合作中的优势并在公司的级别上再取得一些自治权和灵活性、谈判是否会更加充满矛盾、产业关系体系因为公司一级重要性的增加是否会分崩离析，这一切都尚待分晓。

已经给未来的发展带来了很大不确定性的根本性变革过程，对地区政府的施政行为也有着重大的意义，即政府将以何种方式诠释自己的角色并如何去执行技术和创新政策。按照官僚主义自上而下方式直接控制技术进步的国家干预主义政策已经被自下而上的方法所取代。更加重视间接控制方法的政府与其把自己看做是参与者，不如说将自己看做各方利益的调节者、着眼未来对话的主持人、新概念和新发展的发起人，以及技术创新的倡导者。"网络型现代化"概念代表着一项新技术和创新政策的核心，自行组合的原则也在变得愈加重要起来。

然而，占主导地位的国家非干预主义思想正面临着越来越多的批评。注重杂乱协调的机制被解释为缺少政府机构的指导。有必要开发一种技术—经济变革的新模式，这种模式不仅为技术发展和经济增长勾画出了可行的路径，而且反映了社会和生态的潜在意义（Fuchs and Renn, 2002）。地区政府对新产业群发展的半心半意的支持表明，它还没有指导变革过程的模式。政府在技术—经济变革上的表现看上去更像是不考虑社会和生态问题地混日子，而不是以模式为导向对经济和社会做任何的指导。开发这种模式会有助于消除人们对技术的怀疑，而这种怀疑态度则被认为是更激进创新道路上的巨大绊脚石。

就传统产业的现代化而言，我们真的还不能说有什么根本性的结构调整过程。尽管巴登－符腾堡州的公司在开辟批量市场时就开始采用了灵活的大批量生产模式（Springer，2001），但是它们所引进的组织创新却没有它们所大肆宣传的那么激进。另外，尽管它们在欧洲市场上有着强大的基础，可是它们全球生产网络的发展却进展得很慢，而它们在新兴市场上的表现还仍然有限。

然而，尽管生产模式中的变化已经开始起作用，但是旨在改善创新过程的努力却没有取得多少进步。更糟糕的是，有的公司为了短期降低成本，竟开始削减自己的研究和培训经费。由于进行更激进的自主创新的能力在全球化的经济中变得愈加重要，所以这种短期思维有可能削弱公司长远的竞争力。尤其是中小企业的命运，它们或是挖掘其原有的创造力，或是陷入更深的停滞不前状态并拖整个经济的后腿。此外，除了与自己的客户发展紧密的关系之外，各家公司仍继续将自己隔离于自己的商务环境。但是为了提高更迅速创新的能力，公司往往不得不寻找拥有互补专业技术的合作伙伴，甚至在竞争对手中间去寻找。由于各家公司不愿合作，因此发展多媒体产业的大型项目无法实施，这表明若想改变巴登－符腾堡州占主导地位的创新模式是多么的困难。

表7.2不仅列举了过去几十年生产、创新模式发生的一些变化，同时还指出了仍存在的一些不足。

表7.2　巴登－符腾堡生产和创新模式中的变化和仍存在的问题

| | 旧模式 | 新的趋势 | 仍存在的问题 |
|---|---|---|---|
| 经济 | 比较封闭（由金融体系所控制）<br>出口型 | 比较开放（金融体系的撤资）<br>在国外直接投资 | 外国直接投资相对很少<br>关注点集中在欧洲，在新兴市场投资很少 |
| 管理结构 | （部分性的）社团主义 | 产业网络（亚区域） | 缺少政治指导 |
| 经济的主要部门 | 汽车产业群（大公司），机械工程产业群（中小企业） | 服务业发展，新产业（生物产业，多媒体）兴起 | 知识密集型服务业发展不够（公司内部生产），新产业和传统产业之间缺少环节 |
| 生产模式 | （灵活的专业化）多样化的质量生产 | 灵活的大规模生产 | 没有整体的结构重组方法，创新模式发展不够 |

续表

|  | 旧模式 | 新的趋势 | 仍存在的问题 |
|---|---|---|---|
| 竞争策略 | 高质量，渐进型的创新 | 价格、时间、创新和质量 | 激进的创新太少 |
| 金融体系 | 发出"声音" | 撤出融资 | 中小企业缺少资金 |
| 产业关系 | 达成共识解决冲突，全产业范围内进行谈判 | 公司层次（非正式的）协定 | 行规遭到破坏，矛盾增加 |
| 政府的主要目标 | 稳步的经济发展 | 全球竞争（成本效益和创新） | 失业增加，福利国家的定位调整 |
| 公民的角色 | 消费者 | 理性的决策者（电子管理） | 低效率的官僚 |
| 文化 | 高度职业道德，避免风险 | 充分发挥个人才能，可持续性 | 传统价值观和新价值观有待于融合 |

## 参考文献

Arthur, W. Brian (1996), 'Increasing returns and the new world of business', *Harvard Business Review*, July-August, 100 −09.

Audretsch, D. B. (2001), 'The role of small firms in US biotechnology industry', *Small Business Economics*, Special Issue, 1-2 (17), 3 −15.

Bassanini, Andrea P. and Giovanni Dosi (2000), 'When and how chance and human will twist the arms of Clio? An essay on path-dependency in a world of irreversibilities', in Raghu Garud and Peter Karnoe (eds), *Path Creation and Path Dependency*, Nahwah, NY: Lawrence Erlbaum, pp. 41 −68.

Bechtle, Günter and Christa Lang (1996), 'Die Grenzen eines erfolgreichen Innov-ationsmusters im baden-württembergischen Maschinenbau', in Hans-Joachim Braczyk and Gerd Schienstock (eds), *Kurswechsel in der Industrie: Lean Production in Baden-Württemberg*, Stuttgart, Berlin, Köln: W. Köhlhammer, pp. 69 −84.

Bechtle, Günter and Christa Lang (1999), 'Risikosteuerung bei Innovationsprozessen im internationalen Regionalvergleich: Baden Württemberg und Emilia-Romagna', Endbericht des von der Deutschen Forschungsgemeinschaft geförderten Forschungsprojektes, Institut für Sozialwissenschaftliche Forschung e. V. -ISF, München.

Berggren, Christian (1992), *Alternatives to Lean Production: Work Organization in the Swedish Auto Industry*, Ithaca, NY: IRL Press.

Bernschneider, Wolfgang, Götz Schindler and Joachim Schüller (1991), 'Industriepolitik in Baden-Württemberg und Bayern', in Ulrich Jürgens and Wolfgang Krumbein (eds), *Industriepolitische Strategien: Bundesländer in Vergleich*, Berlin: Edition Sigma, pp. 57 −73.

Boelcke, Willi A. (1987), *Wirtschaftsgeschichte Baden-Württembergs von den Römern bis heute*, Stuttgart: Theiss.

Boyer, Robert (1991), 'New directions in management practices and work organi-zation: General principles and national trajectories', revised draft of paper pre −sented at the OECD Conference 'Technological Change as a Social Process', Helsinki, 11 −13 December.

Braczyk, Hans Joachim and Gerhard Krauss (1997), 'Neue Herausforderungen an Innovationspolitik: Konsequenzen der regionalen Transformation in Baden-Württemberg', in Udo Bullmann and Rolf G. Heinze (eds), *Regionale Modernisierungspolitik: Nationale und interna-*

*tionale Perspektiven,* Opladen: Westdeutscher Verlag, pp. 219 –49.

Brazcyk, Hans-Joachim and Gerd Schienstock (1996), 'Im Lean-Express" zu einem neuen Produktionsmodell', in Hans-Joachim Brazcyk and Gerd Schienstock(eds), *Kurswechsel in der Industrie: Lean Production in Baden-Württemberg,* Stuttgart, Berlin, Köln: W. Kohlhammer, pp. 269 –329.

Braczyk, Hans-Joachim, Gerd Schienstock and Bernd Steffensen (1995), 'The region of Baden-Württemberg: A "post – Fordist" success story', in Eckhard Dietrich, Gert Schmidt and Richard Whitley (eds), *Industrial Transformation in Europe,* Oxford: Oxford University Press.

Brödner, Peter and Ulrich Pekruhl (1991), *Rückkehr der Arbeit in die Fabrik: Wettbewerbsfähigkeit durch menschenzentrierte Erneuerung kundenorientierter Produktion,* Gelsenkirchen: Institut für Arbeit und Technik.

Brusco, Sebastiano and Charles F. Sabel (1981), 'Artisan production and economic growth', in F. Wilkenson (ed.), *The Dynamics of Labor Market Segmentation,* London: Academic Press, pp. 99 –113.

Bundesministerium für Bildung, Wissenschaft, Forschung und Technologie (ed.) (2000), *Bundesbericht Forschung* 2000, Bonn: Bundesministerium für Bildung and Forschung.

Carlsson, B. and Stankiewicz, R. (1991), 'On the nature, function and composition of technological systems', *Journal of Evolutionary Economics,* **1**, 93 –118.

Castells, Manuel (1996), *The Rise of the Network Society,* Cambridge, MA: Blackwell.

Cooke, Philip and Kevin Morgan (1990), 'Industry, training and technology trans-fer: The Baden-Württemberg system in perspective', Regional Industrial Research Report 6, Cardiff.

Cooke, Philip, Kevin Morgan and Adam Price (1993), 'The future of the Mittelstand: Collaboration versus competition', Regional Industrial Research Report 13, Cardiff.

David, Paul A. (1985), 'Clio and the economics of QWERTY', *Economic History,* **2** (75), 227 –323.

David, Paul A. (2000), 'Understanding digital technology's evolution and the path of measuring productivity growth: Present and future in the mirror of the past', in Erik Brynolfsson and Brian Kahin (eds), *Understanding the Digital Economy, Data, Tools and Research,* Cambridge, MA: MIT Press, pp. 49 –95.

Dohse, D. (2000), 'Technology policy and the regions: The case of the BioRegio contest', *Research Policy,* **29**, 1111 –33.

Dosi, Giovanni (1982), 'Technological paradigms and technological trajectories: A suggested interpretation of the determinants and directions of technological change', *Research Policy,* **11**, 147 –62.

Edquist, Charles and Björn Johnson (1997), 'Institutions and organizations in systems of innovation', in Charles Edquist (ed.), *Systems of Innovation: Technologies, Institutions and Organizations,* London: Pinter Publishers, pp. 41 –63.

Flik, Reiner (2002), 'Von der Agrar-zur Dienstleistungsgesellschaft: Baden-Württemberg 1800 –2000', in Hilde Cost and Margot Körber-Weik (eds), *Die Wirtschaft von Baden-Württemberg im Umbruch, Landeszentrale für politische Bildung Baden-Württemberg,* Stuttgart, Berlin, Köln: W. Kohlhammer, pp. 44 –68.

Foray, David (1997), 'Generation and distribution of technological knowledge: Incentives, norms, and institutions', in Charles Edquist (ed.), *Systems of Innovation: Technologies, Institutions and Organizations,* London: Pinter Publishers, pp. 64 –85.

Freeman, Chris (1987), *Technology Policy and Economic Performance.´Lessons from Japan,* London and New York: Pinter Publishers.

Freeman, Chris (1991), 'Networks of innovators: a synthesis of research issues', *Research Policy,* **4** (20), 499 –514.

Freeman, Chris and Carlotta Perez (1988), 'Structural crisis of adjustment: Business cycles and investment behavior', in Giovanni Dosi, Chris Freeman, Richard R. Nelson, G. Silverberg and Luc Soete (eds), *Technical Change and Economic Theory*, London: Pinter, pp. 38-66.

Fuchs, Gerhard and Ortwin Renn (2002), 'Schneller, produktiver, innovativer: Baden-Württembergs Wirtschaft im Strukturwandel', in Hilde Cost and Margot Körber-Weik (eds), *Die Wirtschaft yon Baden-Württemberg im Umbruch, Landeszentrale für politische Bildung Baden-Württemberg*, Stuttgart, Berlin, Köln: W. Kohlhammer, pp. 140-55.

Fuchs, Gerhard and Hans-Georg Wolf (1997), '"Multimedia-Land" Baden-Württemberg?' in Martin Heidenreich (ed.), *Innovation in Baden-Wiirttemberg*, Baden-Baden: Nomos, pp. 41-59.

Fuchs, Gerhard and Hans-Georg Wolf (1999), 'From the car city to the net city?', in Hans-Joachim Braczyk, Gerhard Fuchs and Hans-Georg Wolf (eds), *Multimedia Regional Economic Restructuring*, London and New York: Routledge, pp. 298-319.

Galli, Riccardo and Morris Teubal (1997), 'Paradigmatic shift in national innovation systems', in Charles Edquist (ed.), *Systems of Innovation: Technologies, Institutions and Organizations*, London: Pinter Publishers, pp. 342-70.

Garud, Raghu and Peter Karnoe (2000), 'Path creation as a process of mindful deviation', in Jussi T. Koski and Suvi Marttila (eds), *Proceedings of the Conference on Knowledge and Innovation*, May 25-26, Helsinki: Helsinki School of Economics and Business Administration, Center for Knowledge and Innovation Research, pp. 234-67.

Geissler, Karlheinz A. (1991), 'Das duale System der industriellen Berufsausbildung hat keine Zukunft', *Leviathan*, 19 (1), 68-77.

Gow, D. (1993), 'Optimistic dispatch from defiant', Reuters, *Guardian*, 18 December.

Grabher, Gernot (1993), 'The weakness of strong ties: The lock-in of regional development in the Ruhr area', in Gernot Grabher (ed.), *The Embedded Förm: On the Socio-economics of Industrial Networks*, London: Routledge, pp. 255-77.

Grammel, R. and F. Iver (1998), 'Mögliche Arbeitsplatzeffekte durch Multimedia in ausgewälten Regionen Baden-Württembergs', Arbeitsbericht 81, 2nd edn, Stuttgart: Akademie für Technikfolgenabschätzung in Baden-Württemberg.

Grupp, Hariolf (2002), 'Innovation durch regionale Kooperation: Forschung und Entwicklung in Baden-Wfirttemberg', in Hilde Cost and Margot K6rber-Weik (eds), *Die Wirtschaft von Baden-Wü rttemberg im Umbruch, Landeszentrale ffir politische Bildung Baden-Württemberg*, Stuttgart, Berlin, Körn: W. Kohlhammer, pp. 206-20.

Hämäläinen, Timo (2003), *National Competitiveness and Economic Growth: The Changing Determinants of Economic Performance in the World Economy*, Cheltenham, UK and Northampton, MA, USA: Edward Elgar.

Heidenreich, Martin and Gerhard Krauss (2004), 'The Baden-Wü rttemberg pro-duction and innovation regime: Past successes and new challenges', in Philip Cooke, Martin Heidenreich and Hans-Joachim Braczyk (eds), *Regional Innovation Systems*, 2nd edn, London: Routledge, pp. 186-213.

Heinemann, Friedrich, Martin Kukuk and Peter Westerheide (1995), 'Das Innovationsverhalten der baden-württembergischen Unternehmen: Eine Auswertung der ZEW/infas Innovationserhebung 1993', Mannheim: ZEW Dokumentation 95-05.

Herrigel, Gary B. (1989), 'Industrial order and the politics of industrial change', in Peter Katzenstein (ed.), *Industry and Politics in West Germany*, Ithaca, NY: Cornell University Press, pp. 185-221.

Herrigel, Gary (1993), 'Power and the redefinition of industrial districts: The case of Baden-Württemberg', in Gernot Grabher (ed.), *The Embedded Firm: On the Socio-economics of Industrial Networks*, London: Routledge, pp. 227-51.

Hilpert, U. (1994), 'Archipel Europa: Regionalisierung internationaler Innovationsprozesse als Problem politisch induzierter sozio-ökonomischer Entwicklung', in U. Hilpert (ed.), *Zwischen Scylla und Charybdis? Zum Problem staatlicher Politik und nicht-intendierter Konsequenzen*, Opladen: Westdeutscher Verlag, pp. 195-200.

Hirst, P. and G. Thompson (1992), 'The problem of globalization: International relations, national economic management, and the formation of trade blocs', *Economy and Society*, **4** (12), 357 −96.
IAW/ZEW (1993), 'Perspektiven des Arbeitsmarktes in Baden-Wtirttemberg', Gutachten für das Staatsministerium Baden-Württemberg, Mannheim und Tübingen (mimeo).
Inglehart, R. (1977), *The Silent Revolution: Changing Values and Political Styles among Western Publics*, Princeton, NJ: Princeton University Press.
Johnson, Björn (1992), 'Institutional learning', in Bengt-Åke Lundvall (ed.) (1992), *National Systems of Innovation: Towards a Theory of Innovation and Interactive Learning*, London: Pinter Publishers, pp. 23 −44.
Kemp, René (2002), 'Environmental protection through technological regime shifts', in Andrew Jamison and Harald Rohracher (eds), *Technology Studies and Sustainable Development*, München and Wien: Profil Verlag, pp. 95 −126.
Kern, Horst (1994), 'Intelligente Regulierung: Gewerkschaftliche Beiträge in Ost und West zur Erneuerung des deutschen Produktionsmodells', *Soziale Welt*, **45**(1), 33 −59.
Kern, Horst and Charles Sabel (1994), 'Verblassende Tugenden: Zur Krise des deutschen Produktionsmodells', in Niels Beckenbach and Werner van Treeck(eds), *Umbrüche gesellschaftlicher Arbeit, Soziale Welt*, Sonderband 9, pp. 605 −24.
Kern, Horst and Michael Schumann (1984), 'Ende der Arbeitsteilung? Rationalisierung in der industriellen Produktion: BestandsaufnahmenTrendbestimmung', München: C. H. Beck.
Kerst, Christian and Bernd Steffensen (1995), Der baden −württembergische Maschinenbau, Ergebnisse der Sekundiirauswertung einer Unternehmensbefrag-ung (NIFA-Panel)', Akademie für Technikfolgenabschätzung in Baden-Württemberg, Stuttgart, unpublished manuscript.
Kickert, Walter J. M. and Joop F. M. Koppenjan (1999), 'Public management and network management: An overview', in Walter J. M. Kickert, Erik H. Klijn and Joop F. M. Koppenjan (eds), *Managing Complex Networks: Strategies for the Public Sector*, London, Thousand Oaks, CA and New Delhi: Sage, pp. 35 −61.
Kickert, Walter J. M., Erik H. Klijn and Joop F. M. Koppenjan (eds) (1999), *Managing Complex Networks: Strategies for the Public Sector*, London, Thousand Oaks, CA and New Delhi: Sage.
Klages, Helmut (1996), 'Chancen des Wertewandels', in Erwin Teufel (ed.), *Was hält die moderne Gesellschaft zusammen?*, Frankfurt am Main: Suhrkamp, pp. 41 −50.
Kogut, B. (1991), 'Country capabilities and the permeability of borders', *Strategic Management Journal*, Special Issue, **1 −3** (12), 33 −47.
Krauss, Gerhard and Thomas Stahlecker (2001), 'Die BioRegion Rhein-Neckar-Dreieck: Von der Grundlagenforschung zur wirtschaftlichen Verwertung?', Arbeitsbericht der Akademie für Technikfolgenabschätzung in Baden-Württemberg, 158, Stuttgart.
Lay, Gunter and Jürgen Wengel (1994), *Evaluierung der indirekt-spezifischen CIM-Förderung im Programm Fertigungstechnik 1988 bis 1992*, Karlsruhe: Kernforschungszentrum.
Lay, Gunter, Thorsten Eggers and Claudia Rainfurth (2000), *Industrie in Baden- Württemberg im Wandel von Produktion zur Dienstleistung*, Karlsruhe: Frauenhofer ISI.
Leibinger, Berthold (2002), 'Schwäbischer Pietismus Feinmechanik: Württembergs "innerweltliche Askese"', in Hilde Cost and Margot K6rber-Weik (eds), *Die Wirtschaft von Baden-Württemberg im Umbruch, Landeszentrale für politische Bildung Baden-Württemberg*, Stuttgart, Berlin, Köln: W. Kohlhammer, pp. 69 −77.
Lilja, Kari (1998), 'Finland: Continuity and modest moves towards company-levelcoporatism', in Anthony Ferner and Richard Hyman (eds), *Changing Industrial Relations in Europe*, Oxford: Basil Blackwell, pp. 171 −89.
Lullies, Veronika, Henrich Bollinger and Friedrich Weltz (1993), *Wissenslogistik: Über den betrieblichen Umgang mit Wissen bei Entwicklungsvorhaben*, Frankfurt am Main and New York:

Campus Verlag.
Lundvall, Bengt-Åke (1992), 'Introduction', in Bengt-Åke Lundvall (ed.), *National Systems of Innovation: Towards a Theory of Innovation and Interactive Learning*, London: Pinter Publishers, pp. 1 −22.
Maier, Hans E. (1987), 'Das Modell Baden-Württemberg: Über institutionelle Voraussetzungen differenzierter Qualitätsproduktion-eine Skizze', Discussion Papers No. IIM/LMP 87 −10a, Wissenschaftszentrum für Sozialforschung, Berlin.
Mayntz, Renate (1996), 'Policy-Netzwerke und die Logik yon Verhandlungssystemene', in Patrik Kenis and Volker Schneider (eds), *Organisation und Netzwerk: Institutionelle Steuerung in Wirtschaft und Gesellschaft*, Europäisches Zentrum Wien, Frankfurt and New York: Campus, pp. 471 −96.
Metcalfe, Stan (1997), 'Technology systems and technology policy in an evolutionary framework', in Daniele Archibugi and Jonathan Michie (eds), *Technology, Globalisation and Economic Performance*, Cambridge: Cambridge University Press, pp. 268 −96.
Morgan, Kevin (1994), 'The effect of restructuring on the regions', paper presented to the European Commission/European Parliament's Forum on the European Automobile Industry, Palais des Congrès, Brussels, 1 March.
Morgan, Kevin (1996), 'Umkehrung der Zermürbung', in Hans-Joachim Braczyk and Gerd Schienstock (eds), *Kurswechsel in der Industrie: Lean Production in Baden-Württemberg*, Stuttgart, Berlin, Köln: W. Kohlhammer, pp. 245 −68.
Naschold, Frieder (1993), 'Globale Innovationskonkurrenz und die Wettbewerbsfähigkeit der deutschen Industrie in den 90er Jahren', Vortrag auf der Fachtagung Lean Produktion des RKW im Mai (mimeo).
Naschold, Frieder (1996), 'Wachstum, Beschiiftigung und Organisation der Arbeit: Einige Anmerkungen aus dem Japan-Deutschland-Vergleich', in Hans-Joachim Braczyk and Gerd Schienstock (eds), *Kurswechsel in der Industrie: Lean Production in Baden-Württemberg*, Stuttgart, Berlin, Köln: W. Kohlhammer, pp. 213 −31.
Nelson, Richard R. (ed.) (1993), *National Systems of Innovation: A Comparative Study*, Oxford: Oxford University Press.
OECD (1992), *Technology and the Economy: The Key Relationships*, Paris: OECD.
OECD (2001), *Science, Technology and Industry Scoreboard 2001: Towards a Knowledge-Based Economy*, Paris: OECD.
Pavitt, Keith (2000), 'Innovation routines in the business firm: What matters, what's staying the same, and what's changing?', paper for a keynote speech at the meeting of the Schumpeter Society in Manchester, 1 July, SPRU, Science and Technology Policy Research, Brighton, UK.
Perez, Carlotta (1983), 'Structural change and the assimilation of new technologies in the economic and social system', *Futures*, **5** (15), 357 −75.
Piori, Michael and Charles F. Sabel (1984), *The Second Industrial Divide*, New York: Basic Books.
Porter, Michael E. (1990), *The Comparative Advantages of Nations*, New York: Free Press.
Roth, Siegfried (1992), *Japanisation or Going Our Own Way? New Lean Production Concepts in the German Automobile Industry*, Frankfurt am Main: IG Metall.
Sabel, Charles F. (1989), 'Flexible specialisation and the re-emergence of regional economies', in Paul Hirst and Jonathan Zeitlin (eds), *Reversing Industrial Decline? Industrial Structure and Policy in Britain and Her Competitors*, Oxford and New York: Berg and St Martin, pp. 17 −70.
Sabel, Charles F. (1995), 'Bootstrapping reform: rebuilding firms, the welfare state and unions', *Politics and Society*, **1** (23), 5 −48.
Sabel, Charles F., Gary B. Herrigel, Richard Deeg and Richard Kazis (1989), 'Regional prosperities compared: Massachusetts and Baden-Württemberg in the 1980s', *Economy and Society*, 18 (4), 374 −404.

Schäfer, Martina and Josephine Hofmann (2002), 'Telekommunikation und Internet als Chance: Neue Konzepte für international wettbewerbsfähige Dienstleistungen in Baden-Württemberg', in Hilde Cost and Margot Körber-Weik (eds), *Die Wirtschaft von Baden-Württemberg im Umbruch, Landeszentrale für politische Bildung Baden-Württemberg*, Stuttgart, Berlin, Köln: W. Kohlhammer, pp. 184 −205.

Scharpf, Fritz W. (1986), 'Strukturen der post-industriellen Gesellschaft', *Soziale Welt*, 37, 3 −24.

Schell, Thomas von and Hans Mohr (eds) (1995), *Biotechnologie- Gentechnik: Eine Chance für neue Industrien?*, Heidelberg: Springer Verlag.

Schienstock, Gerd (1994), 'Technology policy in the process of change: Changing paradigms in research and technology policy', in Georg Aichholzer and Gerd Schienstock (eds), *Technology Policy: Towards an Integration of Social and Ecological Concerns*, Berlin, New York: Walter de Gruyter, pp. 1 −23.

Schienstock, Gerd (1995), *Lean Production: Japan studieren aber nicht kopieren*, Stuttgart: Akademie für Technikfolgenabschätzung in Baden-Württemberg.

Schienstock, Gerd (1997), 'The transformation of regional governance: Institutional lock-ins and the development of lean production in Baden-Wfirttemberg', in Richard Whitley and P. H. Kristensen (eds), *Governance at Work: The Social Regulation of Economic Relations*, Oxford: Oxford University Press, pp. 190 −208.

Schienstock, Gerd and Timo Hämäläinen (2001), *Transformation of the Finnish Innovation System: A Network Approach*, Sitra Reports series, Helsinki: Hakapaino Oy.

Schienstock, Gerd and Bernd Steffensen (1995), '"Lean Production" als Leitbild der Restrukturierung einer Region: Die Wirtschaft Baden-Württembergs im Wandel', in Joachim Fischer and Sabine Gensior (eds), *Netz-Spannungen: Trends in der sozialen und technischen Vernetzung yon Arbeit*, Berlin: Edition Sigma, pp. 347 −82.

Schöngen, K. (1993), 'Abwanderung von Absolventen industrieller Metall- und Elektroberufe aus ihrem Beruf: Strukturen und Grfinde', *Berufsbildung in Wissenschaft und Praxis*, **4**, 14 −17.

Schumann, Michael, Volker Baethge-Kinsky, Martin Kuhlmann, Constanze Kurz and Uwe Neumann (1994), 'Rationalisierung im Übergang: Neue Befunde der Industriesoziologie zum Wandel der Produktionskonzepte und Arbeitsstrukturen', *WSI-Mittei/ungen*, **47**(7), 405 −14.

Schumpeter, Joseph A. (1934), *The Theory of Economic Development*, Cambridge, MA: Harvard University Press.

Semlinger, Klaus (1994), 'Kooperativer Tausch: Preissteuerung und strategische Koordination im Arbeitsverhältnis', in Knut Gerlach and Roland Schettkat (eds), *Determinanten der Lohnbildung: Theoretische und empirische Untersuchungen*, Berlin: Edition Sigma, pp. 258 −81.

Semlinger, Klaus (1996), 'Industrial-district-Politik in Baden-Wfirttemberg', in Hans-Joachim Brazcyk and Gerd Schienstock (eds), *Kurswechsel in der Industrie: Lean Production in Baden-Württemberg*, Stuttgart, Berlin, Köln: W. Kohlhammer, pp. 169 −83.

Sengenberger, Werner and Frank Pyke (1992), 'Industrial districts and local eco-nomic regeneration: Research and policy issues', in Frank Pyke and Werner Sengenberger (eds), *Industrial Districts and Local Economic Regeneration*, Geneva: ILO, pp. 3 −29.

Smith, Keith (1998), 'Economic infrastructures and innovation systems', in Charles Edquist (ed.), *Systems of Innovation: Technologies, Institutions and Organizations*, London: Pinter Publishers, pp. 86 −106.

Springer, Roland (2001), 'Diskursive Koordinierung und Best-Practice-Sharing: Neue Führungsmethoden in der Automobilindustrie', in Gerhard Fuchs and Karin Töpsch (eds), *Baden-Württemberg: Erneuerung einer Industrieregion*, Kolloquium zum Andenken an Prof. Dr Hans-Joachim Braczyk, Stuttgart: Akademie für Technikfolgenabschätzung in Baden-Württemberg.

Statistisches Landesamt Baden-Württemberg (2001), 'Monitor Baden-Württemberg: Materialien und Berichte', **29**, Stuttgart.

Strambach, Simone (2002), 'Change in the innovation process: New knowledge production and competitive cities- the case of Stuttgart', *European Planning Studies*, **10**(2), 215 −31.

Streeck, Wolfgang (1991), 'On the social and political conditions of diversified quality production', in Egon Matzner and Wolfgang Streeck (eds), *Beyond Keynesianism: The Socio-economics of Production and Full Employment*, Aldershot, UK and Brookfield, US: Edward Elgar, pp. 21 −61.

Streeck, Wolfgang (1997), 'German capitalism: Does it exist? Can it survive?', in Collin Crouch and Wolfgang Streeck (eds), *Modern Capitalism or Modern Capitalisms*, London: Sage, pp. 33 −54.

Sturm, Roland with Edmund Ortwein (2002), 'Neben Brüssel und Berlin: Wirtschaftsreform in Baden-Württemberg', in Hilde Cost and Margot Körber-Weik (eds), *Die Wirtschaft yon Baden- Württemberg im Umbruch, Landeszentrale für politische Bildung Baden-Württemberg*, Stuttgart, Berlin, Köln: W. Kohlhammer, pp. 280 −96.

Teubal, Morris (1998), 'Enterprise restructuring and embeddedness: An innovation systems and policy perspective', CRIC Discussion Paper No. 15, University of Manchester.

Trautwein, Joachim (1972), *Religiosität und Sozialstruktur: Untersucht an hand der Entwicklung des Württembergischen Pietismus*, Stuttgart: Calwer.

Walla, Wolfgang (2002), 'Der industrielle Kern: Das verarbeitende Gewerbe in Baden-Württemberg nach Branchen und Regionen', in Hilde Cost and Margot Körber-Weik (eds), *Die Wirtschaft yon Baden-Württemberg im Umbruch, Landeszentrale für politische Bildung Baden-Württemberg*, Stuttgart, Berlin, Köln: W. Kohlhammer, pp. 206 −20.

Wasserloos, Georg (1996), 'Sind wit lean-fiihig"?', in Hans-Joachim Brazcyk and Gerd Schienstock (eds), *Kurswechsel in der Industrie: Lean Production in Baden- Württemberg*, Stuttgart, Berlin, Köln: W. Kohlhammer, pp. 232 −44.

Wengel, Jürgen and Sabine Gagel (1994), *Stand und Entwicklung der fertigungstech-nischen Industrie Baden-Württembergs im Vergleich zu den übrigen Bundesländern: Sonderauswertung yon Betriebsbefragungen der CIM-Evaluierung für die Akademie für Technikfolgenabschiitzung in Baden-Württemberg*, Karlsruhe: FHG-ISI.

Wittke, Volker (1995), 'Das deutsche Produktionsmodell am Scheideweg: Problemlagen industrieller Restrukturierung in den 90er Jahren', *WSI Mitteilungen*, **11**, 723 −33.

Womack, James P., Daniel T. Jones and Daniel Ross (1990), *The Machine that Changed the World*, New York: Rawson Associates.

Zaltman, Gerald, Robert Duncan and Jonny Holbek (1973), *Innovation and Organizations*, New York: Wiley.

Zukunftskommission 'Wirtschaft 2000' (1993), *Aufbruch aus der Krise*, Bericht der Zukunftskommission 'Wirtschaft 2000' des Landes Baden-Württemberg, Stuttgart: Staatsministerium Baden-Württemberg.

# 第8章

## 成熟和富裕的工业化经济体之间的差别
——以瑞典进入新经济和直接经济为例

贡纳尔·埃利亚松

## 进入"新经济"的问题简介

工业化世界位于五维转变之中：（1）新技术正在飞速引领和改变现有的生产组织。现有公司和潜在新公司之间的竞争情况正在被重新定义。我们可以称之为正在崛起的"新经济"。（2）新技术同时支持着生产的快速全球化，重新定义了工业化经济体生产的地缘分布，创造新地区分布，往往超越国家界限并削弱了国家作为主权（政策）经济决策者的经济基础（Eliasson, 2003a）。（3）这种资源上的地理再分配在骤变开始就获得了动力，对2001～2003年的工业化经济衰退产生不平衡的分配和干扰。（4）扭曲的资产价值伴随着金融投资者的无能导致工业化参与者变得过于谨慎和短视，增加了长期投资失误的概率（Eliasson, 2002b）。（5）作为瑞典工业财富的中流砥柱，一些成熟市场中的大公司也陷入了困境或者被外国公司兼并和重组，向市场释放出（或是"泄露出"）尖端科技和高级劳动力。但是，据我们观察，这些不一定会产生问题。经济衰退促进了资源的释放，经济到2004年开始好转。我们分析的基本假设以及接下来会提到的是"实验型组织经济体"（Experimentally Organised Economy, Eliasson, 1987a, 1996a），意思是在资源分配上比"现有"模式更好的分配方式始终存在。资源被大公司牢牢掌控，公共部门在其他地方总是能够得到

## 第 8 章 成熟和富裕的工业化经济体之间的差别

更好的使用。下一节中的"实验型组织经济体"理论提出，实现生产的完全重组需要抓住机会，但也需要建立"新的创新型公司"。地区工业化生产中成功的公司将更加壮大，失败的公司将退出市场，资源得以释放用于在其他地方扩张。这种市场改革也离不开现有的有能力的地区商业经营者和适当的制度支持。

"瑞典政策模式"是以经济上的高效率和政治上私营大企业和社会民主政体间可接受的合作关系为条件，有计划地发展起来的。这种模式刚开始推动了资源的重新分配，但随着大公司逐渐进入"结构维持状态"，他们更倾向于做大生意，对创新型新公司建立和小公司成长形成相对制约。这对生产体系需要的改革越来越不利。为了不错过"新经济"这条船，我们认为应推动一股熊彼特理论式的浪潮，针对现有制度进行创新型破坏，改变已经落后于商业发展的"瑞典政策模式"。我们认为，这种分析可能会夸大事实，但增加了对政策风险的分析。如果预测准确，瑞典工业化财富未来将面临危险；如果我们夸大或是搞错事实，对政策出台也没有坏处。

我们还认为，瑞典的问题在于新技术商业化的能力有限而不是缺乏技术。此外，新技术的供给能力，比本地公司将其适当商业化的能力要强。因此瑞典经济从旧结构到更富生产力和竞争力的新结构的改革，不会由大公司发起和引领。它将以新的创新型公司为基础，同时较以往更需要外国投资者的积极参与。

我们对地区经济进行研究后发现，瑞典自主发展起来的技术得到释放后，通常没有其他地区可以用来重新投放。结果投资者不能在瑞典重新投资而转向别国，机会将因此错失。

以微观公司为基础的宏观分析国家和地区"长期发展分化"的案例的方法已经形成。我们发现，过去成功的工业化国家未必能成为未来的赢家。我们需要问的是，一场相似的工业化改革（工业革命）是否正在 200 年前曾发生过的地方重新上演（参见 Eliasson，2002b；Chapter 2）。当时先进的科技也没能保证工业化的成功，国家间经济的差异成为世界经济的标志。

20 世纪 70 年代的石油危机终结了瑞典经济自工业革命以来 150 年的长期快速发展（见图 8.1 和 8.2）。我们注意到更近期的情况（见图 8.3），瑞典制造业产量在

1992～1994年远落后于其他工业化国家。与经合组织（OECD）平均发展水平相比，瑞典1992年产量削减了约20%。这促使工业研究所（IUI，1993）借助熊彼特理论式微观（公司）为基础的宏观分析，来研究使瑞典经济发生变化的微观要素。

**让新型和小型企业成为瑞典经济的增长引擎**

之后我们发现一小部分大型跨国公司占据支配地位以及创新型小公司和企业家的缺失造成了瑞典制造业的脆弱性，其中部分原因是缺乏多样化，部分原因是不能进行创造性的重组。这一定程度上归结于大公司过去的卓越表现（见Eliasson，1993a），考虑到我们接下来要提到的"实验型组织经济"，瑞典大型制造公司20世纪80年代的出色表现并没有得到预期，我们也没有理由期待这种表现能够重现。甚至即使20世纪70年代中期瑞典大型公司的国内运营遭遇停滞，他们的国外运营依然增长迅速。事实上，瑞典制造公司国内外产量直到20世纪90年代初仍能赶得上经合组织平均水平。但是，瑞典国内制造业生产在1990年前后陷入新一轮停滞甚至是衰退。工业研究所在1993年也注意到这一令人担心的信号，即大公司更多选择成熟产品的全球大宗生产和分配，选择现有生产线的合理化而不是重组和提升以尖端科技竞争为核心的价值链，原因是国内花费过高。最后，僵化的劳动力市场、缺乏对经济和个人竞争力发展的经济刺激以及缺乏对争取就业机会的刺激，被视作是长远看来值得担心的问题，尤其是收入差距不断扩大的缘由。❶一项关于瑞典经济制度特点特别是主要公共领域角色的独立调查也在工业研究所的同一项研究中进行。调查发现，通过新公司建立产生竞争以刺激创新行为和推动改变的经济刺激和竞争，在经济中有七成被规章所禁止（Carlsson，1993）。最后，大型制度化的公共领域被视作是在公民和国家间建立了一个巨大的"毁灭游戏"，公民为来自大型公共预算的政治恩惠而竞争，同时为市场中的收入和个人消费而竞争（参见IUI，1985：Specialstudie VI）。由于公共商品和服务以免费或极其低廉的价格

---

❶ 工业研究所1985年长期报告已经强调了一个预测。

提供，这个游戏没有了稳定的解决办法（"平衡"）而成为对经济的破坏。因此，公共部门被冠以"瑞典经济的灾难领域"的标签。

三种不同的政策被提出来，以带领经济走出停滞。第一是减少经济中的政治色彩，通过明显削减资源从公共预算转化到可支配部分，以集中在市场所不能提供的公共服务上，例如社会和平等服务，以取代市场中的其他部分。研究显示只有大概10%~20%的现有公共支出贡献于个人收入的再分配，其他的公共支出包括个人生命周期中收入的再分配可能从公共预算中剥离出来而被常规的个人储蓄和保险所取代。当公共财政被经济停滞的死水牢牢困住时，另外用作收入再分配的小部分公共收入会首先被触及。所以瑞典不需要为了平均主义政策目标建立庞大的公共部门。恰恰相反，通过逐渐削弱经济发展能力，它在长期内将缓慢走向更不平等的收入和财富分配（IUI，1985）。纠正这一情况及排除税收楔子（下面将会讨论到）的最好方法，就是为公民引入的在税前积累收入（储蓄）的选项，这被称作是"公民账户"，用于特别的个人收入和雇佣提高投资开支。

第二是增加对建立创新型新企业的激励，通过减税和改变瑞典沿用几十年的陈旧政策模式的法律和规章体系，这一体系对大企业进行照顾而对小企业的成长发展带来困难。

第三是重新组织大型的能源使用型教育体系，让它作为生产的基础设施提供者更趋向绩效导向型。私有化、财政的新形势和更高的教育保险会支持这一重新定位。

回顾起来，我们2005年发现了瑞典制造生产的停滞还未结束，但工业研究所研究中建议的政策在最初十年很少被采纳制定。即使在瑞典制造业产量在1994年左右降至谷底并开始比经合组织预计的速度更快地回升的一段时期，这种不同仍被保持着。即使瑞典制造业产量从1993年开始逐步赶上经合组织的平均速度，如果同样的情况从1974年或1950年开始，它会高20%，这表明瑞典政策模式从一开始就是经济发展的一座里程碑（Krantz，2004）。

与其他国家的国民生产总值相比，这种情况看起来似乎要好一些。瑞典的国民生产总值增长比欧盟 15 国快得多，但比美国经济 1993~2002 年期间要慢。但是，这种对比是基于瑞典的贸易缓慢衰退并且 1994 年是瑞典国民生产总值第一年正增长的前提下（见图表 8.5）。

我们如何看待工业化经济差异是关键。瑞典人均国民生产总值从 1970 年的第五位跌至 1980 年的第 7 位，1993 年进一步跌至第 16 位，2002 年（可能）跌到最低的第 17 位。瑞典与法国的经济一起衰退，而丹麦、芬兰和爱尔兰的经济则蒸蒸日上。这强调了一个事实：新经济为有能力的国家和地区参与者提供了巨大的经济机遇，但也带来了巨大的风险，包括错失机遇和成为改革中的失败者，无论过去的成绩多么辉煌。

1993 年工业研究所研究中"带领经济走出停滞"是政策问题所在，而如今焦点则更加突出，即要成功地进入经济的新形态，借助新技术和生产全球化显著有利于富裕的工业化经济体和地区的条件，很好地利用经济发展机遇社会、文化和政治能力。即使我们能够将一些主要的政治要素称作是支持发展的可能原因，这仍仅是复杂故事的一部分。

**历史决定了经济地理**

瑞典在 1860~1920 年的 60 年，有过一段"硅谷时期"（见图 8.1）。那时，一个新的工业化瑞典逐步建立，瑞典经济走上发展快车道。今天瑞典最大的 32 家制造企业中的 17 家是那个时期建立起来的。工业革命在瑞典的大部分地区展开。外国投资者和移民贡献的工业产能使瑞典经济改革成为可能。现在工业能力的地区差异由那个时期数千家新公司的幸存者（也是胜利者）逐步形成，剩下的大部分企业逐渐销声匿迹了（Jagren, 1988）。撤销对行业系统的管制首先为企业活动解开镣铐，从而开启了瑞典经济发展的成功时期。很明显，一个适于创新型工业发展的经济和政治气候也发挥了作用（Eliasson, 1991b）。

同时移民投资者和实业家也乐于如此。地理距离并没有阻碍工业发展，一个动力强劲能力十足的行业在新的机器工具技术基础上发展起来。

今天很多旧的工业企业正在萎缩，很多之前曾经辉煌的公司正在衰落或是退出市

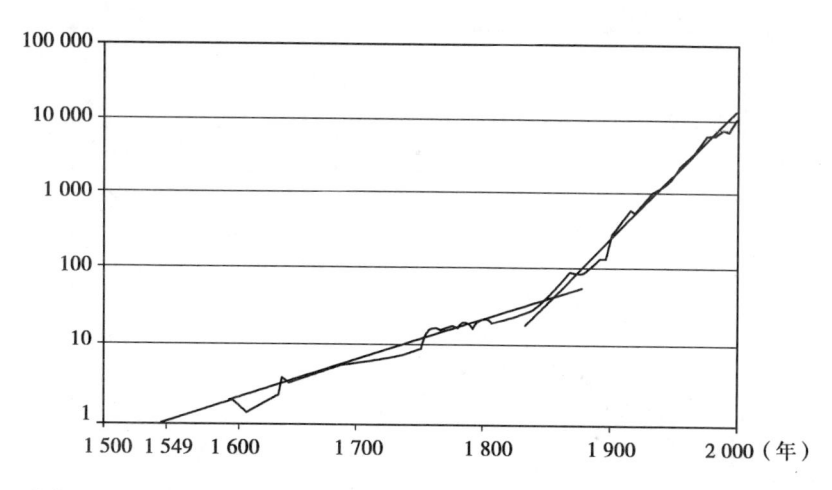

第 8 章　成熟和富裕的工业化经济体之间的差别　　207

指数：1875年=100

资料来源：Eliasson(1988:158),由作者最近更新。

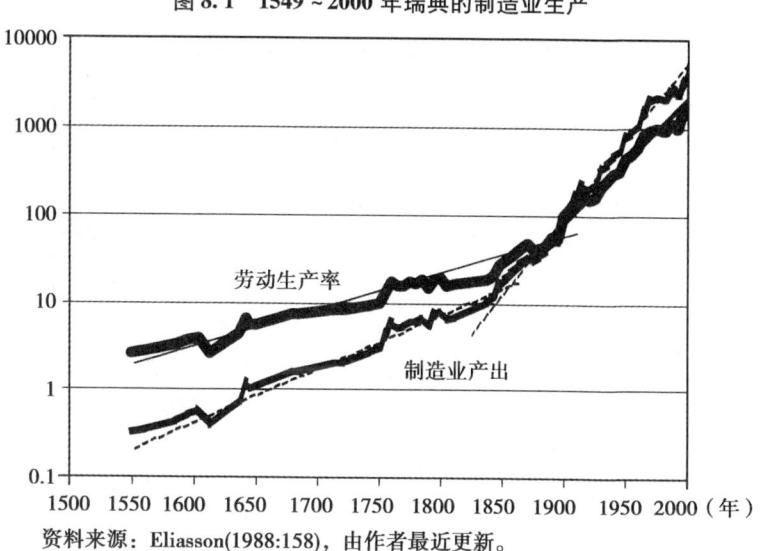

图 8.1　1549～2000 年瑞典的制造业生产

资料来源：Eliasson(1988:158)，由作者最近更新。

图 8.2　1549～2000 年瑞典的制造业生产和生产率

场。同时新技术正通过新公司的进入被引进。旧企业需要一些"出口"，以便为新公司发展释放资源。新的有能力的企业需要建立在这些技术基础上。计算机和通信

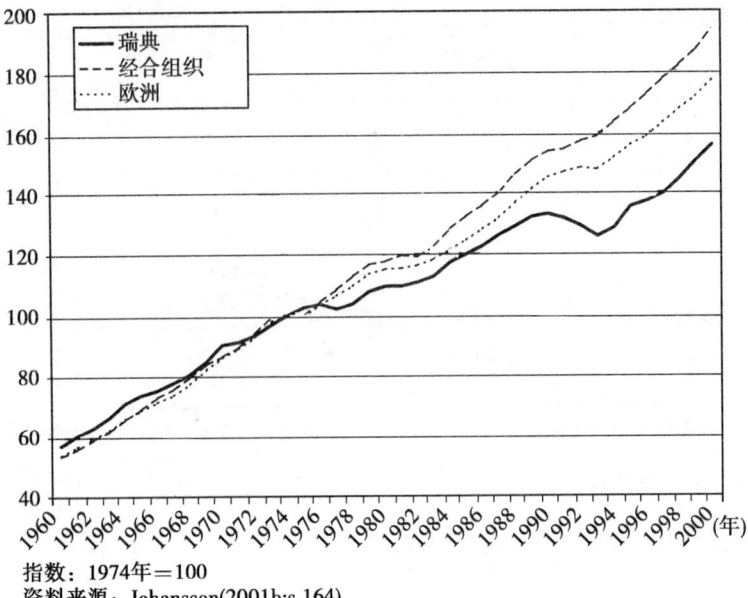

指数：1974年＝100
资料来源：Johansson(2001b:s.164)。

图 8.3　1960～2000 年间瑞典及经合组织的制造业生产

资料来源：Eliasson(1986a:49);由作者最近更新。

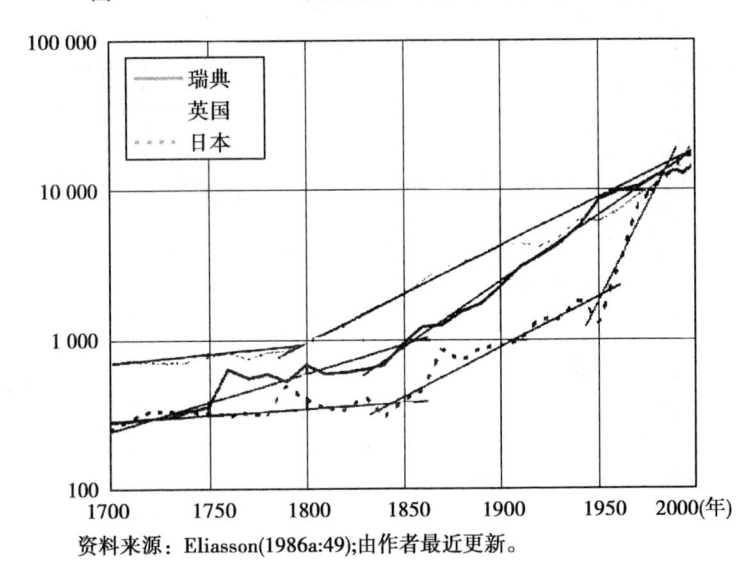

图 8.4　1700～2000 年瑞典、英国和日本的人均国民生产总值

(C&C)就是和新经济相联系的一种技术，还有为制药和医疗保健带来革命的最新的

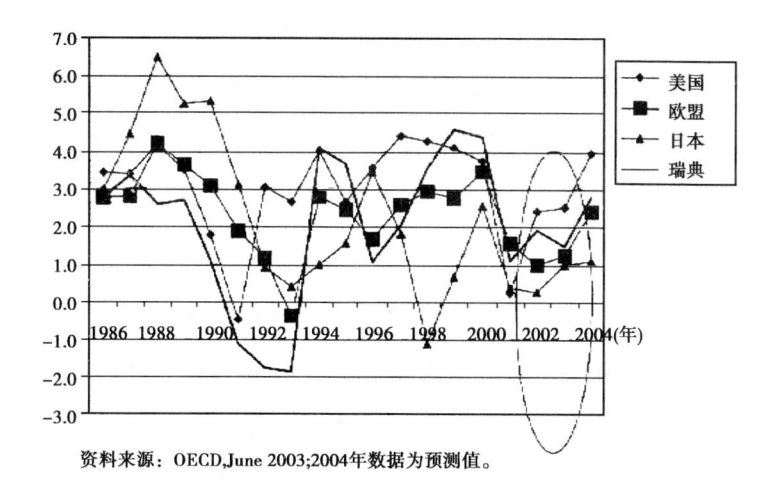

资料来源：OECD,June 2003;2004年数据为预测值。

图 8.5　1986~2004 年美国、欧盟、日本和瑞典国民生产总值增长率（百分比）

资料来源：Eliasson(1990b)和Eliasson and Johansson(1999:s.25)。

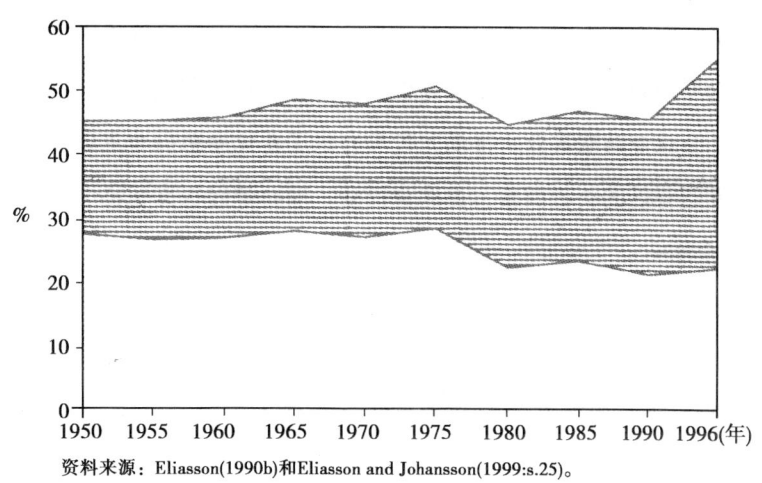

图 8.6　1950~1996 年制造业的扩张（国民生产总值中的百分比）

生物科技。但以计算机和通信为代表的新技术也被引入了旧工业中，特别是机械行业中，以改革生产发展和创造更系统的先进生产率。新生产组织的价值链倾向于跨越传统的统计学术语，表现最明显的是在服务产品中。如果统计学术语能够重新编排以反映这些与产品有关的增长的制造业份额，能够注意到一些发展。如果把"扩张的制造业"算作国民生产总值的一部分的话（如图 8.6 所示），按官方数据则并没有萎缩，要的制度、激励和在新技术基础上建立商业的竞争。从熊彼特创新性破坏理论中产生实验型组织经济体工业增长，或是表 8.1 所示的四个投资种类，但如果仅仅组织激励和竞争，那么公司会更倾向于扩张而非谨慎和收缩。本地三大行业的特点和制度对于资源从旧产业向新经济的分配起到决定性作用。

表 8.1　熊彼特创造性破坏和经济增长的四种途径

| |
|---|
| 1.（通过竞争）创新型进入的推动 |
| 2. 重组 |
| 3. 使合理化 |
| 4. 退出（破产） |

资料来源：Eliasson（1993a，1996a:45）。

表 8.2　能力集中的行为主体

| |
|---|
| 1. 有能力的和活跃的顾客 |
| 2. 通过新方式整合技术的创新者 |
| 3. 实施有利可图的创新的企业家 |
| 4. 导致所有权变化的退出市场 |
| 5. 成功进行工业化规模生产创新的企业家 |

资料来源：Eliasson and Eliasson（1996）。

### 需要更好和更有活力的经济理论的背景

由工业革命创造的瑞典经济越来越依赖许多长期成功的大规模生产企业。大型制造企业的比重越来越多作为瑞典工业化结构的特点，由制度的平行发展所支撑（参见瑞典政策模式），这意味着新企业的建立不受鼓励。20 世纪 70 年代发展起来的一种政治语言强调大企业的退出是无效的，更增加了大企业的主导地位。进入和退出机制的缺失也是主流经济模式的缺乏。旧的公司能够"从内部革新和恢复活力"以避免工人不希望看到的变动的想法，也是过去的瑞典政策模式通过 20 世纪 70 年代的石油危机警醒才发展起来的。日本的工业化政策机器是行为榜样。熊彼特（1942）增长模式即经济建立在常规创新基础上在他看来是不可避免的（尽管他并不喜欢），中央政府的关键角色包括了凯恩斯需求经济在 20 世纪 70 年代的理论延伸和亚罗（Arrow）对

"创新"的定义（1962）。创新者能够适于主流的平衡模式，并被弗里曼（1974）置于熊彼特的理论外衣下，之后其他人又用新古典经济学中建立在创新机器之上的机械研发加以规范。这种理论在熊彼特传统创新理论没落后长期被运用。它支持了领先的西方国家中一些领先的公司先进技术永恒的幻想。在20世纪80年代末衰落前，无敌的国际商用机器公司就是这种理论的典型代表。将国际商用机器公司转型成为一家新的、富有竞争力的公司的代价是其45万员工中的一半被辞退回到人才市场。20世纪80年代，瑞典工业化政策也成为了熊彼特-弗里曼模式的受害者。

今天的政策讨论就大不同了。"日本第一"（Vogel, 1979）已经不复存在。瑞典政策模式已经灭亡，一种理解是，工业化重组中的绝大部分需要被认为是通过人才市场中的人才再利用完成的（Eliasson, 1994c）。让这种主张成为可能，需要新形式的社会资本包括个人、集体乃至社会都进行发展（Eliasson, 2001a）。但是，新经济形式在20世纪90年代末的几年被一些问题的乌云笼罩。争论集中在：新经济能否解决所有的社会和经济问题？统计学显示的增长复兴是否是一个错误的开始（Gordon, 2000a, 2000b）？发达工业国家是否真的驶向新的经济模式？一些瑞典央行的专家持表示乐观。他们认为新经济不止席卷了美国也到达了瑞典，可能由增长的公共开支推动的经济快速增长将会伴随低通胀（*Dagens Industri*, 2000年2月25日）。

我的回答是肯定的。工业国家正在进入一个关键的新经济形式（Eliasson et al., 2004），但值得警惕的是，只有些发达工业国家——除去技术最发达的一些——能够走上新的增长轨道（Eliasson, 2002b）。可能的障碍来自于政策设计。因为政策设计要为包括瑞典在内的经合组织内一些国家糟糕的发展表现负责，所以整个改变将决定成功地进入新经济是否会发生，这也是这一章的论点（Andersson et al., 1993：chap. 7；Eliasson 1993a, 1993b）。而且，新的增长轨道不会比图8.1~8.5中的趋势更快，而更倾向于回归过去的旧趋势。新技术不会解决成熟工业经济体的政治和社会问题，只会提供解决的机会，正确的政策能够使个人、公司和政府层面都满意。要使所有这些事实前后一致，我们需要一种理论，使参与者在经济成长中扮演好各自的角色。新古典模式作为计量经济学中衡量经济增长方法可能适用，但用来理解经济增长却没什么用,反而会增加误导。因此,我采用了"实验型组织经济体"和"能力集"理论。

## 基本假设的改变

实验型组织经济体包括两种视角。一种强调工业化活力的原则,另一种是瑞典经济微观—宏观定量模式。这种理论可以用来研究类似实验中的资源重新分配(Eliasson, 1984a, 1991a)。

实验型组织经济体理论包括五个单元:

1. 建立在信息经济上的知识界定了商业机会、创新和企业的本质以及商业失败存在的必要;

2. 从实验性选择内部产生经济发展的熊彼特创新性破坏的过程;

3. 能力集分析理论界定了有能力的本地新公司;

4. 引导向激励、直接竞争和由积极工业发展减少不确定的制度,以及引入一种开放的可以市场并存的政策设计;

5. 提供对个人针对市场的不可预测和随意性进行保护的社会能力(即社会福利)。

我的分析脱离主流新古典模式,用一些看似更小的假设修正新瓦尔拉斯模式产生出的实验型组织经济体。这种以信息经济为基础的知识表述被我称作是"投资机会空间"(Eliasson, 1990b)。在信息科技为基础的知识中导航,要承担很多信息和通讯成本。新古典模式假设,为无足轻重的信息提供的空间足够小,才能达到一个信息的合理平衡。实验性组织经济体的陈述空间是通过现实的假设,因此缺乏知识是个人参与者的主要特点。参与者通常知识背景各异,通讯能力受到限制。这足够说明有限交流能力中隐性知识的存在(Eliasson, 1994a)。

我们来看一个典型的经济体,知识是稀缺资源,发展取决于"知识管理知识。"在这个经济体中每个参与者大都对情况一无所知。众所周知,商业机会总比商业化能力多。对于现有的资源总有更好的分配。因此,实验型组织经济体中每个参与者的正常情况不断挑战着更高的竞争者,反过来被低等的参与者所挑战。一些能够暂时取得领先。这种熊彼特式的竞争过程将创造如表 8.1 所示的内在增长。这个过程无法停止，因为参与者将永远处在被超过的风险中，竞争过程的动力将反映在临时创新和垄断租赁的不断斗争中。❶

随着企业参与者不断通过实验探索机遇的财富，他们使整个经济体习惯于一种持续竞争的压力中。这是经济体活力的来源。它只能通过减少企业进入的规则或垄断方式的转变被人为削弱（Eliasson, 1991b）。

因为缺乏知识是经济参与者的普遍特点，所以商业错误成为实验型组织经济体中的一种常见现象。这一情况造成了：（1）当大额资源被用于信息过程和通信时，他们将成为经济过程中决定性的因素之一；（2）信息和通信技术被不可预测的改变所支配。信息和通信花费包括商业错误的后果（Eliasson and Eliasson, 2003），但也有好处：在同一空间探索投资机会的参与者会借鉴，从而转向新的科技和商业组合，这意味着其他人的新机会，或未被探索空间里的新组合和数据。❷从一方面而言，这不仅意味着经济会长期低于其可能的生产力极限运行，生产的可能极限和机会成本在实验性组织经济体中不起决定作用。

实验型组织经济体中对探索和学习的空间增长被我称作是沙赫·利姆尼尔（Särimner）效应（Eliasson, 1987a：29, 1991a, 1992a），即维京传说中的头一天晚上被吃掉的猪第二天又出现在餐桌上。在实验性组织经济体中，这头猪在被吃掉的同时甚至变得更大了。

我们当然能够让沙赫·利姆尼尔效应简单化，或让实验性组织经济体的理论假设中似是而非的信息简单化。它将会是一个比主流新古典模型所构想的狭窄、透明的空间现实得多的假设。现在剩下的问题是内在发展是如何运行的。陈述空间的改变引

---

❶ 埃利亚松描述了在瑞典式"微观—宏观"模式中，竞争过程是如何产生内部增长的。他描述了从垄断利润到整体要素生产增长的数学关系。参见 Eliasson（1992b）；Eliasson（1996a：3ff）。

❷ 加上埃利亚松理论中第二和第三信息矛盾论之后，这一点能够更有力地得到印证（Eliasson, 1990b）。第二信息矛盾论是"对于越来越重要的，我们反而知道的越来越少"。第三信息矛盾论是海耶克（Hayek）曾经关于复杂性的理论（1937），参与者误解经济情况致使风险增加。我们可能正从一个以知识为基础的社会向谣言的社会转化，当这成为政策时就更加危险了（Lange, 1967）。

入了不确定、知识缺乏和经济错误的详细角色，也使引入制度减少市场运行的困难成为需要（Day，1986）。

**制度的具体角色**

通常认为，制度通过市场活动（游戏规则）决定市场的政治体制。因此，他们与组织截然不同（例如公司），后者在游戏规则范围内进行经济活动。但是，存在上百种制度。制度的有序运行离不开具体背景。我们需要分析是支持实验性组织经济的分配结构，他们依此会被界定。我们必须认识这些界定了鼓励政策、引导竞争和减少不确定性（财产权利）以使贸易成为可能的制度。为政策制定者打开入口的制度也被创造出来，应该注意，除了创造和调和一些界定完备的制度，实验型组织经济体理论未提供其他方式供政策制定者参与经济互动。因此在实验型组织经济体中所需的制度可以从它们对经济支持的功能中产生出来。其他制度我们不需要分析。如果你正在要运用的理论缺乏需要制度支撑的确定的市场功能，你可能发现（在你的分析里）在市场经济中不需要什么有名的制度。

因此制度必须在市场进程中不断定义，也是实验型组织经济体理论的突出特点。它们是由政体决定的，融合了市场和统治集团。这反过来意味着制度必须在运行中重新定义，代表市场的运行调节。因此，我们得到了一种科斯的活力观点（1937）：制度调节市场功能，决定公司和市场的相互作用，以及多大规模的组织可以被称作公司。这是佩利坎（Pelikan，1986，1988）或者诺斯（1990）对制度和组织的区分，当我们把市场信息系统作为一个融合的整体时可能会对此感到疑惑。但这是在我们介绍能力集分析理论中不可避免的。至此我们认识到制度支持在界定激励、引导竞争、减少不确定等方面对于政策制定者的必要（Eliasson，1998a）。所有这些经济功能的中心是财产权利的观念。但是，这种制度的定义不同于尼尔森的制度的线性定义（2002），后者是为了与"尼尔森－温特模型（Nelson－Winter model）"相匹配（1982）而定义的。我对制度的定义只为政府干预留了两扇门，一种是通过现有制度，或者通过改变现有制度。政策制定者可以改变现有的税收模式或者可以引入一种全新的税收体系，或者可以改变基本的早期财产权利的原则，促使所有参与者重新考虑他们的决定模式。运用我的理论,制定有保证的政策不再只是理论可能,而是一对一的经济政策控制。这也意味着在我的方法中,制度定义不能被主流的新古典模式或尼尔森-温特模型所解释。

所有上面列出的制度在市场支持的创造性破坏过程和有竞争力的行业分析理论的运作过程中表现得很重要,表现在鼓励新公司进入、迫使退出(破产法)和实施贸易等方面。

### 导致理论麻烦的参与者

我们在放弃简化新古典模型假设中所失去的是分析的简要性。但这是最好的、健康的。作为经济顾问,我们(经济学家)不会被理论工具中的假设所愚弄,相信我们对经济现实了解的更多。这种视角长期而言是过期的,有时甚至是灾难性的,影响专业经济学家的政策制定(Eliasson, 1998b, 2000a; Eliasson and Taymaz, 2000)。

实验型组织经济体理论为一些公司在它们特别的能力基础上不可预测的行为提供了空间。在实验型组织经济体中,参与者在市场中面对其他参与者时产生了一种实验,这种实验经常被发现是一个商业错误(Eliasson, 1996a:56; 1998c:87)。第一,没有参与者能够注意到整个的商业机会,包括政府。经济体不是透明的,所有参与者会一直犯商业错误。这样的错误应被视作是经济发展中的正常消耗。第二,一些参与者会偶尔遇到最佳的解决方式,但他们和其他人都不会知道。第三,经济体总是运行在它可能的生产能力极限以下,因此会阻碍新古典理论的标准假设。第四,作为一个商业参与者,你必须总是相信你提出的商业实验。如果不是那样的话,你不能果断而有力地执行。第五,无论你干预了什么,你几乎可以肯定一点:肯定还有其他更好的解决方案。第六,你必须承认在你的许多竞争者中你可能不是唯一一个那么想的。你必须提前行动,在你的能力判断(制度)基础上保持果断,赶在其他人成功地行动之前。每个新的解决方案都有商业实验的特点。

### 通过实验选择的宏观动力

一些相当新的东西被引入,总会通过一项新产品发布、新部门建立和新公司建立等表现出来。一个新产品可能与已经存在的产品互补,或作为其替代品。在第二种情况中，替代现有产品或与其竞争，使他们重组、合理化或消亡（退出）。当一个竞争对手引入一个全新产品，一个公司不能总是通过重组解决新情况，因为它被错误的人力资本所充斥。它需要收缩，辞退员工或关门，或者招募新员工成立一家新公司。因此，"进入—退出"的过程对于经济增长至关重要，推动整个工业绩效进步，其方式即表 8.1 中所列举的熊彼特式创造性破坏过程。❶但创造性的力量超越破坏力量时，有活力的效率就得到实现。同时增长表现在赢家出现，并带来工业化大生产和迫使公司的重组。能力集分析理论现在可以派上用场了。

**能力集分析理论**

实验型组织经济体中的效率选择（有活力的分配效率）被定义为经济事件中两种错误的"最小化"❷，这两种错误为：(1) 让失败者在台上呆很久；(2) "失去胜利者"。集中知识到一点要求它可以被解释为标准的信息，因此减少作每一个决定所用的信息总量。另一方面，在市场上分配隐性知识（人或团队包含的能力），被视作是"最大化"一个评估项目。新古典模式让它表面上看起来是一个花费最小化的组织（Malinvaud, 1967），但实验性组织经济体的理解正好相反。新古典模式忽略了"失去胜利者"的庞大花销，因此得出的是一个绝对没有说服力的结论（Eliasson and Eliasson, 2005）。原因在于，新古典模式把所有知识视作是规则化的信息，并假设信息的花费没有或可以忽略不计，但实验性组织经济体认识到知识无疑是一笔巨大的财富，信息和通信的花费巨大并占据主导位置，因此也认为"失去胜利者"也是一种变相的花费。

因此，能力集分析理论是一种对于效率分配组织化的解决方案，它解释了新技术

---

❶ 这个原因能够用萨特曲线（Salter curve）很好地解释（Salter, 1960；Eliasson, 1996a；44f.）。这也是瑞典式"微观—宏观"模式中发展的方式（Eliasson, 1977, 1985a, 1991a）。创新性公司进入参与竞争，并迫使企业进行回应。企业的反应包括重组和合理化，这可能意味着通过经济制度和有竞争力的企业刺激进行扩张和兼并。

❷ 用严格的数学方法最小化是不能成功的，因为要搜索整个空间，我们认为这是不可能的。但是，最小化可以接近瑞典式"微观—宏观"模式，我们将可能发现经济开支的显著削减。参见 Eliasson, 1983, 1984a, 2002c。

## 第8章 成熟和富裕的工业化经济体之间的差别

（创新）的产生和商业化。一个能力集包括成功聚集、识别、选择、扩展和发现新的商业观点所需的最少参与者，以创建和发展新的产业（Eliasson and Eliasson, 1996）。

亚当·斯密的基本理解（1776）就是产品的特殊化和分配提高了运用稀缺资源进行大规模生产的生产率。但他有一个问题，即如何界定上面的经济体和处理在上限下如何处理市场的规模。这一理论问题被许多他后面的人所解释，包括卡尔·马克思和更近的乔治·斯蒂格勒（George Stigler, 1951）。这是一种对于不存在无形特性的经济体的自然解释。允许无形特性带来剧烈的改变。有一种对经济体能够吸纳的物理产品总量的限制，但没有限制多少特性能够被生产和消费，除了消费者鉴别特性的能力和公司生产新产品的能力。能力成为了知识经济的限制要素（Eliasson, 1996a：34），而不是物理资源。在一个发达市场中，最重要的特性要求可能是生产或质量的变化。只有消费者个人能够决定哪种变化他们愿意接受。❶在这一点上消费者是核心。能力集分析理论的一个重要的任务就是确保消费者的喜好和能力引导有能力集参与者创造、选择和商品化创新行为。

能力集分析理论的角色（Eliasson and Eliasson, 1996, Eliasson, 1997a, 1998b）就是解释这些分布在等级制度和市场上的竞争性创造和选择过程。如被"充分"设计，能力集可将经济行为的两种错误降到最小。能力集如今成为了潜在能力的分配者。

在能力集中，创新和选择的过程是按照下面所述进行组织的。第一，能力集分析理论中消费者占据首要（关键）地位。创造和选择的产品永远比不上消费者的欣赏能力和购买意愿。因此，技术变革的长期方向永远是由消费者掌控的。有时创新者、企业家和实业家能够抢先，但大多数时候由消费者主导。技术发展需要一种综合的消费者基础，能够接纳新的产品。产品技术越先进，消费者的作用越重要。能力集分析理论中，消费者为技术选择过程提供能力，他们接受或者拒绝市场中提供的商品，影响商品的设计。但他们也积极寻找他们需要的商品，而且可能直接参与并为产品发展的

---

❶ 生产多元化是产品质量的一种形式。如果信息多元化的要求足够多，第二信息矛盾论就会派上用场。见注释3。

不同阶段贡献知识。对于高精尖产品例如军火和商用飞机尤其如此。有能力的买家成为工业化政策的潜在推动者（Eliasson，1995，2001b）。对于找不到附近有能力消费者的尖端产品生产商来说，积极寻找新的更先进的消费者和一个更好的市场是一种理性的战略，然而这一战略却往往被市场营销的标准教材所遗忘。从能力集分析理论的角度而言，本地的富裕和有能力的消费者对于先进公司有很强的吸引力。

第二，基本的科技在国际上都可行，但接受它和使其商业化的能力则需要本地的能力。这种接受能力部分上（Eliasson，1986a，1987b，1990a，1996a：8，14）是成功地组合新旧技术的能力。因此，一个富裕的转包商服务是创新的一部分。❶

第三，一些参与者或组织在看起来混战的商业状况中找到秩序的能力比其他人更好。我们把他们称作企业家。企业家的任务是在创新的提供者中识别商业上的成功者，并把他的技术选择应用于商业化。企业家的理解力可能是长期自然形成的，也可能是临时决定的，从这个意义上说，他们也许必须重新塑造他们的思维，否则他们就会犯错误。主要的问题是企业家在商业机会的条件下活动。创新者和企业家代表了经济理论中的困难一方，他们的行为由于他们的天性而不可预测，这也是熊彼特年轻时（1934［1911］）的想法。有人尝试将企业家和创新者归入主流理论。即使他们成功过，但如果仅仅是通过转移关键的商业要素，在我的想法中他们的尝试仍然是失败的。鲍莫尔（Baumol）认为（1968）这个任务是困难的，不可能预测未来。我认为（Eliasson，1992a）"奥地利—熊彼特"式企业家不代表主流新古典模式中的数学存在——企业家不应被称为如奈特（Knight）所理解的（1921）"随机的参与者"。因此，新古典理论的经济学家排斥企业家和创新者作为参与者，但他们仍然称这个可预测的研发驱动的创新机器为熊彼特式（Futia，1980；Pakes and Griliches，1983；Aghion and Howitt，1998）。

但是，实业家自己拥有能够推动计划前进的资源。因此，（第四）他需要有能力的工业化风险投资，后者提供风险资金，能够理解创新者的新技术及其应用前景。钱是最不重要的东西，重要的是（Eliasson and Eliasson，1996；Eliasson，1997b）理

---

❶ 卡尔松将以"技术体系"为名的创新供给进行了模式化（1995，1997）。

解和分辨出成功者的能力并提供合理的投资。❶这种风险投资非常缺乏，它是所有选择过程中的最关键部分，如果表现不佳这会导致"失去成功者"。一个创新型经济体需要有产业经验的投资者。离开了大量的风险投资，你不可能看到许多实业家。因此（第五），风险投资家们及他们离开市场是最重要的刺激。离开了风险投资，新资本的价格将会高得惊人，融资变得不可能，成功者将会失去机会，不好的项目却会得到资助。值得注意的是，这种能力包括以长远眼光提供资本的能力。因此，有能力的风险投资的进入会强有力地促进地区经济发展。

最后第六点，当选择过程得以进行，成功者选择了工业竞争的新形式后，需要将创新带入工业化大生产和分配之中。我们不能提前说企业家的正式角色是什么，他的位置取决于在在新的行业中的表现（Eliasson, 2001c）。在这个舞台上，成功者因为缺乏工业管理能力可能导致失败。部分地区参与者会提供这样的工业管理能力，我们下面会提到。

总结起来，能力集分析理论的全部是需要自行的鼓励结构，以保证成功者的收益递增。能力集中所有的参与者都不可缺少，否则这一完整的激励结构将不会发展（Eliasson and Eliasson, 1996；Eliasson, 1998b）。欧洲的风险投资市场普遍缺少投资新产业的能力，即使市场退出机制有所改善，比起美国，欧洲从两方面来说都是一个欠发达的经济体（Eliasson, 1997b, 2005：chap. IV）。因此，作为瑞典的创新者和实业家是有风险的，一旦资源用尽，银行家、大企业主和公众资源都没有能力对新产业进行投资。这让成功者失败的风险很高。很明显的，能力集中参与者的地理分布将影响资源在全球化经济中的分布。

实验型组织经济体中商业机会空间的特殊分化意味着识别成功者的能力很缺失。因此，在能力集中一个有效的识别和选择计划需要大量各种类型的参与者。这需要各种计划最大限度的曝光以进行评估。与大企业内部的项目评估相比，直接的转变花费可能会更高，因为评估会包括许多市场中的参与者。从另一方面来说，压缩内部程序

---

❶ 能力集中的风险投资家被定义为金融提供者。通过他们的网络，风险投资家同样贡献于管理、财务和市场能力。但这都来自于"理解"（Eliasson and Eliasson, 1996）。

的评估机制增加了失去胜利者的风险，存在十分大的转变花费，因此可能降低项目选择的效率。事实上，这并非罕见。像国际商用机器公司这样的大公司长期将能力内化，在20世纪80年代几乎停产。商业历史充满了近乎失败的例子（Eliasson，2001a）。

实验型组织经济体和能力集分析理论定义了内在生长的动力。这两个理论一起解释了所需技术是如何创造（革新）、识别（认识、发现）、选择（竞争）、商业化和扩散（市场支持）新产业的，以及有竞争力地引入生产（有能力的接受者），怎样做出正确的技术选择并将两种错误（即使失败者存在太久或拒绝成功者进入）最小化。能力集定义了接收者能力（Eliasson，1986a：57，95，1990a）。在一个能力集中，潜在的成功者暴露在各式各样的能力最大化中，导致他们收益递增以持续搜寻资源。完整和多元化被定义为能够包容足够多的参与者。对于经验分析来说，当资本市场在经济衰退中变得短视而增加他们的风险预期，长期投资者会很快发现涉足并贮备项目是有利可图的。然后充足的重要投资者涌入，能力集像一个有吸引力的磁石一样运作，新的企业以下面的方式进入：(1) 能力集从新进入企业中收益，(2) 只有对能力集作出贡献的新进入的企业才能生存。能力集像技术溢出发生器一样运转，并开始依靠内在动力发展。

**创造本地资源溢出的大量关键企业——先进企业的科技大学作用**

效率输出和新技术商品化需要有效的市场支持，这既表现在劳动力市场也表现在风险投资市场。一个完整的和多元化的有竞争力企业像一个技术溢出资源一样运作。能力集中的公司释放出新的技术，并从其他已建立的公司溢出的资源中受益。从这个角度而言，先进公司既作为科技大学（技术创造者），也作为行业内技术输出的支持者运作。

在有效率的能力集中，先进公司在创造新技术方面领先于科技大学。第一，公司创造的技术一般比科技大学创造出来的技术更贴近产品的应用。第二，它更容易被传播（如果没有私有化被保护起来的话），并且不会被学术表达形式的需要所影响。第三，它更有创造力，因为公司的研究通常较学术研究更为多元化，后者更倾向于出版和被认可而不是投入实际应用。在生产体系中，溢出效应被认为是商业化和引入的机制。科技大学的主要角色是作为教学机构吸引最好的学生来到本地（Eliasson, 1994a, 1996b, 1996c）。溢出的效率输出需要本地有能力的接收者（Eliasson, 1987b, 1990a），能力集在地区层面代表了这样的接收者。也可以说溢出的经济价值要求溢出技术商品化的本地能力。这也意味着，羽翼丰满的能力集把由先进公司的研究和工业活动建立的溢出，变得在科技大学和商品化的多元资本中都能顺畅运行。

先进公司也与已经建立的科技大学开展竞争，前者在一个广泛的生产平台上提供了职业教育和经验发展，而标准的教育机构没有什么可以提供的，教室教学作为教育手段多元化不足。很多人说我们可以举出例子，说明教育研究机构和科技大学一起与先进公司的生产进行融合。先进公司一直试验着这样的教育方案。一些大型国际企业甚至建立了他们自己的内部大学，进行特别化工程学教育并为职业人员提供管理培训（Eliasson, 1996c）。像英特尔和国际商用机器公司这样的公司也把他们的企业研究所选址于主要的研究型大学旁边，以推动联合研究活动。一个更重要的原因是招募精英大学中有才华的学生（Eliasson, 1996c）。从另一方面来说，在非市场环境中建立起来的大学并不愿意改变他们的方式，结果他们对外界竞争者失去了吸引力。公司勉强参与到并不属于其核心商业的活动中。因此，他们想要外包不同的教育活动。总而言之，随着正规教育和学术研究的重要性不断攀升，在公司和大学中认识和融合研究和教育以更有效地对工业发展作贡献的案例越来越多。

**能力集干扰了技术和发展之间的假设的线性关系**

一些人可能会想现在在发展过程中是够还为技术留下了任何位置。在熊彼特（1942）和伦德·瓦尔（Lundvall, 1992）与纳尔逊（Nelson, 1993）等人的理论中提出的从技术到发展的线性关系，在能力集分析理论中不再适用。如果支持新技术商品化的经济刺激缺乏，发展就会停止。在一个经济体中，即使技术不改变，重组制度和激励机制也能够产生巨大的经济发展（Eliasson, 1981；Eliasson and Taymaz, 2000）。

卡尔森（1995）理论中技术系统理论将创新过程从技术提供的方面加以研究。核心技术可能会在很多产品中表现出来。每一件新产品一般都基于创新型组合，应用于一些技术系统中。例如，生物技术应用于制药和农业、食品工业及其他产业包括木材业。每一个产业都把生物技术作为技术之一应用,制药业也运用其他技术,如化学、化工、机械工程和信息技术。因此在技术和特定产品及产品领域间没有一对一的关系。事实上,技术的应用不可能像创新者预想的那样应用在所有地方。

如果我们转而从需求或生产的角度来看创新过程,我们会发现最终产品是由广泛的技术组成的,每一个都取决于不同的技术体系。医疗设备、制药和医疗服务是提供健康服务中的组成部分(Eliasson and Eliasson, 2005)。

科技系统提供了创新的能力,能力集界定了对创新的激励措施。技术系统和能力集在创新市场中部分重叠。因此,技术系统成为能力集的输入(如表8.2中所示)。能力集的效率被其能力所决定:(1)反映消费者的表现;(2)在能力集的不同领域将这些表现变成一种评估。我们应期待创新型技术的供给比能力集中评估和商品化创新的能力更广泛。这种能力建立在经验上,依据"奥地利—熊彼特模型"(1934[1911])的假说,比整体创新供应更狭窄。因此,广泛支持这种建立在能力集的发展必须成为工业政策的首要目标。能力集的效率集中在正确的创新上,这决定了创新的价值以及技术系统中对创新者的鼓励。

### 制度定义了知识财富中激励、竞争和贸易的本质,并为政策制定者提供了一个角色

一个完整的和多元化的能力集同时接收溢出并增加分配。溢出通过许多方式输出,既加强了行业内部发展也贡献于其他相关和不相关的产业(Eliasson, 1997a, 2001b)。但发展不会自动随着技术的创造和溢出而产生。输出需要由市场支持,市场需要由界定了正确的激励措施、引导竞争和减少商业决定的不确定性的制度支持。

表8.3 新技术的输出

| | |
|---|---|
| 1. | 通过有能力的人的流动(劳动力市场) |
| 2. | 通过人才离开建立新技术 |
| 3. | 通过转包合同(购买) |
| 4. | 通过从小型研发企业的战略中获得 |
| 5. | 从技术领导者处学到 |
| 6. | 通过现有公司有机生长和学习 |

资料来源:Eliasson(1997a)。

在能力集中，知识财富中的财产权利对于能力分配的有效率运行至关重要（Eliasson and Wihlborg, 2003）。只有这样，通过资源重新分配的潜在系统效应才能够实现。

**作为资源分配者的能力集**

制度缺失意味着熊彼特创造性破坏理论没有引领发展的必要。如果刺激不够多或是方向不对，比如因为税务原因，公司可能会选择不投资或投资海外。如果竞争成为一个公司的主要问题，萎缩和停滞将会随之而来。契约权利带来的不确定性对于知识财富而言可能会使公司内化能力集的关键部分，进而减少它重新分配的效率并增加失去成功者的风险。❶

**制度的角色**

制度促进了不平等的市场过程（Day, 1986）。因此，一些人认为至少在短期内不需要与政策制定者处理市场问题。但是，这一步走得太远了。制度是永远有需求的，并会在市场内部产生出来。门格（Menger）认为（1871, 1892）货币体系在市场内产生，也可能是最有利的市场制度（Wärneryd, 1990）。一些人可能还会认为政策制定者总是经济发展的一个消极因素。缺乏工业化能力和被其他其他的主体所指引，政策制定者可能会创造出很差的制度。这些都是对的。最重要的一点是制度形成需要相当的竞争力，并且不能被政府特权干预。错误经常发生。从他们需要的功能出发而设计的制度或多或少要好一些。制度的最佳形式应该是被政府认可的法律强制下产生的（Wihlborg, 1998）。事实上，但法律的规章和解释通过市场中的实践过程发展时，他们已经不断地被检验和修正了。在制定法律时同样的过程通常紧迫且得不到有力指导。政治决策的出台是需要被认真对待的仪式，它带着永恒的标志。如果被证明是错的，又很难改正（Eliasson, 1990a, 1998a）。

此外，制度在实施过程中产生了大量资源，成为经济体生产系统中的一部分。因此，制度也必须从属于熊彼特式创造性破坏理论。19世纪中叶行业体系的转变释放了

---

❶ 丹·约翰松（Dan Johansson）拓展了表8.1的内容（2001a），通过能力集模式建立了与经济增长的联系。在实验型组织经济体的基础上，以及特定公司能力普遍的特点，他得出了一系列选择。然后他将这些特点与企业的增长相比较。他发现，计算机和通信产业中旧式和大型公司的成长比其他企业慢很多。

巨大的生产力，即工业革命（Eliasson，1991b）。建议打破并且私有化公共部门和法律规定的政府特权也是来自于那样的愿景。

像我们之前讨论的那样，制度能够被视作是游戏规则。他们能够被法律、规则的形式所解释，也是合同、文化和社会准则的形式，或多或少地影响着参与者的行为。因此，制度也难以被打破，你得等到下一代才能看到改变。理解这一点，有利于理解媒体和娱乐业能够比学术机构对人们施加更大影响，以及为什么政治家们愿意把政策放到媒体而不是学术机构中去分析和解释（Eliasson，2002b：chap 5 and 7）。

**瑞典政策模式**

新的制度产生是对服务需要的回应。19世纪中叶工业、技术、市场的改变与之前自给自足的农业经济相比，需要不同的制度和市场服务与之配套。首先，社会服务中的一部分在早期社会中被提供，如今却没有自动被服务市场所替代，第二次世界大战后，公共领域逐渐发展出被称为瑞典政策模式的制度。

表8.4  瑞典政策模式

| |
|---|
| 1. 在企业里投资和生产决策应该有竞争力 |
| 2. 新的公司进入和新技术引进应该是自由的 |
| 3. 积极的薪酬政策和劳动力市场政策将迫使失败的公司退出并帮助其释放的劳动力找到新工作 |
| 4. 管理优秀的公司中的多余利润应该更公平地通过税务和公共部门成长进行分配 |

资料来源：Eliasson and Ysander（1983）。

一开始，瑞典政策模式在市场中发展起来。最终，很不幸的是，在20世纪80年代这一模式很大程度上转变为半法律化并且难以改变。旧的瑞典政策模式可以说是包括了表8.4中的四种制度元素。这被理解成生产决策应该在能力存在的地方进行，无论是创新型公司的形成还是新技术引入都应该是自由的，并且只受经济规律制约。"团结"的薪酬政策和积极的劳动力市场政策应迫使失败公司退出并帮助其释放的劳动力找到新工作。最后，管理优秀的公司中的多余利润应该更公平地通过税务和公共部门的成长进行分配（Eliasson and Ysander，1983）。瑞典政策模式可以说既对企业施加竞争压力，又进行了社会保险和劳动力市场的安排。但瑞典政策模式是不断调整以适应大企业的，中央化的工会活动越来越受到政治体制影响，表现在鼓励公共部门的和税收的过度增长，到头来通过干预商业决策打破了不干预商业的原则。

新技术、工业结构改变和市场竞争再次需要新的不同的制度支持。但现有制度难以改变。生产的全球化意味着有活力的竞争性市场到处充满经济生命，并且推动向有竞争力的表现转变。因为全球化逐渐削弱了国家税务基础，公共部门的私有化正在被逐渐推向市场。事实上，市场早已打破之前受保护的政治经济系统（IUI，1985；Eliasson，1986b）。但这个削减公共支出的过程是缓慢和曲折的，太多的利益阻碍了变革。

工业研究所的研究表明（1993），这一转变在20世纪70年代石油危机期间表现不佳，在二战后早期对经济增长贡献积极。但克兰茨（Krantz）不同意这一说法（2004），而认为这一转变在1950年左右最差。他还把瑞典同芬兰进行了对比，这两国国家具有相似的制度发展，但芬兰没有经历像瑞典一样在二战后的经济低迷时期（Krantz，2003；Lindmark and Vikström，2003）。

**社会资本克服了对结构转变的政治阻碍，并且为理智的和有能力的政策选择打开了一扇门**

企业必须处理有才能的员工对企业商业失败的不满，而政治上的阻碍为实验性组织经济体的表现形成了限制。政治家出于选举目的需要将实验性组织市场经济转变成为一种有计划的、可预测的和政治上可控的体系，使人们愿意为此投票。"短期政治家"愿意把这种增长的损失推给下一代，让后一代的政治家承担。我认为社会资本作为一种与市场相容的替代品，可以提供相同的社会公共服务。那么，它能否被新经济重新定义，让人们愿意并能够处理和接受实验性组织经济体的不可预测性和随机性呢（Eliasson，1983，1992b，2001a）？

**知识、健康和社会保险**

因为制度原因，社会资本的表述（自 Coleman，1988 始）比有限的定义要广阔的多。教堂、足球队和妇女缝纫小组都可以被视作是社会资本的重要元素（Putnam，2000）。教堂在过去是一个重要的经济参与者，将人们局限于一个特殊的价值体系中，限制了积极利益和社会价值的提供。亚当·斯密作为伦理哲学教授就不得不将更多精力投入其中而不是他所擅长的经济学。

但我只需要一个关于社会资本的狭义定义,就能使我的理论行得通。为与实验型组织经济体的环境很好融合,个人参与者需要社会资本在三个领域提供支持:(1)知识或能力;(2)健康;(3)(社会)保险(Eliasson,1992b,1994b,2001a)。前两项由个人决定而第三项由政府和集体提供。

知识在生产资本中最优先,知识也通过加强劳动力市场价值和人才多元化削弱了收入风险。健康是对个人经济表现的一个限制因素,更大程度上在外围控制一个人。社会保险是最明显的社会资本,从集体安全(妇女缝纫小组或教堂)来说,它能够被货币形式来定义,而与第一项部分重合。沃尔夫和海夫曼(Wolfe and Haveman)提出一个有趣的分析(2001),即教育是社会资本的代表。他们发现教育与良好的健康和出色的劳动力市场表现直接相关,并认为其中包含一种普遍联系。

**关于瑞典公共机构、社会资本、转型成本与政府决策的小结**

企业员工的流动尽管在很大程度上通过这种创造性的破坏力量促进了经济增长,同时也因为扰乱了市场信息秩序而一定程度上阻碍了经济发展(Eliasson,2005:chap.Ⅵ)。相互影响和制约的市场价格机制总是被快速的企业人员流动或结构调整所干扰,造成了资源配置的不合理而非一个更加创新型、不断增长的经济趋势。

在经济系统的运行过程中,公共制度为与市场发展相一致的有力政策的介入提供了方便,这些方面和公共制度的设计有关,例如鼓励创业的政策将有利于更多的投资者进行投资,而竞争机制的引入有利于遏制垄断行为的产生、防止出现不合理的市场价格趋势从而影响那些优秀的企业获得长久的利益。最重要的市场管理政策是保护私有财产的立法(Eliasson,1993a,1998a;Eliasson and Wihlborg,2003;de Soto,2000)。税收政策或许会减少投资者对于回报的期待,但如果有了保护私有财产的立法,就可以将帮助投资者从投机性的市场行为转变为拥有更长远眼光的市场参与者。促进投资者相互竞争、进入市场是容易的,但是让他们有利可图比起垄断形成以后让这些公司分家更有利于经济整体的发展(Baumol,1982;Audresch et al.,2001)。

经济转型的成本或代价就是运行经济系统所要付出的成本。转型成本经济学（Williamson，1986：174）就采取了一种合同或契约式方式来分析经济组织的运行。这种研究方法认为，所有双方达成的共识都无法在签订合同后立即执行（Williamson，1985：29），不确定性是永远存在的，所以协议制定之前必须经过法律程序的筛选与认可。公共制度就应当来执行此项功能以使经济转型的成本降到最低。因此，对公共制度功能的定位应该立足于解决合同或契约制定前后的评估与监控。通过合理的公共制度设计，这种参与市场的行为就这样很自然地被引入市场了。

实验型组织经济体理论提供的框架充分地体现在了市场运行的机制中，而能力集分析理论则对瑞典经济竞争力的概念进行了重新定义，指出了其经济发展中的关键领域、行业及其要素。市场的正常运行需要辅以公共制度的支持，特别体现在要保护私有财产。这一点很多经济学家已经达成了共识（Commons，1893，1934；North and Thomas，1973；Soto，2000）。因此，新经济体的特征之一就是能力集企业是一个混合体，集合了传统继承下来的资源和市场优势以及有利于其发展的市场秩序（Eliasson and Eliasson，2005）。

实验型组织经济体理论随着时代的进步，也在不断得到丰富和发展，开始包括时间维度的因素研究，例如创新、选择和企业的成长过程，以及地理纬度上的研究。有学者认为，民族国家的政治性使其从属性上看，并不是鼓励创新的最佳区域，相反，更小的区域或更大的全球经济才是（Eliasson，2002a）。然而，民族国家拥有着规约公共政策与制度的能力，能够保证经济的顺利推进，反过来能够克服它自身的局限性。实验型组织理论还说明了一个道理，那就是公共制度鼓励竞争和激励创新的行为如果适合经济发展的阶段，将会在长远的宏观经济层面上促进经济增长，从而带来整个社会的变革。

## 从微观到宏观的案例研究

实验型组织经济体理论概括了经济发展活力的三个指标项。MOSES 模式——即从瑞典小企业发展的微观层面看宏观经济发展的分析模式，实际上是实验型组织经济体理论的量化分析模型。这一模式可以被用来从小企业入手，进而分析整个瑞典宏观经济的运行状况（Albrecht et al., 1989, 1992; Eliasson, 1977, 1978, 1985, 1991a; Ballot and Taymaz, 1998; Eliasson *et al.*, 2001, 2004; Taymaz, 1989）。通过对MOSES理论的模拟实验研究，发展出了通过研究资源配置而得出的经济发展的分级研究理论。如果缺乏从一个较长时间段对经济体的微观层面到宏观层面的研究，就无法得出资源配置是否合理的结论，而产生资源重组的中间环节就是经济结构的调整。

我们目前通过MOSES理论可以确定的是，假定一个较长的适合经济发展的时间段，公司和生产系统都得到了很好的重组与整合，整个社会生产力将得到极大地发展，企业所受到的鼓舞也将是巨大的。但是，仅仅依靠企业自身的实力来进行这种机构重组是困难的，而且结果往往不尽如人意。也就是说，实际上实验性组织经济体理论中缺乏一个有效的核心权威机构来从更广阔的范围内监控整个结构调整过程。改革的进程往往是充满风险的。提出上述说法的重点在于让企业意识到这种必要性。因此，应当通过实验型的经济模式慢慢摸索，发现新的机会，将整个经济体置于有利的竞争压力之下。所以，有效的政策导向对于改进公共制度的行为是必要的，应当提上议事日程。

**释放与重新吸收假说**

实验型组织经济体理论预测，现存的资源配置方式不够理想，更为有效地资源配置方式一定存在。对更优的资源配置方式的期待和肯定实际上是有一定条件的，那就是当地企业或行业具有足够的竞争力和愿意参与到这种经济体系的重新调整中来而且不计较整个过程所要消耗的成本。如果情况果真如此，那么经济危机对于那些较为成熟的企业来说未尝不是一件好事，技术资源从过去的机构框架中释放出来，又被以更合理的资源配置方式调整过的结构所吸收，从而得以更好地被利用。

通常上述资源配置在经济周期作用下经常发生，而经济危机只是推动这种过程不断向前。在这里，我们要涉及四个经验性事实：(1)分散式生产目前已经成为全球现象。由于全球计算机与通信技术的发展，全球分散式生产过程已经演变为了企业不可或缺的生产流程。这一生产流程建立在零件的标准化生产、模块化生产和便利化生产基础上。在此，我们不仅讨论近些年来迅速成长的制造业生产（外包为主）（Eliasson，1986a，1996b，2002，2005），而且还有通过整合的产品生产流程进行的、更为分散和灵活的混合型系统性生产模式。对于那些有能力的企业来说，这些都是巨大的商机和挑战。(2)目前的经济衰退和危机正在一定程度上推动企业加快变革速度，这一过程比它们预计的还要快。(3)扭曲的市场价格也会导致资源的不合理分配。(4)重新进行的资源配置未必在瑞典核心发展区的周边地区进行，它通常会在国外进行。涉及的区域越广泛，资产的成分会越加复杂。如果资源重新配置后的技术、人力接受者没有足够的能力的话，这些资源流入国外市场也是个不错的选择。

但是，如果一个地区的资本仅仅因为危机时期扭曲的当地市场价格和缺乏有实力的资源接受者而流向国外，这样的做法就缺乏合理性，对发展经济无益。所以，资源"释放"的结果如何取决于当地的经济环境基础。环境不同，结果将大相径庭。所以，释放与重新吸收理论（"动摇假说"）用来评估梅拉湖地区的资源释放与吸收情况，明确政策制定者在其中所起的积极作用，同时下面的梅拉湖案例也给我们提供了一个生动而复杂的案例，说明了实验型组织经济理论的复杂性和灵活性。

## 梅拉湖地区经济[1]——区域经济工业化重建过程中的机遇与挑战

可持续发展型经济必须有一个强大而有竞争力的工业基础做后盾，这个基础能够鼓励创新，支持创新性技术的发展和引进，敢于打破原有陈旧的工业格局模式。能力集理论为政策制定者解释和指导了应该如何支持高新技术产业化的问题。可以对新技术进行消化和吸收的受益者在全球经济一体化特别是地区经济和国外经济日益融合的情况下显得格外重要。经济衰退的出现通常发生在迟来的工业重整过程中，资源的重新配置没能很好地完成。因此，梅拉湖地区的经济转型迫切面临的问题就是如何顺利、有活力地向重建工业化迈进。

梅拉湖地区背靠瑞典首都斯德哥尔摩，从维京时代和汉莎时代的几个世纪以来一直是瑞典的经济中心。一个有意思的问题是，是否波罗的海周边区域的经济还能像历

---

[1] 关于梅拉湖区域经济的发展情况，我和我的女儿奥萨（Åsa）（2002年）曾经发表过一篇文章，题目是《北部走廊的工业奇迹》。

领域。另外，该地区的金融服务业也崭露头角，虽然还无法领先于世界水平，但在欧洲北部地区也可圈可点。可以与之形成竞争、在工业技术领域得到同样发展的地区是德国南部的巴伐利亚、巴登—符腾堡州，包括城市奥格斯堡、慕尼黑和斯图加特。❶

今天，正如生物技术与工程技术、计算机和通信技术的融合正在催生新的行业领域，成熟的工业体系正在和高新技术发生重组。无论在生物医药领域还是计算机通讯领域，都可以看到新兴行业以全新的面貌崛起。这体现了以计算机、通信、医疗卫生、工程技术为先导的梅拉湖经济区发展高端技术和鼓励创新的一面。一种高级的以客户为中心的服务模式，几所大学和瑞典最知名的技术类高等学府，还有为行业合作者提供的多元化的服务，所有这些都为生产和流通领域形成更具灵活性和分散性的组织结构提供了保证。

### 工业领域多元化——三大能力集

梅拉湖经济区域有着瑞典最重要的三大能力集，分别是：医疗卫生产业，计算机和通信产业以及工程技术产业。

#### 医疗卫生产业

首先，从技术层面看，该区域整体的医疗卫生产业以几家大型的学术科研型医院为典型代表。这决定了医疗卫生产业，包括生物技术和医药领域，在该区域具有良好的客户群基础。瑞典的学术科研型医院在与全球医药供应商谈判、获得协议方面一直表现出色。此外，斯德哥尔摩和乌普萨拉地区为生物医药和生物技术的研究提供了很好的学院研究基地。几大生物医学机构和公司始终在斯德哥尔摩和乌普萨拉地区建立研发基地，阿斯利康（Astra Zeneca）的研发中心就位于素德塔尔杰。即使这一英瑞

---

❶ 巴登—符腾堡州是德意志联邦共和国西南部的一个联邦州，是德国的人口和面积第三大州，州府位于斯图加特，拥有 2100 万人口规模，和瑞典相似，在工程技术行业、计算机和通信行业、生物医药方面均拥有很强的竞争力。但是，该地区的问题在于是否拥有与之匹配的金融服务能力。主要的金融服务业均位于法兰克福，而慕尼黑则被看做德国风险投资的核心区域（Gill et al., 2003）。在过去十年中，德国的金融服务业也面临着风险和危机。世界最奢侈的汽车生产商包括宝马、奥迪、奔驰、保时捷都位于距离零件生产商——斯图加特的博世公司距离较近、交通方便的区域。电气生产商西门子的总部也位于慕尼黑。海德堡则是生物技术和工业的核心区。详见 Eliasson（2002d，2003d）和本书第 7 章内容。

企业的内部重组意味着在全球活动配置上面临着突然转变,这个公司还是希望得到更多的外来投资,今后能够在素德塔尔杰形成高度集中的研发中心。卡罗生物中心(KaroBio)位于哈丁奇(Huddinge)学术研究型医院,它的主要研发领域是细胞核(荷尔蒙)受体研究。法玛西亚公司已经重组为通用电气公司(2004)和辉瑞制药公司(2002),还有一些基于曾经法玛西亚计算机技术的小型公司。所有这些重组后的企业,除了辉瑞制药公司外,全部都在乌普萨拉地区建有公司(Eliasson and Eliasson, 2004)。

伴随着法玛西亚公司的部分业务从乌普萨拉地区的退出,过去十年中乌普萨拉地区的生物医药行业的重组与调整被提上了议事日程。尽管当地有竞争力的企业还缺乏风险投资和资本运作的经验,这种转变总是好的。用能力集分析框架来看,乌普萨拉地区因形势变化而释放出的有经验的人力资源和成熟的工业技术对该地区长远发展是有着积极作用的。创新型技术的发展、两家大型综合研究型学院、成熟高端的客户资源,所有这些,都为该地区成为欧洲领先的医疗卫生产业提供了巨大发展潜力。

技术一直在为人类提供向前迈进的动力源,在医药卫生和生活质量的提高方面也不例外。而全球的工业体系都面临着由技术革新带来的对医药产品从延长生命周期到提高生命质量的定义转变。意识到工业发展的潜力既包括机遇也包括挑战,工业发展从公共领域的独立部门到全球竞争体系的转变的确需要政治智慧,重新制定工业发展的规则和秩序,需要产学研相结合的大学体制和风险投资与资本管理的实力。技术的发展潜力总是无限的,但形成商业竞争力却不完全取决于抓住技术的机会。政府政策的着眼点应该放在建立更加长久的经济发展模式上(Eliasson, 1997c, 2002a; ISA, 1997)。

可以得出结论的是,对瑞典技术基地在医疗卫生部门(大部分坐落于梅拉湖地区和瑞典南部地区、哥登堡和兰德)的充分利用需要比目前瑞典拥有能力集更为广泛和成熟的行业集团,而这种扩展和金融功能的增强只有依靠外来投资和国外拥有实业基础的移民资源。这种调整正在实验转型阶段,结果无法预料。目前政治上或意识形态上对追逐利益的排斥为这种工业化转型设置了很大障碍。

以哥登堡为基地的卡皮奥（Capio）被允许经营位于斯德哥尔摩的圣奥兰急救中心，卡皮奥开辟了针对该区域外国人的救助医疗工作。这可以说是瑞典将本地公司转变为全球性公司的一次尝试。

法玛西亚公司，1997 年与英国安玛西亚公司（Amersham）合并，而后更名为安玛西亚生物科学公司，于 2003 年被通用公司收购。通用公司，主要涉足医药卫生领域的器械生产，拥有此方面的大量资源，正在计划将乌普萨拉地区作为基地扩建其规模。这是一个掌握着丰富资源的外国投资者在瑞典建立基地，以当地技术支持和接受过良好教育的有经验的雇员资源为基础，发展和扩展其商业规模的典型案例。

第三个案例是诺贝尔生物医药公司。该公司成立于 1981 年，以加强骨质中的钛元素技术为技术支持。经过了一个漫长的发展过程，也遭受过投资于瑞典当地实力不强的企业而失败的冲击[1]，终于在 20 世纪 90 年代末期实现了规模化生产。诺贝尔生物医药公司实行的是内敛式发展模式，而非突进型战略。结果，其竞争对手，瑞典当地的一家普通公司奋起直追，迎头赶超。2001 年，诺贝尔生物医药公司以低价格被瑞士一家医药公司收购，注册地也改为了瑞士。但是，这家公司的总部一直设在具有竞争优势和丰富技术资源的瑞典哥登堡。

波比奥生物科学公司（Perbio Science）的发展却完全是另一回事了。20 世纪 90 年代，瑞典生物化学集团柏斯托（Perstorp）收购了从事细胞克隆技术的两家美国公司皮尔斯化学药品公司（Pierce Chemical）和阿托斯医药公司（Athos Medical）。其战略是在全球范围内建立一个细胞克隆的研究与开发平台。然而，一个对此感兴趣的美国人在 1997 年本打算收购法玛西亚生物技术公司，没想到，却被在安玛西亚的一家英国公司抢先收购。这样，瑞典就丧失了进一步发展该技术的平台，后来，波比奥

---

[1] 2002 年，弗里德（Fridh）将诺贝尔生物企业与美国的一家同类企业进行了比较。医生通常是这些企业最大的客户群，而医疗卫生行业的竞争力也是明显的。瑞典的普锐马克（Branemark）药厂过去十五年取得的规模，现在用不到五年时间就可以完成。参见 McClarence（2003）。这一过程是曲折的。早些时候，瑞典药物科学基金会并不支持普锐马克（Branemark）药厂的研发工作，理由是药厂的项目过于宽泛，不是集中在某一领域进行（Klinge, 2004）。但是，当时的美国遇到类似的情况时，美国全国健康委员会采取了支持的态度。所以后来牙齿种植技术在美国首先大获成功。

生物科学公司被美国费什尔自然科学公司（Fischer Scientific）收购。

梅拉湖区域医疗卫生能力集的发展表明，一个成熟的公司（法玛西亚公司），同时作为一个先进的产学研相结合的大学时是如何服务当地和全球的客户的（Eliasson and Eliasson，2004）。法玛西亚公司的案例也可以看做"社会科学的实验"，为我们摇摆不定的科学假设提供了检验的途径。

### 计算机与通信产业

瑞典的梅拉湖地区是世界范围内计算机和通信领域实现全球性整合的先锋，顺利实现了移动通信技术与斯德哥尔摩的爱立信、波罗的海的诺基亚之间的整合。爱立信与诺基亚这两大公司正在迅速成为全球移动通信市场上的知名品牌。诺基亚在斯德哥尔摩市场上的表现也不逊色。除此之外，斯德哥尔摩还是世界几大移动通信运营商的基地。但是这些企业面临着很高的风险和竞争无序的局面，技术的泛滥导致中小型公司层出不穷。

2002~2003年期间，是全球电信企业面临经济危机的时刻。这次危机导致像爱立信这样的大公司也不得不减少了研发，调整了公司结构。从20世纪90年代开始到2003年经济危机，爱立信和其他电信企业纷纷向市场释放了人力资源，很多小型的电信企业纷纷在斯德哥尔摩地区建立公司。而且，近几年来，这些中小公司的雇员规模在不断增长。而目前爱立信、诺基亚和整个斯堪的那维亚半岛的电信行业面临的最大挑战是来自美国的新出现的以计算机技术为基础的互联网络的冲击（Eliasson，2002b，c）。

### 工程技术行业

最先进的瑞典工业企业坐落在梅拉湖地区，其中有一些总部设在梅拉湖。这些工业企业包含了重工业技术企业和轻工业技术企业，由一个强大的承包网络支持与覆盖。ABB集团，世界上最大的电器生产商，它的公司在梅拉湖地区随处可见。实际上，这些公司也曾经历了很困难的时期，正在重新整合自身力量以保持世界领先地位，尤其集中力量在电力分配和工业自动化方面。

伊莱克斯（Electrolux）是世界上最大的白陶家电装置的生产商，总部设在斯德哥尔摩。同样的，阿特拉斯集团（Atlas Copco）作为世界上最大的空气压缩机生产商，总部也位于斯德哥尔摩。

除了阿斯利康研发中心，索德塔尔杰还是斯堪尼亚汽车公司——世界第三大重型卡车生产商的基地。位于埃斯基尔斯蒂纳的沃尔沃装配公司（VCE）已经发展成为世界第三大汽车配件公司，仅次于卡特彼勒（Caterpillar）和日本小松挖掘机生厂商。贝科（Bacho）公司，始终在世界扳手生产领域占绝对优势地位。阿尔法拉维公司（Alfa Laval），世界领先的工业热能交换机生厂商和分离机生产商，进入塔卡派克集团（Tetra Pak）后，已经上市，成为斯德哥尔摩上市板成员。AGA集团，曾经是瑞典惰性气体生产技术领域的一面旗帜，在尝试了一系列转型后被一家德国公司兼并，这个品牌目前也不复存在。亚萨合莱（Assa Abloy）是瑞典知名锁具公司，集团总部位于瑞典首都斯德哥尔摩市。所有上述提及的公司或企业规模都比较大，全部参与了激烈的工业化与分布式生产转型，而越发具有高级经济体的工业特征，充分体现了其参与全球化进程中的协调能力和专业化的承包与服务意识。只有少数工业化国家，例如瑞典，在转型中发展出了自身的竞争力。只有企业的竞争力被挖掘出来，公司的资源与功能才能充分得到发挥，也才能在所在地吸引更多的外来企业。过去十年中，工业产业这一领域的专业化明显变得更加细化。很多公司将非主营业务分离出去，承包给其他公司运作，自己维持核心业务的发展，同时对成立下属新公司不再抱有很大期望。

**专业承包商供应**

上面提到的三大行业中，当地具有良好的劳动力和专业化的承包商一直被提及。高度发展的专业化的承包商团队是高新技术领域能否为当地提供服务的重要因素，主要通过以下几种形式起作用：首先，由于商业运作活动的减少，对于专业化承包服务的需求也相应减少。与此同时，从转型经济中释放出的大量资源纷纷重组为承包商，这样承包服务就相应地增加。在ABB集团的案例中，释放出的资源的很大一部分重组后超越了从前在ABB内部形成的运作模式，成为了高水平的次级承包商。这些承包商所形成的平台，也为其他公司的发展提供了更广阔的平台。丰富的承包商服务体系降低了产业市场准入的门槛，而这些市场从前只接受大规模的集团公司或者具备充分整合的生产体系的公司（Eliasson，1996b，2002b）。

**特殊的公司总部集中化现象**

　　能力集分析了"有能力的金融体系"这一概念并强调了这一概念的重要性和在经济发展中的角色，特别是在工业风险投资领域的情况。金融服务业务在整个梅拉湖地区的经济体系中所占比例为1/4，非常明显的特征就是为大企业提供金融服务。这个金融服务体系是北欧地区最大的股票交易场所，从1998年开始，由全球活跃的金融衍生品市场（OM）中的新兴参与者和一系列大型企业的公司总部，例如阿特拉斯公司、伊莱克斯、爱立信、斯堪尼亚汽车，以及瑞典大型银行和保险公司的总部所组成。

　　规模较大的经济体在面对交易额小幅变化的情况时也会出现较大的反馈，这种情况促使股票交易所走向合作或合并。在2000年，OM曾经成功投标购得伦敦证券交易所。2002年，伦敦证券交易所反过来讨好OM，要求加强合作或回购，建立斯德哥尔摩办公室来吸引成长中的瑞典企业参与进来，但最终这一想法没能成功。正当2005年德国证券及衍生工具交易所给伦敦证券交易所发出同样的邀请时，有传言说，OM和伦敦证券交易所正在就合作事宜进行谈判。而此时，OM早在2003年已经购得芬兰证券交易所HEX，新组建的OMX又于2004年购得哥本哈根证券交易所，而此时的瑞典政府正在OMX出售股票，以便不被OMX遗忘。如果上述一切都运行顺利的话，OMX终会将波罗的海地区的股票业置于名下。

　　在所有案例中，合资经营的波罗的海证券交易所与伦敦之间的金融桥梁都将为梅拉湖地区经济的发展提供一种新的视角。这种作用首先体现在从两个方面吸引外资进入，但是我们探讨的是银行与大型企业之间关系问题。对于具有工业竞争力的风险投资恐怕对那些新成立的高新技术领域的小公司来说，没有什么直接的影响力，甚至对整个梅拉湖地区经济转型也作用不大。这就为斯堪的纳维亚经济在这一区域获得竞争力预留了空间，尽管大家普遍认为，从北欧金融领域较为集中的区域看，和瑞典南部以及哥本哈根相比，梅拉湖地区新成立的小型公司更具竞争优势（Eliasson，2005）。

　　从战略发展和全球资源配置、公司市值、金融服务方面来看，公司总部的位置安排一直十分重要。要充分发挥公司总部位置的优势，必须和拥有工业实践经验的优秀金融分析师的成熟金融社区形成良好互动（Eliasson and Eliasson，1996；Eliasson，1997b）。这就是为什么梅拉湖经济区和北欧大部分地区相比，既有比较优势，但还不及伦敦和美国，所以今后还需要构建更强大的吸引力。公司总部的聚集性分布对一个企业来说通常是成功企业生涯的汇聚点，对企业来说十分重要。公司总部所在地像一块磁石，不断吸引着有智慧、有学识、有企业精神的团队（Eliasson，2001c）。事实上，日益增加的工作在梅拉湖地区的雇员都在为各国公司的瑞典总部而工作。

## 几个困境中的大型企业与滞后崛起的小型企业

梅拉湖区域经济中的大型国际集团或公司，曾经都是该地区经济发展进程中辉煌一时的代表。三大能力集行业中的一家大型国际公司正处于经济衰退期，面临急剧的组织变革，正在部分地退出该地区业务领域。在梅拉湖地区，人们首先看到的是该地区虽然只拥有250万人口，却拥有极大的经济发展潜力，以致吸引了如此多的外国投资者。所以，即使一些企业面临了困境，也不足为奇。令人奇怪的是，人们第一次看到，至少从20世纪30年代大萧条以来，瑞典几个规模很大的跨国公司同时进入衰退而面临重组。接下来的研究课题就是这种现象是不是意味着整个梅拉湖地区经济走入了绝境。答案是否定的，实际上，如果政策制定者能够有足够的智慧和前瞻性，这种问题是不会出现的（IUI，1993；Eliasson，1993a；Glete，1998）。很多研究表明，如果当地市场将技术转化为生产力的能力更强大的话，这些大公司所封闭的技术垄断可以为更多的中小企业所利用。

在梅拉湖区域出现的优秀雇员、人力资本、专业承包商等因素高度集中于几个大型的跨国企业。这样的资源结构对那些新来的外来投资者和移民都是有好处的，但是也容易出现问题。相比瑞典其他地区，同样境况下的斯德哥尔摩地区的经济发展情况略好。❶

有人曾经提出，大型国际化公司会面临挑战和困难，对于这一点，瑞典的政策制

---

❶ 实际上，瑞典南部和西部生物医药工业的总和才相当于梅拉湖地区。

定者应该是早有准备的（Eliasson, 1993a）。但是，从现实来看，准备并不充分。现在实现顺利转型的关键就是重新抓住机遇，组建新的小型化公司。只有新建的小型公司可以吸收因经济衰退而释放出的人力资源，然后慢慢发展。这对于瑞典来说，是不曾遇到的新情况，而且，情况并不乐观。"全球创业观察2002"关于新建企业的研究报告中，根据几项指标，即企业发展质量评估、新企业建立的数量以及新成立企业的发展势头等，瑞典排在了工业化国家的后几名。梅拉湖地区的工业化转型的成果就这样被抵消。也就是说，有足够的技术资本和人力资本来促成转型，却没有与之响应的体制来运作和接收这种转型，一切都将是徒劳的。因经济衰退而释放出的人力和技术，如果不能在梅拉湖地区重新得到利用，那么在整个瑞典也就无法得到充分利用。因此，瑞典的政策制定者们必须清醒地看到，必须实行强有力的措施支持中小新兴企业的发展。

我们还是可以看到一些积极的信号的。有学者在2001年指出，过去十年间，瑞典计算机与通信技术领域的就业增长主要是由这个领域的中小企业拉动的，而像爱立信这样的大企业，实际上大大减少了员工数量（Johansson, 2001a）。还有学者在2002年指出，只要瑞典的政策制定者能够加大扶植力度，像鼓励其他行业的参与者那样给予医疗卫生部门参与者同样的机会，瑞典的卫生与医疗部门就能够在技术上成为整个欧洲地区的核心（Eliasson and Eliasson, 2002）。最后，像ABB这样的大型工程技术企业也在慢慢恢复活力，而它面临的最大问题是机构繁多，在世界各地都有办事处，问题就很多，需要一一应对（Eliasson, 2005）。

今后瑞典的三大能力集能否顺利实现转型，不仅取决于这些行业新成立的中小企业的商业运作，更取决于外来投资者愿意长期投资并且将该区域的人力资源和技术资源转化为实际生产力。通过前面的分析，还有一点也很重要，就是当地其他服务于三大能力集的企业的发展也将是十分重要的。

**具有复杂管理功能的瑞典国际化公司是否处于风险之中？**

来自大公司的创新型管理理念对于帮助市场上的赢家扩大生产规模和流通体系是很关键的。这样的管理经验往往来自那些成功的正在成长的企业或大型企业。瑞典大型国际公司面临的困境、国外企业的并购和公司总部的迁移是不断恶化的大型企业领导力下降的直接结果吗？

在西方教育体系中，有一个很有意思的现象，那就是大量精英教育机构提供的教育来自那些没有实业经验的教授，他们没有参与过企业管理、当过企业领袖或者拥有某个实业。而另一方面，企业界人士普遍相信，最好的管理教育应该来自高度发展的大型企业的从业经验（Eliasson，1948b，1993c，1994a，1996c）。那么这种实业教育的质量就取决于从业者本人的选择和努力程度。因此，国际化公司还有一个重要身份，那就是成为提供管理培训的教育机构。

在瑞典，近几年大型国际化公司行业领导力下降的原因可以归纳为以下几点：第一，在很多年以前，瑞典就有机会在一个广泛的基础上建立能力集，这点十分幸运。但是，幸运的事情不会总发生。第二，直到今天，管理经验与任务总是重复的、循环的和可学习的。在成熟的行业发展中，大公司的发展总是占据优势地位；但是今天，大公司的发展越来越依靠政策的支持而非单纯的管理经验（Eliasson and Ysander，1983）。第三，在新经济时代到来之际，对管理提出的要求越来越高，管理正在经历前所未有的瓶颈期。第四，随着经济全球化的到来，原本属于瑞典国际化公司内部的管理经验被分享到世界各地，各种新的情况也进入到公司内部，公司越来越面临着一个复杂的内外环境，没有现成的路径可以参考。

上述四点原因可以用来解释为何在过去十年中，瑞典越来越多的大型国际公司的表现欠佳，甚至不如某些新成立的中小企业。在向新经济转型的过程中，瑞典的国际大公司发挥管理学院的功能不像从前那样自如了。新兴的工程技术行业使用了分布式生产模式，无法再提供旧的工程技术行业运营模式，应当从其他大型企业学习和获得新的管理理念，这就是灾难也是机会。当然，也不要指望从学术领域获得灵感，因为学术圈对宏观工业体系的变革显得更加束手无策。

大公司纷纷在重新拟定合作协议或退出该地区，它们却无法帮助该地区摆脱衰退。目前看来，也只有支持那些新兴的中小企业快速发展，吸引成熟的国外投资者，并且创造更有利于投资的环境以使他们愿意长期留下来。这样的选择未必不是好事。

200年前的瑞典，经济的发展就是建立在吸引外资和大量移民的基础上发展起来的。当然，如果当时没有对激励与竞争重新定义的熊彼特的破坏式经济发展模式和瑞典政府的政治智慧为前提，当时的经济发展也无从谈起。

**法玛西亚公司从乌普萨拉地区的撤出**

法玛西亚公司，一直以来是乌普萨拉地区生物技术和医药行业的先锋，并于1995年与美国普强公司实现合并。但后来，就慢慢退出了其在乌普萨拉地区的业务，其总部设在了位于美国纽约新泽西州。虽然法玛西亚公司离开了乌普萨拉，但是大量的研发团队和有着医药背景的从业人员留了下来并重新进入了乌普萨拉市场。后来，合并后的法玛西亚-普强企业也遇到了经济困境。1997年，法玛西亚生物技术公司与英国安玛西亚公司实现并购。新的首席执行官上任后，在经历了一系列股权买卖后，于2002年将公司名称改回法玛西亚公司，并将公司卖给了美国辉瑞制药公司。2003年，法玛西亚公司又被通用公司的药品中心收购。法玛西亚公司的案例为我们提供了一个很好的社会科学实验，验证了我们之前提到的假设，即资源配置向最有利于赚取利润的方向流动。

十年过去了，这个案例今天看来，至少为我们提供了两点告诫：一是尽管当年法玛西亚公司退出乌普萨拉地区对当地就业的影响是广泛而直接的，但长远来看，对该地区发展还是有利的；二是因公司撤离而释放出的资源流动到了其他地区，或许会有利于其他地区的发展。

2002年，有学者对乌普萨拉地区经济发展的模式提出过假设，利用数据资料覆盖了生物技术领域、医疗器械领域以及医药公司领域（Fridh, 2002），而且还进行了两项试验。第一项是关于新建企业的数据收集。私营企业的成长和数量与成立年限、企业规模和所有制形式息息相关，此外还与企业职工流动率相关。第二项是关于企业职工流动率的试验。乌普萨拉地区的企业职工流动率因法玛西亚公司的撤离要高于其他地区。

随着时间的推移，也许一些结论性的说明会发生变化。但是，至少我们可以得出这样的结论：地方能力集的出现对于该地区经济的发展是必要的，但不是充分的，特别是在风险投资融入的情况下。该地区的经济发展要取得积极的结果，要看在多大程度上吸引有实力的外商投资，以及这些外来资本会持续多久。在近几年的斯德哥尔摩证券交易所，我们已经可以看到外商的投资在源源不断地涌入，这已经成为瑞典经济发展的特征之一。

**经济向好发展的预期**

自从工业革命开始，瑞典梅拉湖地区的经济就开始进入了一个令人赞叹的高度集中工业发展模式，特别是以三大能力集为代表的工业领域。但是这种高度聚集的工业发展所依托的人口总量只有 250 万。近几年，由于工业基础的扩大，工人、雇员的人数有所增长。20 世纪 90 年代后期，几个大型企业和先前一直领先的行业企业接连不断遇到发展难题，纷纷裁员、减少业务范围或向市场释放人力资源、技术资本。这种现象以梅拉湖区域为代表，但不仅限于此，瑞典全国范围内出现了类似情况。表 8.1~8.5 展现了当时经济发展停止和衰退的具体情况。

总之，我们首先得出的结论是，具有着鲜明的瑞典工业特色的大型国际化公司，正在经历极其困难的发展阶段。这一点实际上已经被 1993 年工业研究所的研究所预测。但是，也应看到，这场衰退意味着资源的重新配置，将封锁于大公司和企业的技术、人力资源重新融入市场。中小企业的发展为这些资源的再次有效利用提供了途径。

公共服务部门的转变必须与市场行为相协调，向有利于鼓励竞争和发展创新型企业的方向转变，这就需要在政治意识基础上的瑞典政策传统有所转变。过去那种反对利润为先的想法严重阻碍了新公司的成立，例如继承税的缴纳等都严重阻碍了创新型企业的发展。还有关于人口方面的担忧，250 万人的规模能否支持今后该地区日益增长的经济发展规模？

最后，从大型国际化公司中释放出的资源因为太过繁琐或复杂，很难被梅拉湖地区以外的地区吸收和利用。这就要求梅拉湖地区的经济发展模式更加灵活，以应对不同于传统发展模式的新经济情况。工业领域的全面升级与转型应当吸纳更多的人力资源到该地区进行工作或投资，尤其吸引那些来自该经济区域以外的投资。

从瑞典整体经济发展的状况来看，我们可以看到的是，梅拉湖地区的经济要顺利地完成转型，必须吸纳更多的来自其他区域的人力资源，最好来自那些依托当地和国

## 第 8 章 成熟和富裕的工业化经济体之间的差别 245

外工业发展大学城。梅拉湖地区的经济发展将面临来自人力资源方面激烈的竞争，但是所有良好的投资环境的基本要素都是友好的发展氛围和有利的税收政策。梅拉湖地区还必须放眼世界，吸引大量的国外移民，那些阻碍移民的做法应当被慢慢清除，当然，这绝不是一朝一夕可以完成的事情（ISA，2003）。

除此之外，梅拉湖地区的基础设施建设还有待完善，起码在目前看来，还无法支持未来外来移民的增长需要。无论是公路还是住宅都明显不足。梅拉湖地区同世界上许多高度发达地区相比，基础设施建设有待加强（Eliasson，2005），（长期处于计划中而迟迟没有兴建的）铁路并不能取代便利的公路交通。有意思的是，商业部门在想办法解决交通与运输难题的时候，中央和地方的政客们却往往强调放慢城市建设的脚步。所以，这些问题看似简单，却很难解决。一旦解决不好，影响的绝不仅仅是梅拉湖一个地区的经济发展，而是整个瑞典的经济发展前景。❶

制造业的外包也提供了解决经济困境的出路。这个出路已经被提及了很多年，但是到目前为止，低技术含量的、纯体力的制造业仍旧在斯德哥尔摩地区存在。10~15年前，这样的情形就出现了，现在像 ABB 这样的大公司，主要员工已经是工程师了。不断增长的住宅购买价格也阻碍了中等收入的工人居住在这一地区。因为人口总量不多，所以即使初级加工等制造业实现外包，也无法完全解决人力资源不足的问题。

本文花了大量的篇幅来关注瑞典三大能力集的经济形势以及哪些因素能够促进转化大型国际化公司所释放出来的有利资源。过于乐观的看法并不适用于瑞典的情况，但也不能绝对地悲观，将关注点放在不利方面是容易的，也许我们也可以期待政府决策的迅速变化。也许现今最困难的决定是该如何分配有限的资源以满足两方面的需要：既扩大经济发达地区，也发展瑞典其他地区的经济。

---

❶ 同样的问题也正在阻碍丹麦厄勒海峡（Öresund）地区的经济发展，这在政治层面体现在不愿将法律规定简化或规范化，特别是在个人收入的纳税方面，因此，该地区就无法享受到资源重新配置带来的收益。

## 结论

早在 150 多年前，历史因素就促成了瑞典当前的经济地理格局。本章开篇的导论提出了一个问题，即瑞典作为一个新兴工业发展模式的代表，它正在进行的经济变革是否创造了优于其他国家的有发展潜力的资源配置新方式。通过全章的分析，我们可以得出的答案是肯定的，或者有可能的。当然，没有一个负责任的决策者会用全国的经济发展来冒险去尝试不可能实现的目标。尽管以瑞典梅拉湖为核心区的工业技术区域和瑞典西南部区域经济的发展令人瞩目，瑞典其他地区的经济发展还有待提高，将高新技术转化为生产力的步伐还要加快。本文分析的逻辑基础在于，如果上述两个发展较快的地区不能够顺利成为新兴工业区域，那么整个瑞典的经济发展将面临风险。特别是梅拉湖地区的经济复苏和发展需要大量的人力资源，甚至需要大量来自国外的人力资本，这样才能使得该地区的发展多元化、有活力。恐怕目前瑞典面临的国家层面的政策困境在于，各地区多样化的经济发展模式在帮助瑞典成功转变为新兴工业体的同时，也使得各地区相互竞争，甚至争夺国内极其有限的人力资本。

本文用实证研究方法调查了瑞典宏观经济的运行情况，考察了企业与市场活力和能力集分析等。本文的第一部分提出了高新技术或许正在将全球经济整合为一个快速发展的生产型组织，而各国制定的经济发展政策的风险就在于没能注意到这种可能性。在第二部分中，实验型组织经济体理论和三大能力集被用来揭示全球化经济的宏观活力以及上述转变。由此可以推论出，工业领域高新技术的匮乏不是仅限在瑞典一国经济发展中的问题，关键问题在于一流的高新技术在各个地区的发展程度不足以支持瑞典成为一个新兴经济体。正如 100 多年前世界上的许多经济体都没能在上一次工业革命的时候成功转型一样，即使是最发达的国家，如果抱有过于狭隘的商业竞争观念，也是无法赶上新经济体的大潮的。支持这一论点的模拟研究（Eliasson et al., 2004；Eliasson, 2002b）也显示，在宏观经济层面，如果整体经济和公共政策环境是有利的，系统性生产力革新的作用将是巨大的。相反，如果没有足够的商业化整合能力，就容易错失良机，这将导致资源配置的失败。

在本章中提到的梅拉湖区域经济发展的案例强调了理论分析的重要。该地区工业结构的重组已经在进行中。从被重组的企业中释放出的高端技术正在被整合后的地方或外国投资者重新组合为新的生产力。当地的投资者通常不具备将高新技术进行商业化的能力，来自境外的投资和有能力的企业可以帮助梅拉湖这样的经济区找回昔日辉煌。这也意味着外国投资者愿意将瑞典作为其投资基地。当然，上述事实并不能说明瑞典当地的投资和管理能力应该被低估。政治方面无能的一个强烈信号就是目前（2006年秋）税收政策正在阻碍瑞典人向该地区进行投资，他们在与外来投资者竞争时往往不享受本国的税收优惠。瑞典应当保证当地人投资上的政策优先，创造一个更公平和友好的投资环境。

在持续不断的区域经济转型中，无论是地区层面还是全国层面的冲突，都有着相似的政治方面的弦外之音。即使工业生产和服务等其他部门的分工能够在地理位置上合理分布，由便利的交通和房屋等基础设施建设推动的大城市人口和商业活动的密集在为都市创造了比较优势。 同时，这样发展的限制性问题在于，瑞典不算多的人口如何支持大城市的继续发展。

从整个瑞典来看，梅拉湖地区和瑞典西南部地区的人口分别有250万到300万，占全国人口总量的2/3。而这两个区域内的任何一个高度发达的企业都需要更为集中的办公区域和更多的接受过良好教育、有能力的雇员，这些雇员只能从瑞典其他地区和国外被吸引而来。这就和地区的政策目标相冲突，因为如果地区政策推动者占了上风，这些地区经济体的转型就将面临风险。

1993年工业研究所的一篇分析文章曾指出，瑞典制造业的发展充分利用了一个良好的技术发展契机，以大型企业为主导的成熟工业体系使瑞典制造业的创新能力比实际上看起来更加广泛和深刻。就在工业研究所得出这个结论10年以后，瑞典的公共服务部门仍然被人们贴着麻烦制造者的标签。现在，原先运转良好的制造业企业仍然属于同一类型，即使存在着许多商业机会，来自公共的、经济上的以及政策方面的支持却并不充分。

我们由此可以看到，1993年那篇报告中的担忧成为了今天的现实。许多大型企业没能在过去的十年实现顺利转型，而必要的公共支持、政策变革也没能有效实施，瑞典的三大能力集也没能带领瑞典经济发挥其潜力，将高新技术转化为生产力，推动瑞典实现强有力的工业变革，从而成为经济发展的赢家。

然而，从这个案例中，我们至少可以得到三点收获：第一，所有的学术研究或者学术分析都是类型化的研究。在不断发展的经济形势面前，所有的研究都无法概括影响经济发展的全部因素，为各种各样的现实问题准备现成的解决路径。我们在分析中也有可能忽略一些因素，甚至忽略一些重要的因素。但是这样的研究至少提供了一种风险评估框架：如果以往认为不可能出现的糟糕的情况发生了，我们该怎么做。当然，如果现实没有我们预期的那样糟糕，我们的预期也是无害的。发展总归是好的，尤其对于未来的几代人来说。第二，乌普萨拉区域经济的转型目前看来比我们分析中预料的要乐观。原因在于瑞典当地商业化竞争力的匮乏被外来投资所弥补。很多外来投资者看中了瑞典经济发展的趋势，选择在今后更长一段时间继续投资，充分开发和利用当地大量廉价却高端的技术，以及有良好教育背景、经过培训的雇员。第三，欧洲大部分国家在不同程度上面临着和文章中分析的瑞典相同的经济困境，有些停留在地区层面，有些则是全国层面。这也就意味着，高新技术正在帮助各国发掘自身经济潜力，向新经济体转变，而瑞典，要归功于外来投资的支持，使得它在整个欧洲大陆地区获得了相对较好的发展环境。

## 参考文献

Abramovitz, Moses(1988)，'Thinking about growth', in M. Abramovitz(ed.)，*Thinking about Growth*, Cambridge：Cambridge University Press.

Aghion, Philippe and Peter Howitt(1998)，*Endogeous Growth Theory*, Cambridge, MA and London：MIT Press.

Albrecht, Jim, Fredrik Bergholm, Gunnar Eliasson, Ken Hanson, Christina Hartler, Mats Heiman, Thomas Lindberg and Gösta Olavi(1989)，*MOSES Code*, Stockholm：IUI.

Albrecht, Jim, Gunnar Eliasson, Thomas Nordström and Erol Tymaz(1992)，*MOSES Data Base*, Stockholm：IUI.

Alho, Kari(ed.)(2000)，*Economics of the Northern Dimension*, Helsinki: ETLA/Taloustieto Oy.

Alho, Kari, Jukka Lassila and Pekka Ylä－Antilla(eds)(2003)，*Economic Research and Decision Making*, Helsinki：ETLA/Taloustieto Oy.

Andersson, Thomas, Pontus Braunerhjelm, Bo Carlsson, Gunnar Eliasson, Stefan Fölster, Lars

Jagrén, Eugenia Kazamaki Ottersten and Kent Rune Sjöholm(1993), *Den långa vägen: Den ekonomiska politikens begränsningar och möjligheter att föra Sverige ur 1990 – talets kris*, Stockholm: IUI.

Arrow, Kenneth J. (1962), 'Economic welfare and the allocation of resources for invention', chap. 7 in R. Nelson(ed.), *The Rate and Direction of Inventive Activity: Economic and Social Factors*, Princeton, NJ: NBER, Princeton University Press, pp. 609 – 26.

Audretsch, David B., William J. Baumol and Andrew E. Burke(2001), 'Competition policy in dynamic markets', *International Journal of Industrial Organization*, **19**, 613 – 34.

Ballot, Gérard and Erol Taymaz(1998), 'Human capital, technological lock-in and evolutionary dynamics', in G. Eliasson and C. Green(eds), *The Microeconomic Foundations of Economic Growth*, Ann Arbor: University of Michigan Press and Stockholm: City University Press.

Baumol, William J. (1968), 'Entrepreneurship in economic theory', *American Economic Review*, May, pp. 64 – 71.

Baumol, William J. (1982), 'Contestable markets: An uprising in the theory of industry structure', *American Economic Review*, **72**(1) (March), 1 – 15.

Braunerhjelm, Pontus(ed.) (2001), *Huvudkontoren flyttar ut*, Stockholm: SNS förlag.

Burenstam-Linder, S. (1961), *An Essay on Trade and Transformation*, Uppsala: Almquist & Wiksell.

Carlsson, Bo(1993), 'Den konkurrensskyddade och den oskyddade produktionen', Bilaga IV in IUI, *Den Långa Vägen*, Stockholm: IUI.

Carlsson, Bo(ed.) (1995), *Technological Systems and Economic Performance: The Case of Factory Automation*, Boston, MA, Dordrecht and London: Kluwer Academic Publishers.

Carlsson, Bo(ed.) (1997), *Technological Systems: Cases, Analyses, Comparisons*, Boston, MA, Dordrecht and London: Kluwer Academic Publishers.

Carlsson, Bo(ed.) (2002), *Technological Systems in the Bio Industries*, Boston, MA, Dordrecht and London: Kluwer Academic Publishers.

Coase, R. H. (1937), 'The nature of the firm', *Economica*, IV (13 – 16) (November), 386 – 405.

Cohen, W. M. and D. A. Levinthal(1990), 'Absorptive capacity: A new perspective on learning and innovation', *Administrative Science Quarterly*, **35**, 128 – 52.

Coleman, J. S. (1988), 'Social capital in the creation of human capital', *American Journal of Sociology*, **94**, Suppl., S95 – S120.

Commons, John R. (1893), *Distribution of Wealth*, New York: Macmillan.

Commons, John R. (1934), *Institutional Economics*, New York: Macmillan.

Day, Richard H. (1986), 'Disequilibrium economic dynamics: A post-Schumpeterian contribution', in Richard H. Day and Gunnar Eliasson(eds), *The Dynamics of Market Economies*, Stockholm: IUI and Amsterdam: North-Holland.

Day, Richard H. and Gunnar Eliasson(eds) (1986), *The Dynamics of Market Economies*, Stockholm: IUI and Amsterdam: North-Holland.

Edquist, Harald(2004), 'The Swedish ICT miracle: Myth or reality?', SSE/EFI WP series in Economics and Finance, 556, Stockholm School of Economics.

Eliasson, Gunnar(1977), 'Competition and market processes in a simulation model of the Swedish economy', *American Economic Review*, **67**(1), 277 – 81.

Eliasson, Gunnar(1978), 'A micro-to-macro model of the Swedish economy', IUI Conference Reports 1978: 1, Stockholm: IUI.

Eliasson, Gunnar(1981), 'Electronics, economic growth and employment: Revolution or evolution?', in Herberth Giercch(ed.), *Emerging Technologies: Consequences for Economic Growth, Structural Change, and Employment*, Kiel: Institut für Weltwirtschaft an der Universität Kiel.

Eliasson, Gunnar(1983), 'On the optimal rate of structural adjustment', in G. Eliasson, M. Sharefkin and B.-C. Ysander (eds), *Policy Making in a Disorderly World Economy*, Stockholm: IUI.

Eliasson, Gunnar(1984a), 'Micro heterogeneity of firms and stability of growth', *Journal of Be-

*havior and Economic Organization*, **5**(3 −4) (September −December), 249 −98(also in R. H. Day and G. Eliasson(eds), 1986), *The Dynamics of Market Economies*, Stockholm: IUI and Amsterdam: North-Holland.

Eliasson, Gunnar(1984b), 'Informations-och styrsystem i stora företag'[Information and control systems in large business organizations], in G. Eliasson, H. Fries, L. Jagré n and L. Oxelheim, *Hur styrs storföretag? En studie av informationshantering och organisation*, Stockholm: IUI and Kristianstad: Liber.

Eliasson, Gunnar(1985), *The Firm and Financial Markets in the Swedish Micro-to-Macro Model: Theory, Model and Verification*, Stockholm: IUI.

Eliasson, Gunnar (1986a), *Kunskap, information och tjänster: En studie ay svenska industriföretag* [Knowledge, information and service production: A study of Swedish manufacturing firms], Stockholm: IUI.

Eliasson, Gunnar(1986b), 'A note on the stability of economic organizational forms and the importance of human capital', in Richard H. Day and Gunnar Eliasson(eds), *The Dynamics of Market Economies*, Stockholm: IUI and Amsterdam: North-Holland.

Eliasson, Gunnar (1987a), *Technological Competition and Trade in the Experimentally Organized Economy*, Research Report No. 32, Stockholm: IUI.

Eliasson, Gunnar(1987b), 'The knowledge base of an industrial economy', in G. Eliasson and Paul Ryan(eds), *The Human Factor in Economic and Technological Change*, OECD Educational Monograph, Series No. 3.

Eliasson, Gunnar(1988), 'Schumpeterian innovation, market structure, and the stability of industrial development', in H. Hanusch (ed.), *Evolutionary Economics: Applications of Schumpeter's Ideas*, Cambridge and New York: Cambridge University Press.

Eliasson, Gunnar(1990a), 'The firm as a competent team', *Journal of Economic Behavior and Organization*, **13**(3), 275 −98.

Eliasson, Gunnar(1990b), 'The knowledge-based information economy', chap. I in G. Eliasson, S. Fölster et al., *The Knowledge Based Information Economy*, Stockholm: IUI.

Eliasson, Gunnar(1991a), 'Modeling the experimentally organized economy', *Journal of Economic Behavior and Organization*, **16**(1 −2), 153 −82.

Eliasson, Gunnar(1991b), 'Deregulation, innovative entry and structural diversity as a source of stable and rapid economic growth', *Journal of Evolutionary Economics*, 1, 49 −63.

Eliasson, Gunnar (1992a), 'Business competence, organizational learning, and eco-nomic growth: Establishing the Smith − Schumpeter − Wicksell(SSW) connection', in F. M. Scherer and M. Perlman (eds), *Entrepreneurship, Technological Innovation, and Economic Growth: Studies in the Schumpeterian Tradition*, Ann Arbor: University of Michigan Press.

Eliasson, Gunnar(1992b), *Arbetet*, Stockholm: IUI.

Eliasson, Gunnar(1993a), 'Företagens, institutionernas och marknadernas roll i Sverige', Appendix 6 in A. Lindbeck(ed.), *Nya Villkor för ekonomi och politik(SOU 1993: 16)*.

Eliasson, Gunnar(1993b), 'Den ekonomiska politikens gränser och möjligheter'[The limits and possibilities of economic policy], in T. Andersson, P. Braunerhjelm, B. Carlsson, G. Eliasson, S. Fölster, L. Jagrén, E. Kazamaki Ottersten and K. R. Sjöholm(eds), *Den långa vägen*, Stockholm: IUI.

Eliasson, Gunnar(1993c), *Den högre utbildningens ekonomiska villkor och betydelse*, Report No. 2, DS 1993: 94, Stockholm: Utbildningsdepartementet. Also pub-lished by IUI as Research Report No. 41.

Eliasson, Gunnar(1994a), *Högre utbildade i företag* [The employment of highly educated people in firms], Report No. 14, Agenda 2000, Stockholm: Swedish Ministry of Education.

Eliasson, Gunnar(1994b), *Markets for Learning and Educational Services: A Micro Explanation of the Rôle of Education and Development of Competence in Macroeconomic Growth*, Paris: OECD, DEELSA/ED/CERI/CD (94)9(4 November).

Eliasson, Gunnar(1994c), 'Educational efficiency and the market for competence', *European Journal of Vocational Training*, 2.

Eliasson, Gunnar(1995), *En teknologigenerator eller ett nationellt prestigeprojekt? Svensk flygindustri*[A technology generator or a national prestige project? Swedish aircraft industry], Stockholm: City University Press.

Eliasson, Gunnar(1996a), *Firm Objectives, Controls and Organization: The Use of Information and the Transfer of Knowledge within the Firm*, Boston, MA Dordrecht and London: Kluwer Academic Publishers.

Eliasson, Gunnar(1996b), 'Spillovers, integrated production and the theory of the firm', *Journal of Evolutionary Economics*, **6**, 125 −40.

Eliasson, Gunnar(1996c), 'The use of highly educated people in production', TRITA − IEO R 1996 −10, KTH, Stockholm.

Eliasson, Gunnar(1997a), 'General purpose technologies, industrial competence blocs and economic growth', in B. Carlsson(ed.), *Technological Systems: Cases, Analyses, Comparisons*, Boston, MA, Dordrecht and London: Kluwer Academic Publishers.

Eliasson, Gunnar(1997b), 'The venture capitalist as a competent outsider', INDEK, KTH, IEO R: 1997 −06, Stockholm. A revised and updated version has been published under the same title in K. Alho, J. Lassila and P. Ylä-Antilla(eds) (2003), *Economic Research and Decision Making*, Helsinki: ETLA/Taloustieto Oy.

Eliasson, Gunnar (1997c), 'Hälso-och sjukvårdsindustrin: Ett kompetensblock med stor affärspotential'(The health industry: A competence bloc with a great business potential), KTH, INDEK, TRITA IEO R 1997-03. A shortened version has also been published by Invest in Sweden Agency(ISA) as 'Svenska kompe tensblock − Specialstudie: Hälso-och sjukvårdsindustrin'.

Eliasson, Gunnar(1998a), 'From plan to markets', *Journal of Economic Behavior and Organization*, **34**, 49 −68.

Eliasson, Gunnar(1998b), 'Competence blocs and industrial policy in the knowl edge based economy', in OECD, *Science, Technology, Industrial(STI) Review*.

Eliasson, Gunnar(1998c), 'Svensk datorindustri: En kompetensblocksanalys av dess framväxt och försvinnande'[Swedish computer industry: A competence bloc analysis of its emergence and disappearance], in P. Heum(ed.), *Kompetense og Verdiskapning*, SNFs Årsbok, Bergen: Fagboksforlaget.

Eliasson, Gunnar(2000a), 'Industrial policy, competence blocs and the role of science in the economic development', *Journal of Evolutionary Economics*, **1**.

Eliasson, Gunnar(2000b), 'Making intangibles visible: The value, the efficiency and the economic consequences of knowledge', in P. Buigues, A. Jacquemin and J.-F. Marchipoint (eds), *Competitiveness and the Value of Intangible Assets*, Cheltenham, UK and Northampton, MA, USA: Edward Elgar, pp. 42 −71.

Eliasson, Gunnar(2000c), 'The Baltic economic potential: Competence blocs, firm strategies and industrial policy', in K. Alho(ed.), *Economics of the Northern Dimension*, Helsinki: ETLA/Taloustieto Oy.

Eliasson, Gunnar(2001a), 'The role of knowledge in economic growth', in John Helliwell (ed.), *The Contribution of Human and Social Capital to Sustained Economic Growth and Well −being*, Paris: OECD and Canada: HRDC.

Eliasson, Gunnar(2001b), 'Advanced purchasing, spillovers, innovative pricing and serendipitous discovery', paper presented at the EARLE 2001 Conference in Dublin 30 August −2 September, Stockholm: KTH TRITA 2001: 13.

Eliasson, Gunnar (2001c), 'Huvudkontorens roll i hälsoindustrin'[The role of cor porate headquarters in the health care industry], in P. Braunerhjelm(ed.), *Huvudkontorenflyttar ut*, Stockholm: SNS förlag.

Eliasson, Gunnar(2001d), 'The economic role of technology in a competence bloc based industrial policy analysis', in G. P. Sweeney(ed.), *Innovation, Economic Progress and Quality of Life*, Cheltenham, UK and Northampton, MA, USA: Edward Elgar.

Eliasson, Gunnar (2001e), *The Many Schools of Industrial Economics*, Stockholm: KTH −

TRITA.

Eliasson, Gunnar(2002a), 'The health care competence bloc', in Bo Carlsson(ed.), *Technological Systems in the Bio Industries*, Boston, MA, Dordrecht and London: Kluwer Academic Publishers.

Eliasson, Gunnar(2002b), *Den Nya och Omedelbara Ekonomin: Ett Internet per spektiv*, Stockholm: Vinnova & Teldok(Telematic).

Eliasson, Gunnar(2002c), *The Macroeconomic Effects of Computing and Communications Technology: Entering the New and Immediate Economy*, Stockholm: KTH, TRITA-IEO-R 2002: 17.

Eliasson, Gunnar (2003a), 'Global economic integration and regional attractors of competence', Industry and Innovation, **10**(1) (March), 75 −102.

Eliasson, Gunnar(2003b), 'Dynamically efficient allocations of resources in an experimentally organized economy(EOE)', paper presented to the conference on Economic Behavior and Organization in Honor of Richard Day, USC Law School, Los Angeles, 26 −27 April.

Eliasson, Gunnar(2003c), 'The story of the EOE'(mimeo), KTH.

Eliasson, Gunnar(2003d), *Making Regional Competence Blocs Attractive: On the Potential of European Policy Competition for Global Resources*, April, Stockholm: KTH.

Eliasson, Gunnar(2005), *The Birth, the Life and the Death of Firms: The role of entrepreneurship, creative destruction and conservative institutions in a growing and experimentally organized economy*, Stockholm: The Ratio Institute.

Eliasson, Gunnar and Åsa Eliasson (1996), 'The biotechnological competence bloc', *Revue d'Economie Industrielle*, 78 −4°, Trimestre, 7 −26.

Eliasson, Gunnar and Åsa Eliasson(2002), *Competence in Health Care: An Industrial Systems Analysis Using Competence Bloc Theory to Compare European and US Health Care*, Stockholm: TRITA, KTH.

Eliasson, Gunnar and Åsa Eliasson(2004), 'The Pharmacia story of entrepreneur ship and as a creative technical university: A business experiment in innovation, organizational break up and industrial renaissance', document produced for ISA and the conference 'Förändringens Vindar eller Vanans Makt', Piteå, Sweden, 18 −20 August.

Eliasson, Gunnar and Åsa Eliasson(2005), 'The theory of the firm and the markets for strategic acquisitions', in Uwe Cantner, E. Dinopoulis and R. F. Lanzilotti(eds), *Entrepreneurship, the New Econono, and Public Policy*, Berlin, Heidelberg and New York: Springer.

Eliasson, Gunnar and Christopher Green(eds) (1998), *The Micro Foundations of Economic Growth*, Ann Arbor: University of Michigan Press.

Eliasson, Gunnar and Dan Johansson (1999), Dynamik och Flexibilitet, svensk IT industrie, Stockholm: City University Press.

Eliasson, Gunnar and Erol Taymaz(2000), 'Institutions, entrepreneurship, economic flexibility and growth: Experiments on an evolutionary model', KTH, INDEK, TRITA-IEO-R 1999: 13, in Cantner, Hanush and Klepper, 1999, *Economic Evolution, Learning and Complexity. Econometric, Experimental and Simulation Approaches*, Heidelberg and Munich: Physica Uerlag, pp. 265 −86.

Eliasson, Gunnar and Clas Wihlborg(2003), 'On the macroeconomic effects of establishing tradability in weak property rights', *Journal of Evolutionary Economonics*, **13**, 607 −32.

Eliasson, Gunnar and Bengt-Christer Ysander(1983), 'Sweden: Problems of main taining efficiency under political pressure', in B. Hindly(ed.), State *Investment Companies in Western Europe*, London: Trade Policy Research Centre.

Eliasson, Gunnan Fredrik Bergholm, Eva Christina Horwitz and Lars Jagrén(1985), *De svenska storföretagen: En studie ay internationaliseringens kon sekvenser för den svenska ekonomin* [The giant Swedish groups: A study of the consequences of internationalization for the Swedish economomy], Stockholm: IUI.

Eliasson, Gunnar, Harald Fries, Lars Jagrén and Lars Oxelheim(1984), *Hur styrs storföretag? En studie av informationshantering och organisation* [How are large business groups managed? A study of information handling and organization], Stockholm: IUI and Kristianstad: Liber.

Eliasson, Gunnar, Dan Johansson and Erol Taymaz(2001), 'Firm turnover and the rate of growth: Simulating the macroeconomic effects of Schumpeterian creative destruction' (mimeo), Stockholm: INDEK, KTH.

Eliasson, Gunnar, Dan Johansson and Erol Taymaz(2004), 'Simulating the new economy', *Structural Change and Industrial Dynamics*, **15**, 289 −314.

Freeman, C. (1974), *The Economics of Industrial Innovation*, Harmondsworth: Penguin.

Fridh, A. (2002), 'Dynamics and growth: The health care industry'(dissertation), KTH, Stockholm.

Futia, C. A. (1980), 'Schumpeterian competition', *Quarterly Journal of Economics*, **XCIV**(4) (June), 675 −96.

Gill, David, Tim Minshall and Martin Rigby(2003), *Funding Technology. Germany: Better by design?*, London: Wardour Communications.

Glete, Jan(1998), 'Entrepreneurs and social elites: Some reflections on the case of Sweden', in G. Eliasson and C. Green(eds), *The Micro Foundations of Economic Growth*, Ann Arbor: University of Michigan Press.

Gordon, Robert J. (2000a), 'Interpreting the "One Big Wave"in U. S. long-term pro ductivity growth', Working Paper No. 7752(June), NBER Working Paper Series, Cambridge, MA.

Gordon, Robert J. (2000b), 'Does the "New Economy"measure up to the great inventions of the past?', Working Paper No. 7833 (August), NBER Working Paper Series, Cambridge, MA.

Griliches, Zwi(ed.) (1983), *R&D, Patents and Productivity*, Chicago: Chicago University Press.

Hayek, Friedrich A. von(1937), 'Economics and knowledge', *Economica*, **4**, 33 −54.

Helliwell, John(ed.) (2001), *Tile Contribution of Human and Social Capital to Sustained Economic Growth and Well-being*, Paris: OECD and Canada: HRDC.

Henrekson, Magnus and Ulf Jakobsson(2003), 'The transformation of ownership policy and the structure in Sweden: Convergence towards the Anglo-Saxon model?', *New Political Economy*, **8**(1), 73 −102.

ISA (1997), *Svenska Kompetensb/ock-Specialstudiue: Hälso-och Sjukvårdsindustrin*, Stockholm: ISA.

ISA(2003), *Med Flaggorna i Topp och Konjunkturen i Botten: Vad händer med Sverige?*, Stockholm: ISA.

IUI(1985), *Att Rätt Värdera 90-taler*, Stockholm: IUI.

IUI(1993), *Den Långa Vägen: Den ekonomiska politikens begränsningar och möj ligheter att föra Sverige ur 1990-talets kris*, Stockholm: IUI. See Andersson et al. (1993).

Jagren, Lars(1988), 'Företagens tillväxt i ett historiskt perspektiv', in J. Örtengren et al., *Expansion, Avvekting och Företagsvärdering i Svensk Industri: En studie av ägarformens och finansmarknadernas betydelse för strukturomvandlingen*, Stockholm: IUI.

Johansson, Dan(2001a), 'The dynamics of firm and industry growth: The Swedish computing and communications industry', Doctoral thesis, Department of Organization and Management, KTH, Stockholm.

Johansson, Dan(2001b), *The Size and Dynamics of the Swedish Computing and Communications Industry*, Stockholm: KTH.

Klinge, Björn(2004), 'Krokig väg för titanimplantatets genombrott', review article of McClarence(2003), Under Strecket, *Svenska Dagbladet*, 15 March.

Knight, F. (1921), *Risk, Uncertainty and Profit*, Boston, MA: Houghton-Mifflin.

Krantz, Olle(2003), 'The Nordic countries in the 19th and 20th centuries: Economic growth in a comparative perspective'(mimeo), Department of Economic History, Umeå University.

Krantz, Olle(2004), 'Economic growth and economic policy in Sweden in the 20th century: A comparative perspective', Department of Economic History, Umeå University and Working Paper, The Ratio Institute, Stockholm.

Lange, O. (1967), 'The computer and the markets', in C. H. Feinstein(ed.), *Socialism, Cap-*

*italism and Economic Growth*: *Essays Presented in Honor of Maurice Dobb*, Cambridge: Cambridge University Press, pp. 158 −61.

Lind, Daniel(2003), 'Informationsteknologins Betydelse för den Svenska Produktivitetsutvecklingen', *Ekonomisk Debatt*, 5/2003, 39 −49.

Lindmark, Magnus and Peter Vikström(2003), 'Growth and structural change in Sweden and Finland 1870 −1990: A story of convergence', *Scandinavian Economic History Reviev*, 1.

Lundvall, Bengt-Åke(1992), *National Systems of Innovation*, London: Pinter.

McClarence, Elaine(2003), *Close to the Edge*: *Brånemark and the Development of Osseointegration*, London: Quintessence Publishing.

Malinvaud, E. (1967), 'Decentralized procedures in planning', in E. Malinvaud and M. O. L. Bacharach(eds), *Activity Analysis in the Theory of Growth and Planning*, London: Macmillan.

Menger, Carl (1871), *Grundsätze der Volkwirtschqftslehre*, Wien: Wilhelm Braumüller.

Menger, Carl(1892), 'On the origin of money', *Economic Journal*, **2**(6), 239 −55.

Nelson, Richard H. (ed.) (1993), *National Systems of Innovation*: *A Comparative Stud*, Oxford: Oxford University Press.

Nelson, Richard H. (2002), 'Bringing institutions into evolutionary growth theory', *Journal of Evolutionary Economics*, **12**, 17 −28.

Nelson, Richard and Sidney Winter(1982), *An Evolutionary Theoty of Economic Change*, Cambridge, MA: Harvard University Press.

Nilson-Novell(1996), *Enmtreprenörsavknoppningar från ett Storföretag*: *Studier av Pharmacia 1985 − 1996*, Uppsala: The Uppsvenska Chamber of Commerce.

North, Douglass C. (1990), *Institutions, Institutional Change, and Economic Performance*, Cambridge and New York: Cambridge University Press.

North, D. C. and R. E Thomas(1973), *The Rise of the Western World: A New Economic History*, Cambridge: Cambridge University Press.

Örtengren, Johan, Thomas Lindberg, Lars Jagren, Gunnar Eliasson, Per −Olof Bjuggren and Lotta Björklund(1988), *Expansion, Avveckling och Företagsvärdering i Svensk Industri: En studie av ägarformens och finansmarknadernas betydelse för strukturomvandlingen*, Stockholm: IUI.

Pakes, Ariel and Zwi Griliches(1983), 'Patents and R&D at the firm level: A first look', in Zwi Griliches(ed.), *R&D, Patents and Productivity*, Chicago: Chicago University Press.

Pavitt, K. and L. Soete(1981), 'International differences in economic growth and the international location of innovation'(mimeo), Science Policy Research Unit, University of Sussex, England.

Pelikan, Pavel(1986), 'Why private enterprise? Towards a dynamic analysis of eco nomic institutions and policies', in *The Economics of Institutions and Markets*, IUI Yearbook, 1986 − 87, Stockholm: IUI.

Pelikan, Pavel (1988), 'Can the imperfect innovations systems of capitalism be out performed', in Giovanni Dosi et al., *Technical Change and Economic Theory*, London and New York: Pinter Publishers.

Pelikan, Pavel(2003), 'Bringing institutions into evolutionary economics: Another view with links to changes in physical and social technologies', *Journal of Evolutionary Economics*, **3**, 237 −58.

Putnam, Robert(2000), *Bowling Alone*: *The Collapse and Revival of American Community*, New York: Simon & Schuster.

Salter, W. E. G. (1960), *Productivity and Technical Change*, Cambridge, MA: Cambridge University Press.

Schumpeter, Joseph(1934 [1911]), *The Theory of Economic Development*, in *Harvad Economic Studies*, vol. **XLVI**, Cambridge, MA: Harvard University Press.

Schumpeter, Joseph(1942), *Capitalism, Socialism and Democracy*, New York: Harper & Row.

Smith, Adam(1776 [1937]), *An Inquiry into the Nature and Causes of the Wealth of Nations*, New York: Modern Library.

Soto, Hernando de(2000), *Tile Mystery of Capital: Why Capitalism Triumphs in the West and Fails Everywhere Else*, New York: Basic Books.
Stigler, G. J. (1951), 'The division of labor is limited by the extent of the market', *Journal of Political Economy*, **LIX**(3) (June), 185 −93.
Sweeney, G. P. (ed.)(2001), *Innovation, Economic Progress and Quality of Life*, Cheltenham, UK and Northampton, MA, USA: Edward Elgar.
Taymaz, Erol(1989), 'Types of flexibility in a single-machine production system', *International Journal of Productivity Research*, **27**(11), 1891 −9.
Vogel, Esra F. (1979), *Japan as No. 1: Lessons for America*: Cambridge, MA and London: Harvard University Press.
Wallis, John and Douglass North(1986), 'Measuring the transaction sector in the American economy', in Stanley Engerman and Robert Gallman(eds), *Long Term Factors in American Economic Growth*, Chicago: Chicago University Press.
Wärneryd, Karl(1990), A *Coordination Theory of Transactions Costs and the Firm*, Stockholm: Stockholm School of Economics.
Westerman, J. (1768), *Om Svenska Näringarnes Undervigt emot de Utländske, förmedelst en trögare Arbets-drift*[ On the inferiority of the Swedish compared to foreign manufacturers because of a slower work organization], Stockholm.
Wihlborg, Clas(1998), 'Economic efficiency enabling and mandatory law', in G. Eliasson and C. Green(eds), *The Micro Foundations of Economic Growth*, Ann Arbor: University of Michigan Press.
Williamson, Oliver(1985), *The Economic Institutions of Capitalism*, New York: Free Press.
Williamson, Oliver (1986), *Economic Organization: Firms, Markets and Policy Control*, New York: New York University Press.
Wolfe, Barbara and Robert Haveman(2001), 'Accounting for the social and non market benefits of education', in John Helliwell(ed.), *The Contribution of Human and Social Capital to Sustained Economic Growth and Well-being*, Paris: OECD and Canada: HRDC.

# 第9章

# 20世纪末爱尔兰社会改革与公共制度创新
——从"富国中的最穷国"到"欧洲的希望之星"?

朱莉娅·S·奥康纳

## 引言

像爱尔兰这样小规模的国家或经济体很少能够登上像英国《经济学人》这样的杂志封面,但是在过去的十年中,爱尔兰已经两度成为该杂志的封面国家。第一次是在20世纪80年代,爱尔兰被刻画成"富国中的最穷国",封面上的照片捕捉了一个妇女和一个儿童在都柏林街头行乞的画面;仅仅十年之后的1997年,爱尔兰则被描绘成"欧洲的希望之星"。《经济学人》杂志的这两种描述是否准确?如果答案是肯定的,那么究竟是什么原因带来了爱尔兰形象的转变?

过去的十年里,爱尔兰这个规模不大的开放经济体,在不断深化的经济全球化进程中所取得的经济成就令人赞叹。在世界贸易体系中形成自身竞争力,这一直以来是取得这一成就的关键要素。适当的政策选择为这一要素奠定了基础,政策制度过程中的重大创新促进了正确的政策选择。实际上,爱尔兰的发展经验不仅仅是全球化或是在自由市场环境下减少政府行为的结果。从20个世纪60年代到爱尔兰创下经济增长奇迹的1994年再到今天,爱尔兰政府一直都是政策决策的核心力量。特别是20世纪60年代,爱尔兰政府采取了一系列经济对外开放和教育领域的政策,这些都有助于爱尔兰获得今天的经济成就。从1987年开始,社会合伙人制度逐渐形成,它是指在政府、雇员、商业联合会以及农民之间形成的一种协同关系。到了1997年,社会合伙人制度开始包括社区代表和志愿部门,这个制度也为经济的发展注入了活力。爱尔兰政府作为这一制度的核心力量和最活跃要素,不断推出有利于经济发展的新政策,特别是在吸引外商直接投资和加强本土工业发展方面。不仅如此,还有一点值得注意,政府在促进经济发展的同时,努力构建自由福利国家体制,因为如果以欧盟经济发展水平为标准来发展经济,爱尔兰难以摆脱收入分配不公的传统模式。

促成经济发展的诸多因素中,最关键的是分析经济议题、面临的挑战以及解决方案框架的改变。20世纪60年代的爱尔兰开始实行的经济开放政策,成为欧盟成员国,20世纪80年代进行社会合伙人制度的革新,如果缺少了这一框架,这些都无法实现。正如成功总不是一帆风顺的,目前经济成绩的取得也曾伴随着曲折和政策的失败。20世纪60年代实行的经济对外开放政策实际上是对一直以来爱尔兰自给自足的经济模式所导致的经济困境的反馈。20世纪70年代金融政策的失误引起了80年代经济领域的一系列大麻烦,阻碍了爱尔兰人民生活水平向欧盟标准看齐的历史进程。政府、雇员、商业联合会以及农民之间形成的社会合伙人制度在20世纪80年代末逐渐形成,是对当时极度困难的经济局面的反馈——GDP增长的高债务比重、高失业率和高移民率给这一局面雪上加霜。通过推进社会共识以解决关键的经济挑战和财政困难,社会合伙人制度应运而生,对后来的金融稳定和经济发展做出了巨大的贡献。爱尔兰这种经济上的变迁很好地体现了质变的改革过程,并非一个顺利的、渐进的过程,而是一个用创造性的制度应对困难和挑战的进程。

自从爱尔兰1973年加入欧盟,爱尔兰在欧盟成员国的排名就发生着变化。下一节将就主要的位次变化和爱尔兰目前经济转变的主要方面进行小结。然后,先简要介绍爱尔兰人口和教育效益这两个为经济发展提供了有利环境保障的方面的基本情况。接下来讨论在过去20年时间里促进爱尔兰经济和社会发展的社会合伙人制度,以及政府在爱尔兰社会变迁中的作用和它在社会发展中的角色。

爱尔兰经济的发展进程,与其政府功能的不断发展与变化是紧密相连的。政府不再仅仅行使社会分配的功能,与从前相比,政府更肩负着缓解与解决经济发展与社会进步之间产生的矛盾和张力的功能。这部分内容将有助于以爱尔兰具体国情为基础，评价经济发展进程中的反馈机制和坚持传统社会政策形成模式的重要性。这部分的结论明确指出了聚焦于慎重的制度结构调整的分析框架的价值和重要性。

## 爱尔兰在欧盟排序的变化和经济的变迁

爱尔兰 1973 年加入欧洲经济共同体反映了爱尔兰经济战略上的政策选择——接下来将进一步融入世界经济。爱尔兰坚持实行已经就绪的工业发展政策，同时进行着经济结构的调整。在欧盟成员国排序的变化体现了爱尔兰是外商直接投资的受益者，在吸引外商投资促进经济增长方面取得了巨大的成功，同时也巩固和加强了本土工业的结构重组和发展。

和英国、丹麦这两个也于 1973 年加入欧洲经济共同体的国家形成对比的是，爱尔兰的人均国内生产总值远低于共同体当时的平均标准（见表 9.1）。1981 年希腊加入欧洲经济共同体之前，爱尔兰始终保持着共同体中最穷国家的位置。1986 年西班牙和葡萄牙加入后，根据人均国内生产总值和生活在贫困线以下居民百分比统计，爱尔兰成为共同体中倒数第三穷困的国家，仅好于葡萄牙和希腊。西班牙这两项指标稍好于爱尔兰，但是和爱尔兰一样拥有高失业率。这四个国家在很多指标上，一直是欧盟中最穷国家集团，这种状况一直持续到 20 世纪 90 年代初，从那时起，爱尔兰的经济开始好转。到了 20 世纪 90 年代末，爱尔兰大大地改善了其在欧盟中的地位，特别是在人均国内生产总值、就业增长和失业减少方面，但是在相对收入贫困状况和社会保障方面还有待提高。

1973 年，根据欧盟的人均购买力标准❶（见表格 9.1），爱尔兰的人均国内生产总值占到欧盟平均人均国内生产总值的 60.3%。到 1986 年，该数据增长为 65.3%。尽管从 1931 年到 1990 年的增长并不显著，爱尔兰人均国内生产总值很快在 1997 年

---

❶ 购买力平价（PPP），是指将各国的货币单位融入世界金融普遍标准进行换算，即在某一年度内，同样单位的金钱可以购买的商品与服务的数量。在这里，引用这一概念，作为衡量欧盟各国购买力的标准参数。

就达到了欧盟的平均人均购买力标准,在市场价值指数方面于 1998 年达到了欧盟平均标准,而人均国民生产总值于 2001 年达到了欧盟平均标准。由于外商直接投资的规模和相关的利润计算方法不同,爱尔兰的国内生产总值和国民生产总值有很大差异。结果造成国民生产总值是衡量爱尔兰实际资源总量的更客观的标准。除爱尔兰以外,欧盟其他国家没有一个国家有如此大差异。不仅欧盟,连世界经济合作组织内部,只有新西兰这一个国家的情况与爱尔兰相似,在国内生产总值和国民生产总值方面差异巨大。这一情况已经被世界经合组织认可。新西兰国民生产总值在 1995 年比其国内生产总值至少高 12%,而到了 2000 年,两个数据相差 16% ( OECD, 1997: 18; Central Statistics Office, 2001: Table 5 and 6)。

表 9.1 1960 年 ~ 2000 年,人均国内生产总值折合成购买力标准[1],

欧盟 15 国平均标准为 100

| 国家 | 1960 | 1973 | 1986 | 2000 |
|---|---|---|---|---|
| 欧盟 15 国[2] | 100.0 | 100.0 | 100.0 | 100.0 |
| 比利时 | 98.6 | 104.0 | 103.7 | 111.0 |
| 法国 | 106.2 | 110.9 | 110.4 | 101.3 |
| 德国[3] | 121.1 | 113.0 | 115.3 | 106.4 |
| 意大利 | 87.3 | 93.6 | 102.1 | 98.9 |
| 卢森堡 | 176.7 | 159.5 | 144.7 | 180.0 |
| 荷兰 | 115.7 | 110.1 | 105.2 | 113.4 |
| 丹麦 | 119.2 | 113.3 | 116.8 | 116.8 |
| 爱尔兰(1973) | 62.6 | 60.3 | 65.3 | 114.3 |
| 英国(1973) | 121.6 | 102.8 | 101.2 | 102.3 |
| 希腊(1981) | 43.6 | 70.8 | 62.6 | 67.1 |
| 葡萄牙(1986) | 40.1 | 57.9 | 54.4 | 75.7 |
| 西班牙(1986) | 59.1 | 77.0 | 71.8 | 82.1 |
| 奥地利(1995) | 95.8 | 99.2 | 106.4 | 110.8 |
| 芬兰(1995) | 88.2 | 94.2 | 101.3 | 101.9 |
| 瑞典(1995) | 126.0 | 117.5 | 115.0 | 102.8 |

资料来源:European Commission (2000)。

1. 购买力标准允许国与国之间的直接、实物的对比计算。

2. 括号中的数字表示加入欧盟的年份

3. 1960 ~ 1986,"德国"指联邦德国

1971年~1980年，爱尔兰失业率创下8%的历史最高值，而欧盟平均标准为4%；1981年~1990年，爱尔兰失业率达到15%，而同期欧盟平均标准略低于9%，当时只有西班牙以18%的失业率高于爱尔兰。1990年~1998年，尽管爱尔兰的失业率一直在下降，从最高点1993年的16%下降到1998年的不到8%，爱尔兰的失业率始终高于欧盟平均标准。爱尔兰的失业率保持着下降的趋势，在2002年实现了4.4%，其中长期失业率为1.3%（见表9.2）。失业率的下降来自这个时期就业率的增长，1993年~2000年平均每年增长率为4.7%，而同一时期人口的年平均增长率仅为1%。使得失业率下降的另一个关键原因在于就业人数比例的增加。从欧盟倒数第二的位置，也就是远低于平均水平的1990年，爱尔兰的就业人口比例上升至2001年的倒数第七位，几乎达到了欧盟的平均水平（见表9.2）。

表9.2　1990年~2002年欧洲各国的就业人口比率、标准失业率和长期失业率

| 国家 | 雇佣率（15%~64%） 1990 | 雇佣率 2002 | 失业率（欧洲统计局的定义）1991~2000 | 失业率 2002 | 长期失业率（12个月及以上）1990 | 长期失业率 2002 |
|---|---|---|---|---|---|---|
| 欧盟15国 | 61.6 | 65.9 | 9.9 | 6.5 | 3.5 | 2.4 |
| 比利时 | 54.4 | 59.9 | 8.9 | 7.3 | 4.8 | 3.6 |
| 法国 | 59.9 | 63.0 | 11.4 | 8.7 | 3.6 | 2.7 |
| 德国 | 64.1 | 65.3 | 8.2 | 8.6 | 2.3 | 4.0 |
| 意大利 | 53.9 | 55.5 | 10.8 | 9.0 | 7.3* | 5.3 |
| 卢森堡 | 59.1 | 63.7 | 2.5 | 2.8 | 0.5 | 0.8 |
| 荷兰 | 61.1 | 74.4 | 5.3 | 2.7 | 3.3 | 0.7 |
| 丹麦 | 75.4 | 75.9 | 7.1 | 4.5 | 2.9 | 0.9 |
| 爱尔兰 | 52.3 | 65.3 | 11.2 | 4.4 | 9.8 | 1.3 |
| 英国 | 72.4 | 71.7 | 8.1 | 5.1 | 2.3 | 1.1 |
| 希腊 | 54.8 | 56.7 | 9.2 | 10.0 | 3.4 | 5.1 |
| 葡萄牙 | 67.5 | 68.2 | 5.6 | 5.1 | 2.0 | 1.8 |
| 西班牙 | 51.1 | 58.4 | 19.6 | 11.3 | 8.2 | 3.9 |
| 奥地利 | 68.4* | 69.3 | 3.9 | 4.3 | 1.0* | 0.8 |
| 芬兰 | 74.1 | 68.1 | 12.5 | 9.1 | 1.2 | 2.3 |
| 瑞典 | 83.1 | 73.6 | 7.7 | 4.9 | 0.1 | 1.0 |

注：*为1995年数字。

资料来源：OECD, (2002); European Commission (2000); European Commission (2003)。

爱尔兰经济在过去十年的变化可以清晰地体现在与欧盟成员国以及世界经济合作

# 第9章　20世纪末爱尔兰社会改革与公共制度创新

组织成员国在国内生产总值方面的比较中（见表9.3）。

表9.3　以当前市场价格的GDP百分比（%）的变化

| 国家 | 1961~1970 | 1971~1980 | 1981~1990 | 1991~2000 | 2000 |
| --- | --- | --- | --- | --- | --- |
| 欧盟15国 | 9.5 | 14.2 | 9.2 | 4.9 | 5.1 |
| 比利时 | 8.5 | 10.8 | 6.4 | 4.1 | 4.7 |
| 法国 | 10.2 | 13.5 | 8.5 | 3.4 | 4.7 |
| 德国[1] | 8.4 | 8.1 | 5.1 | 4.1 | 3.6 |
| 意大利 | 10.5 | 19.1 | 13.1 | 5.4 | 4.7 |
| 卢森堡 | 7.7 | 9.2 | 9.0 | 7.5 | 6.8 |
| 荷兰 | 10.6 | 10.8 | 4.2 | 5.0 | 6.9 |
| 丹麦 | 11.2 | 12.2 | 8.0 | 4.4 | 4.7 |
| 爱尔兰 | 9.9 | 19.2 | 10.8 | 10.1 | 11.7 |
| 英国 | 7.2 | 16.2 | 9.2 | 5.5 | 6.1 |
| 希腊 | 11.7 | 19.9 | 20.3 | 11.8 | 6.6 |
| 葡萄牙 | 9.5 | 21.6 | 21.2 | 8.2 | 5.8 |
| 西班牙 | 14.3 | 19.2 | 12.7 | 6.6 | 6.5 |
| 奥地利 | 8.7 | 10.2 | 6.0 | 4.2 | 3.8 |
| 芬兰 | 10.9 | 15.3 | 10.4 | 3.8 | 6.1 |
| 瑞典 | 9.1 | 11.8 | 9.9 | 4.0 | 5.9 |

资料来源：European Commission（2000）。

1. 到1991年为联邦德国。

1979年~1987年，爱尔兰国内生产总值的年增长率不到2%，1987年~1993年，国内生产总值年增长率不到4%，而到了1993年~2000年，已经超过了9%，这种大幅度增长主要依靠每年超过16%的年出口率的增长（NESC，2003：8~9）。尽管过去40年来爱尔兰经济增长速度处于欧盟平均水平之上，但是这三个欧盟南部所谓的边缘国家——希腊、葡萄牙和西班牙，也在20世纪70年代保持着与欧盟平均水平持平或高于欧盟平均水平，在80年代已经绝对地高于欧盟平均水平。在1991~2000年这段时间，希腊保持着较高的平均增长水平，其最高的增长期正是爱尔兰1995年开始的十年高速增长期的头五年。伴随着这种高增长，爱尔兰的债务/国内生产总值的比例从 1987 年~1990 年的 107% 下降到 2003 年的 33%，而同时期欧盟平均水平为 64%。

为了更准确地理解爱尔兰经济的变迁和政策发展模式的变化，承认爱尔兰经济开放政策的必要性和全球化对像爱尔兰这样的小型经济体的深刻影响是重要的。

自 20 世纪 60 年代起，爱尔兰开始转变曾经自给自足的经济政策，它的经济模式变得越加开放。出口额占国内生产总值的份额从 1960 年的 10% 上升到 2000 年的 89%。进口商品和服务总额占国内生产总值的份额从 1960 年的 36% 增长至 2000 年的 79%。卢森堡是唯一一个欧盟国家中开放程度高于爱尔兰的国家。但是直到 20 世纪 90 年代，爱尔兰的开放程度没有超过比利时和荷兰（见表 9.4）。

表 9.4  商品与服务出口、进口情况：以目前市场价格占国内生产总值的百分比

| 国家 | 1971~1980 进口 | 1971~1980 出口 | 1981~1990 进口 | 1981~1990 出口 | 1991~2000 进口 | 1991~2000 出口 | 2000 进口 | 2000 出口 |
| --- | --- | --- | --- | --- | --- | --- | --- | --- |
| 欧盟 15 国 | 25.4 | 25.3 | 28.1 | 28.7 | 28.4 | 29.6 | 32.3 | 33.4 |
| 比利时 | 57.1 | 56.7 | 69.5 | 70.2 | 68.1 | 71.8 | 74.8 | 79.0 |
| 法国 | 18.9 | 18.1 | 22.4 | 21.2 | 21.9 | 23.5 | 24.7 | 26.9 |
| 德国[1] | 22.0 | 24.2 | 26.5 | 30.3 | 26.7 | 26.4 | 30.1 | 31.3 |
| 意大利 | 20.9 | 20.5 | 21.1 | 20.9 | 21.5 | 24.2 | 25.3 | 27.1 |
| 卢森堡 | 92.0 | 102.2 | 106.1 | 111.3 | 96.7 | 110.2 | 95.7 | 115.3 |
| 荷兰 | 50.5 | 50.9 | 56.6 | 59.8 | 53.4 | 58.5 | 57.9 | 62.7 |
| 丹麦 | 32.4 | 29.8 | 34.1 | 35.5 | 31.4 | 36.2 | 32.8 | 37.4 |
| 爱尔兰 | 50.3 | 40.3 | 53.1 | 52.6 | 64.2 | 74.1 | 78.9 | 89.1 |
| 英国 | 26.6 | 26.1 | 26.5 | 25.9 | 27.2 | 26.3 | 27.5 | 25.6 |
| 希腊 | 27.7 | 13.8 | 27.1 | 21.8 | 25.7 | 18.0 | 26.6 | 18.6 |
| 葡萄牙 | 30.6 | 21.1 | 38.1 | 29.9 | 37.9 | 29.4 | 42.9 | 31.1 |
| 西班牙 | 15.4 | 13.7 | 19.3 | 18.5 | 23.7 | 23.0 | 30.9 | 29.5 |
| 奥地利 | 32.2 | 31.4 | 36.8 | 37.0 | 41.4 | 41.0 | 49.7 | 48.7 |
| 芬兰 | 18.9 | 26.6 | 22.4 | 27.6 | 21.9 | 34.5 | 24.7 | 38.8 |
| 瑞典 | n.a. | 27.8 | 31.8 | 33.1 | 33.0 | 38.0 | 39.2 | 44.8 |

资料来源：European Commission (2000)。

1. 1991 年以前为联邦德国。

对比国民生产总值或国内生产总值上的增长、就业数据以及向欧盟平均收入水平靠拢的趋势，生活在欧盟低收入标准下的人口比例在过去的 20 年中一直波动且处于相对较高的水平。1999 年，爱尔兰有 18% 的人口处于国家平均收入水平的 60% 以下，

而欧盟平均每年水平为15%（Eurostat，2003）。无论欧盟采用国家平均收入水平的60%、50%还是40%为统一标准，爱尔兰、英国、南部欧洲边缘国家和意大利一直保持了较高的贫困率，当然统一标准不同，它们在排位上会有变化。

爱尔兰规定的最低收入标准相对其他国家还不算最低的，是指国家平均工资水平的40%。根据这一坐标，"持久贫困"——这一用于爱尔兰国家反贫困战略中的指标从1987年到2000年一直在下降（见表格9.5）。根据缺乏必要的生活必需品这一标准（同时收入水平低于国家平均收入水平的60%）看，处于持久贫困的人口比例从5.5%下降到了3%；从低于国家平均收入水平的50%这个标准看，处于持久贫困的人口比例从13%下降到了4%（Nolan et al.，2002）。在持久贫困的数据方面，欧盟没有一个国家可与之相比。

表9.5 爱尔兰1987~2000年中等收入以下民众占人口比例和"持久贫困"比例

|  | 1987 | 1994 | 1997 | 2000 |
|---|---|---|---|---|
| 相对收入临界值 |  |  |  |  |
| 中等收入水平的50% | 9.1 | 6.0 | 8.6 | 13.8 |
| 中等收入水平的60% | 19.7 | 15.6 | 18.2 | 22.1 |
| 中等收入水平的70% | 28.8 | 26.7 | 29.0 | 28.2 |
| 持久贫困 |  |  |  |  |
| 中等收入水平的50%并缺乏生活必需品 | 5.5 | 3.5 | 5.2 | 3.1 |
| 中等收入水平的60%并缺乏生活必需品 | 12.7 | 8.3 | 7.8 | 4.4 |
| 中等收入水平的70%并缺乏生活必需品 | 17.8 | 14.5 | 10.8 | 5.5 |

资料来源：National Anti-Poverty Strategy（1997）；Callan et al.（1996）；Layte et al.（2001）；Nolan et al.（2002）。

在一个经济高速发展的时期内，收入初次分配的不公平可以扩大且被容忍这个议题在法律层面还有待商榷。但是，如果我们仔细观察会发现，今天的爱尔兰存在的收入分配不公现象比那些1993年就处于欧盟平均收入水平以上的国家当时的情况还要严重些。这个现象至少部分地说明了各个国家在收入再分配领域的不同，无论是以税收的形式还是社会保障的形式。与收入再分配领域有关的关键经济部门的不同决定了爱尔兰政府采用不同的发展模式和再分配标准。在探讨爱尔兰政府的角色和社会合伙人制度的作用之前，有必要先来考察一下爱尔兰的人口效益以及与此相伴的从20世展与社会运行的关键部门，在经济机制的调整和社会关系的协调方面发挥了重要作用。到目前为止，该委员会已经出版了 6 本关于爱尔兰经济与社会问题的战略报告（NESC，1986，1990，1993，1996，1999，2003）。从 1987 年开始，这些报告以 3 年为一个周期，对爱尔兰经济与社会的全面发展作了全面概括和分析，提供了以社会和经济全面发展为目标的政府与社会合伙人之间关于经济、财政和社会发展的协商机制。在 1987 年以前，爱尔兰曾经有过关于集体讨论甚至建立三方会谈的尝试，但是即使最终达成了一致的意见，也因为执行不力而使目标流产。1981 年~1986 年，爱尔兰实行的还是分散的协商机制。1987 年，农民、商业联合会和雇员开始参与其中，也是对当时经济困难的一种反馈机制——高失业率、高负债率、高人口外迁率和低就业增长相伴随。正如前面提到的，1979 年~1987 年这段时间，几乎所有经济指标都处于十分困难的状态，以低增长、迅速减少的公共财富、人均收入的停滞、严重的收支不平衡和恶化的劳资关系为特征。政府债务占国内生产总值的比例从 1979 年的 85.7% 上升至 1987 年的 125%，这一时期的失业率平均为 13%，而同期的欧盟平均水平为 9.3%（NESC，1996）。除此之外，向国外移民的人口也开始增长。1981 年~1986 年这五年间，移民情况继续恶化，已经达到每 1000 人中有 4.1% 的人口移居国外（Courtney，1995）。正是在这种严峻的经济形势和社会危机下，建立稳定集中的商议机制和协调的制度变革变得越发必要。

集中的工资商议机制开始于政府的高层（Hardiman，2002：6）。1987 年新上台的少数派政府举行了三方会谈。在急需减少公共支出、缓解政府债务压力、执行 1986 年全国经济与社会发展委员会出台文件大的背景下，此次协商的结果是提出了一系列包括工资标准化和减免收入税的建议。这一提法受到了雇员组织和商业联合会的欢迎，实际上，此前这两个组织已经成为全国经济与社会发展委员会中的重要成员。❶这一建议也基于爱尔兰作为一个规模不大的开放经济体必须保证全球竞争力的共识。这一战略的目标在于，促使爱尔兰成为以良好的金融运作环境为基础的、与欧洲货币联盟成员身份相匹配的、具有现代竞争力的经济体，实现经济的可持续发展和就业的

---

❶ 哈迪曼教授的分析表明，对于商业联盟来说，他们别无选择（Hardiman，2002：9）。

稳定增长，以及由此让公民享有经济社会收益的公平分配（NESC，1986）。成为欧洲货币联盟的一员这一目标，意味着严格遵守马斯特里赫特约定（Maastricht criteria）的一套外部约束机制，而这些机制是欧洲货币联盟各个成员国必须无条件遵守的。

尼亚姆·哈迪曼（Niamh Hardiman）将爱尔兰的社会合伙人制度解释为以竞争性合作制为形式的集体商议机制的一种。她讲荷兰和芬兰的体制看做竞争性合作制的变种，而西班牙和意大利的体制则是某种程度上的竞争性合作制（Hardiman，2002：4）。竞争性合作制以保持经济体的竞争力、劳动力市场的流动性和建立雇员友好型福利关系为前提。

第一次全国范围内社会合伙人制度的成功运作被接下来的国际经济好转、通货膨胀减少推动和加强了。这一时期通货膨胀的好转使得人们相当于赚了更多的钱、缴纳了更少的税款。因为参与到社会合伙人制度中的机构和团体，特别是商业联合会和雇员组织纷纷从中受益，这一制度也就坚持了下来。由此而带来的劳资关系的好转和针对中等收入者少征税的原则都为提升经济竞争力保驾护航。后来也因为世界整体经济向好，良好的劳资关系和合理的税收政策将经济发展转变为就业率的大幅提高。反过来，高就业率促进了失业率的降低和整个国家的凝聚力。

**爱尔兰社会合伙人制度的发展与演变**

全球范围内，社会合伙人制度的核心概念包括工资等收入、税收政策、社会保障和一些国家实行的社会服务等。换句话说，它强调了传统社会中合作伙伴（雇员和商业联合会）的传统的社会要求。爱尔兰经济的起飞体现了这一制度在面对新的发展形势不断调整政策和策略的必要性，同时爱尔兰的发展经验也在参与度和问题的广泛度上丰富了这一制度。这一制度在爱尔兰的演变可以分为三个阶段，每一阶段的演变都建立在上一阶段基础之上：

第一阶段：就经济与社会发展等问题形成社会共识；

第二阶段：识别社会凝聚力、就业和竞争力三者之间的关系；

第三阶段：扩大关注的重点领域，认识经济、社会和环境可持续发展的重要性。

在第一阶段（就经济与社会发展等问题形成社会共识阶段），1987年～1995年，每3年由政府与传统的社会合伙人（由商业联合会、雇员和农民代表组成）形成一个全国性的方案。这些决议反映了一个共识，即爱尔兰经济增长和持续发展有赖于其经济竞争力的保持以及根据马斯特里赫特约定和欧盟经济发展与稳定条约的要求形成的公共财政预案。

在第二阶段（识别社会凝聚力、就业和竞争力三者之间的关系阶段），爱尔兰越发认识到，上述这些目标的达成和社会合伙人制度的持续发展必须依赖社会凝聚力的养成，社会凝聚力依靠的则是社会团结和包含。这种共识不仅反映在第四次全国议案（1997年～1999年的发展规划）的形成上，而且体现在参与全国议案拟定成员的增加。除了传统意义上的社会合伙人，社区和志愿者组织也派代表参加了讨论和协商。

在第三阶段（认识经济、社会和环境可持续发展的重要性阶段），2000年～2002年全国议案反映了进一步扩大参与度、扩展议题范围的要求，形成了经济、社会和环境要可持续发展的共识。该议案的关注领域从单纯的经济发展转向民生领域，转向不断应对全球化带来的挑战方面，包括提高人民生活水平、加强雇员终身学习、提高外商投资质量、平衡和处理好家庭与工作的关系。然而，需要说明的是，这些议案还没有完全得到实现。尽管爱尔兰在关键的经济指标方面不断向欧盟标准看齐，但是在收入分配、社会福利和保障方面的投入还远没有达到欧盟标准（O'Connor，2003）。

总之，社会合伙人制度在爱尔兰不断发展和演变，从传统意义上的社会合伙人和政府间的对话，发展为包含了政府、企业、社区以及志愿者组织在内的更大范围内的框架式讨论，范围从地方到全国（OECD，1996；O'Connor，1997，2002）。而由此形成的议案内容也由压力下的财政和经济领域的问题变为以可持续的方式发展经济和社会，强调不断应对新出现的挑战。

## 爱尔兰政府在经济和社会发展中的角色

过去十年里，爱尔兰的经济成就收获了国际社会的很多褒奖，"凯尔特虎"这个标签已经被广泛使用。对这些褒奖持怀疑态度的人会说，其实这些所谓的经济成就不过是迟来的经济发展（Nolan et al.，2000：1）。政策选择、对重大战略政策持之以恒的坚持和执行是爱尔兰成为高人力资源水平和高经济增长国家的关键因素。始于20世纪60年代的对外开放政策、1973年加入欧盟、教育领域的一系列变革等都为经济发展和成功打下了良好的基础。从1987年开始实行的社会合伙人制度也是促进经济发展的重要因素。那么政府起到了哪些作用呢？

20世纪50年代以来，爱尔兰实行自给自足的经济政策。但是随着国际经济环境的变化以及由此带来的机遇与挑战的出现，这种经济政策的局限性十分明显，这就使得出台新的经济政策十分必要。

爱尔兰实行的对外开放经济政策包括以下几个方面：

- 吸引外商直接投资；
- 争取加入欧洲货币联盟；
- 振兴本土工业。

**吸引外商直接投资**

外商直接投资对爱尔兰整体经济形势的影响受到了广泛的关注。开始于20世纪60年代的外商直接投资经历了短暂的缓慢增长后，在80年代至90年代高速增长，到了90年代末期，外商直接投资额已经占爱尔兰全国工业生产额的2/3以上（Barry and Bradley, 1997）。外商投资并没有进入爱尔兰的传统经济部门，比如食品加工、衣服和鞋帽生产等领域，因为在这些领域，爱尔兰本土企业往往具有较大竞争力。刚开始的时候，投资的分厂性质和鼓励分散的国家政策阻碍了产业聚集的进程和地区集中，然而到了20世纪90年代末，爱尔兰已经吸引了足够多的高新技术产业的外商投资，例如计算机、工程规划、化学和药剂等部门（Bradley, 2000）。

政府部门，特别是工业发展委员会对吸引外商直接投资发挥了很大作用。起初，委员会将大量的人力物力放在那些需要寻求资金支持的部门，因为收效甚微，甚至导致了投资的失败。到了20世纪80年代和90年代，委员会开始转变战略，转向更多的具有发展潜力的高新技术投资。有几个因素为这一战略的实现作出了贡献。首先是爱尔兰讲英语的劳动力，其次是面对新情况下的政策变化和调整策略，包括发展以知识经济为基础的产业链、每年调整的有利于外商投资的公司税率和欧盟成员国的身份。

### 作为欧盟成员的爱尔兰

爱尔兰于 1973 年加入欧盟,不仅促进了已经就绪的工业发展战略的实施,而且也促进了经济结构的调整和变迁。爱尔兰在欧盟各项指标中排序的变化有助于其更好地吸引外商直接投资和调整、振兴本土工业。爱尔兰实行的对外开放经济政策也是成为欧盟成员国这一长远目标的重要举措。

成为欧盟成员国的好处在于享有共同农业政策、地区政策与结构基金、一体化市场。目前看来,这三个因素中,一体化市场是最关键的要素,但是也取决于欧盟各地区的执行情况。欧盟的地区政策一直以来都是爱尔兰经济腾飞的重要因素(Bradley, 2000: 22)。

欧盟成员国的身份还为爱尔兰社会带来了一系列重大变化。这些变化不仅体现在,经济和社会的变化上,更体现在政府决策的过程中(Fitz Gerald, 2000)。后者很清晰地体现在,爱尔兰越来越重视对经济计划的提前规划、监督实施和后期评估。2000 年~2006 年的全国发展规划就体现了这个特点(Government of Ireland, 1999)。

### 重构爱尔兰本土工业

尽管强调外商直接投资对于爱尔兰经济的增长是必要的,我们同时也不能忽略爱尔兰本土的生产和服务行业对其经济崛起的贡献。爱尔兰实行经济开放政策之后,特别是 1973 年加入欧盟后,爱尔兰加速了对其本土传统的低技术含量企业的大幅度调整。1970 年~1980 年这段时间,爱尔兰在高通货膨胀、高税收政策、高利息等不利因素困扰下,依然坚持对其传统工业的调整战略。20 世纪 90 年代早期,这一调整的积极作用开始显现,爱尔兰本土的工业开始在国际市场崭露头角,软件和电子产品是很好的例子。除此之外,不断增长的爱尔兰生产和服务行业开始吸引外商投资,也在不同程度上得到了发展(Travers, 1998: 148)。从 20 世纪 70 年代到 80 年代,批评声越来越多,纷纷指责政府不该把外商投资注入到落后的本土行业中,而且外资进入包括物流在内的很多国内生产体系并没有产生良好的预期效果。于是从 90 年代开始,更加细致的外商投资计划出台了。这种全新的计划获得成功,在 1990 年~1998 年间,资源密集型企业的平均投入以每年 21% 的速度增长,而加工型企业的平均投入以每年低于20%的速度增长（O'Leary，2000：10）。这些发展充分说明了爱尔兰经济是一个相互交织的网状结构，而政府在其中是一个不断变换却始终发挥核心作用的力量（O'Riain，2000）。

## 爱尔兰的弹性发展型政府和自由福利国家体制

弹性发展型政府可以这样来定义：

弹性发展型政府应具备这样的能力——培育后福特时代的生产和创新网络、吸引国际投资的能力、以促进发展的方式将本土企业和全球高新技术进行整合的能力。这三种能力必须是可持续发展的，以专业化的团队、创新网络和国际资本为基础，弹性发展型政府内部应具有弹性化的组织结构，实施有效的管理，实现多元化的管理目标（O'Riain，2000：158）。

与那些只着眼于本地或全球层面的定义相比，这种高度概括弹性发展型政府的理论化方法，可以帮助我们更好地理解爱尔兰是如何成为经济全球化的重要组成部分的。

一些分析人士认为爱尔兰的经济成就很表面化，并不能说明什么，不过是外商直接投资下的必然结果（O'Hearn，1998）。这些说法尽管抓住了爱尔兰经济发展中不公平或自相矛盾的方面，却没有从宏观角度全面考量爱尔兰近二十年来经济发展和变化的深层原因。

保罗·克鲁格曼（Paul Krugman）也指出，外商直接投资是爱尔兰经济起飞的核心原因，但同时也对爱尔兰经济的整体成功给予了积极评价：

爱尔兰，尽管也存在着失业、债务等问题，它的经济成功有着诸多原因：接受过良好教育的劳动力、相对于欧洲大陆国家更低廉的工资水平以及对这种工资制度的社会认可度、讲英语的雇员。世界经济的发展也为爱尔兰提供了机会：世界物流业的发展使得运输成本降低，一国是否处于欧洲中心并不那么重要了。剩下的因素还要感谢运气和政策，爱尔兰抢先于其他欧洲国家获得了大量的国外直接投资，这些投资从长远看来进一步加强了爱尔兰已有的经济优势（Krugman，1997：51）。

还有一些人士指出，爱尔兰企业对非集中制的后福特时代的生产和创新机制的适应性是经济腾飞的主要原因（OECD，1996）。但是，无论是爱尔兰本土企业的发展还是全球范围的实例都无法支持这一观点。

奥里恩（O'Riain）关于爱尔兰软件行业的分析，展现了参与全球化进程的三个相互作用又完全不同的整合模式。第一种建立在吸引外商投资并将其投入本土行业的基础上；第二种建立在爱尔兰本土企业的快速增长的基础上，它们正慢慢融入到国际科技与经济发展网络之中（O'Riain，2000：160）；第三种就是爱尔兰从1987年开始施行的社会合伙人制度，它创造了稳定的宏观经济，巩固和调整了本土企业的转型，理顺了工人与社会福利制度融入全球化的关系。这三种模式为我们全面了解爱尔兰过去二十年的经济发展提供了分析框架。

由国际化进程的不完全和社会不公平所造成的紧张关系或许会对可持续的发展构成威胁。这也就造成了爱尔兰政府另一个特殊功能：在社会财富分配领域发挥积极的协调作用，保持和维护传统的社会公平分配模式（O'Connor，2003）。前面已经对爱尔兰的收入不公平现象和社会保障体制不健全的情况进行过描述。尽管从20世纪90年代开始，爱尔兰的人均购买能力不断提升，但是其社会保障体制依旧不健全（O'Connor，2003；Adema，2001）。实际上，从1987年开始，强调社会保障机制的重要性和建立健全的社会保障价值体系一直是爱尔兰政府在社会合伙人机制的运作下努力的方向之一。尽管如此，用于社会保障的费用在整体国家支出中的比例从1987年开始不断下降。和欧盟国家相比，爱尔兰在这方面的努力绝不少于其他国家，[❶] 结果是目前爱尔兰的社会保障费用支出几乎赶超了美国，却还是低于欧盟平均水平（OECD，2000a）。然而，爱尔兰社会保障机制的提升体现在其实际购买力的增长。这也就说明了为什么在1990年~2001年，爱尔兰在欧盟国家的排序有所提升。需要注意的是，爱尔兰在2001年的人均国内生产总值和人均国民生产总值均超越了西班牙和葡萄牙[❷]。

---

[❶] 1994年~1995年间，荷兰的社会转型成本比之前降低了很多。
[❷] 关于购买力平价，见258页注释1。

第9章　20世纪末爱尔兰社会改革与公共制度创新

尽管在过去的十年里，爱尔兰的经济取得了很大的发展，爱尔兰始终在福利支出上和在政府、市场、家庭等的分工和职责方面保持着自由福利国家的体制（O'Connor，2003）。这也体现在了过去十年劳动力市场的政策上。

表9.7　欧盟国家1980年～2001年社会保障支出占国内生产总值比例和1990年～2001年人均购买力水平（PPS）[2]

| 国家 | 1980年 | 1990年 | 2001年 | 1990年（PPS） | 2001年（PPS） |
| --- | --- | --- | --- | --- | --- |
| 欧盟12国或15国 | 24.3（12） | 25.4 | 27.5 | — | 6405 |
| 比利时 | 28.0 | 26.4 | 27.4 | 4032 | 6888 |
| 法国 | 25.4 | 27.6 | 30.0 | 4374 | 7266 |
| 德国[3] | 29.4 | 25.4 | 29.8 | 4294 | 7329 |
| 意大利 | 19.4 | 24.3 | 25.6 | 3686 | 6186 |
| 卢森堡 | 26.5 | 22.6 | 21.2 | 5157 | 10559 |
| 荷兰 | 30.8 | 32.4 | 27.6 | 4804 | 7392 |
| 丹麦 | 28.7 | 28.7 | 29.5 | 4320 | 7805 |
| 爱尔兰 | 20.6 | 18.7 | 14.6 | 1999 | 3875 |
| 英国 | 20.7 | 21.0 | 16.3 | | — |
| 希腊[1] | 21.5 | 22.9 | 27.2 | 3422 | 6181 |
| 葡萄牙[1] | (9.7) | 23.2 | 27.2 | — | 3971 |
| 西班牙[1] | (12.8) | 15.8 | 23.9 | 1392 | 3644 |
| 奥地利[1] | (18.1) | 20.5 | 20.1 | 2155 | 3867 |
| 芬兰[1] | | (26.7) | 28.4 | | 7464 |
| 瑞典[1] | | (25.1) | 25.8 | | 5622 |

资料来源：Eurostat（1998，1999），Tables B1.1，B1.4；Eurostat（2004）。

1. 带括号的数字，表明这些国家在当年不是欧盟成员国。
2. PPS指"购买力标准"，这一标准使国家之间能够进行直接的、实际的比较。
3. 1980年为联邦德国数据。

20世纪90年代开始在爱尔兰实行的社会和经济整合战略中，包括了实行活跃的劳动力市场政策。在那一时期，尽管有证据表明人民生活水平在不断提高，一些经济和财政指标如债务和国内生产总值的比例、就业率有所改善，爱尔兰依旧存在着普遍的和长期的失业现象。这些现象促进了爱尔兰社会合伙人机制中出现对失业现象进行解决的方案——（1991年~1993年）以地域为基础的长期失业解决方案（Government of Ireland，1991；OECD，1996）。这一方案也说明，要使长期的失业现象得到解决，各个地区的社区反馈机制是必要的。1990年的欧洲共同体关于帮助长期失业人群的决议也体现了这一精神。欧盟关于社会融合和从1998年开始拟定的失业行动计划为爱尔兰解决劳动力市场面临的问题提供了参考框架。❶社会融合被认为是爱尔兰在20世纪80年代末到90年代初的公共政策目标，而解决失业问题是促使这一公共政策目标得以实现的关键机制。活跃的劳动力市场政策可以被看做是爱尔兰经济再腾飞的核心因素。从20世纪90年代末开始，解决失业问题已经成为爱尔兰全国上下各个阶层和组织的共识，也是促成社会合伙人机制顺利运转的核心因素。爱尔兰因此加大了对市场政策的投入力度，当然，同时着力解决该问题的国家还有丹麦、荷兰和葡萄牙（Ferrera et al.，2004）。

爱尔兰将建立对外开放的经济模式作为其经济发展的抓手和基准点。作为一个规模不大的开放型经济体，要想在激烈竞争的全球化进程中生存和发展，不仅要同出口国进行竞争，同时还要面临外商投资带来的挑战。这将主要依赖于能否具备竞争力，不断完善公共政策（National Competitveness Council，1998，1999，2000）。尽管公共政策的主要目标是提高就业率，但是在促进就业的同时，爱尔兰还通过改善社会保障机制来关注儿童、老年人的发展，从而创造有利于经济发展的人力资源环境。与此同时，爱尔兰在减轻税收方面也做出了努力，使其从20世纪80年代的高税收国家变为欧盟国家中的最低税收国（OECD，2006b）。

爱尔兰的发展经验和教训告诉我们，作为一个后起的发展中开放经济体，作为一个欧盟自由福利国家，经济层面上的赶超是可行的，而且如果想要取得社会的全面发展，必须在弹性化、创新性发展模式的前提下坚持传统的社会福利制度，特别是在再

---

❶ 2005年，国家促进就业行动计划被3年一次的全国改革项目所取代，这些项目展示了欧洲各国是如何将欧盟就业战略具体落实的。

分配领域方面。❶和早先实行社会福利制度以抗衡来自经济开放模式的不确定性不同，上述分析是要说明在目前全球化的开放经济背景下，各国同样可以采取针对本国国情的提升竞争力、生产力和市场自由化的经济和发展模式。这种分析尤其适用于那些社会福利国家。这个分析也说明认识政府角色的重要性，不同的经济和社会发展阶段，政府的所采取的行为会产生完全不同的结果。特别对于那些依赖分配与再分配模式构建社会公平的高福利国家来说，构建弹性化的发展型的政府才是可行的。

## 结论

这一章关于发展模式的讨论展现的是爱尔兰从 20 世纪 70 年代开始的经济变迁，特别是最近 20 年来的经济腾飞。爱尔兰经济的发展进程不是一个渐进式的发展路径，而是一个质性发展的大变革。在这一过程中，很多有创造性的想法与制度被经济发展的困境激发出来。爱尔兰政府始终是这场变革的积极参与者和创新型的改革者，逐渐演变为一个弹性化发展型的政府（O'Riain，2000）。政府的积极性不仅体现在为实现经济发展而采取的一系列必要措施，而且在吸引外商投资和巩固本地企业的转型与调整方面也做出了很大贡献。爱尔兰经济战略的成功要归功于欧盟经济一体化的进程，但这绝不是唯一的因素，其他因素还包括：20 世纪 90 年代开始的人口增长、有力的外部经济发展环境、早期经济政策成功实施以及开始于 20 世纪 60 年代的教育领域变革。其中，80 年代中期促使经济发展的关键因素是经济困境导致的机制反馈，即社会合伙人制度的出现。这一制度的出现汇集了雇员、商业联合会、农民、政府几方面的建议，形成了集体商议的讨论框架。这个框架不仅为各个组织的领导者提供了话语平台，更为各个组织的参与者提供了发言的机会，也就在更大程度上反映了问题、提出了有针对性的建议，也有利于方案的贯彻和实施。

直到 2000 年，还有很多人认为将提升中等收入者的收入与减免税收相结合的社

---

❶ 尽管经济形势发生了巨大变化，人力市场也在变化，一个相似的覆盖全国的社会福利体系在荷兰建立起来，正如爱尔兰一样，荷兰的社会福利体系对就业奇迹的产生起到了巨大推动作用（Visser and Hemerijck，1997）。

会福利制度已经走到了尽头。但是，我们可以看到，爱尔兰的税收标准已经从世界经济与合作组织的最高国家变为最低国家。爱尔兰的社会福利体系也面临着来自雇员和商业联合会的双重压力，前者强调消费水平的不断变化而要求减税，而后者则在集体商议中要求政府更多地向那些高利润企业多征税。爱尔兰政府究竟是将这两方意见综合后给出一个平衡的方案还是实行不同的福利体系还不得而知。无论如何，社会合伙人制度为雇员、商业联合会、政府在全国层面上提供了互动的平台，这将有助于针对经济和社会发展中出现的挑战形成社会共识，这也是社会合伙人制度最大的好处和优势，尽管这一制度还要不断调整以应对更多的挑战。

## 参考文献

Adema, W. (2001), 'Net Social Expenditure 2nd Edition', OECD Labour Market and Social Policy Occasional Papers No. 52.
Barry, F. and J. Bradley(1997), 'FDI and trade: The Irish host-country experience', *Economic Journal*, **107** (441).
Bradley, J. (2000), 'The Irish economy in comparative perspective', in B. Nolan, P. J. O'Connell and C. T. Whelan(eds), *Bust to Boom? The Irish Experience of Growth and Inequality*, Dublin: IPA, pp. 4-26.
Callan, T, B. Nolan, C. T Whelan and J. Williams(1996), *Poverty in the 1990s: Evidence from the 1994 Living in Ireland Survey*, Dublin: Oak Tree Press.
Central Statistics Office(2000), *National Income and Expenditure*, Dublin: Stationery Office.
Central Statistics Office(2001), *Quarterly National Household Survey(December 2000 to February 2001)*, Dublin: Stationery Office.
Courtney, D. (1995), Demographic Structure and Change in the Republic of Ireland and Northern Ireland', in P. Clancy, S. Drudy, K. Lynch and L. O'Dowd(eds), *Irish Society: Sociological Perspectives*, Dublin: Institute of Public Administration and the Irish Sociological Association.
Durkan, J., D. Fitzgerald and C. Harmon(1999), 'Education and growth in the Irish economy', in F. Barry(ed.), *Understanding Ireland's Economic Growth*, London: Macmillan.
European Commission(2000), *European Economy*, 70, Luxembourg: Office of Official Publications of the European Communities.
European Commission(2003), *Employment in Europe* 2003, Luxembourg: Office of Official Publications of the European Communities.
Eurostat(1998), *Social Protection, Expenditure and Receipts*, Luxembourg: European Commission.
Eurostat(1999), *Social Protection, Expenditure and Receipts*, Luxembourg: European Commission.
Eurostat(2003), 'Poverty and social exclusion in the EU after Laeken-part 1', *Statistics in Focus: Population and Social Conditions*, Theme 3 - 8/2003.
Eurostat(2004), *Statistics in Focus: Population and Social Conditions*, Theme 3, 6/2004, *Social Protection in Europe*, Luxembourg: European Commission.
Ferrera, M., A. Hemerijck and M. Rhodes(2004), *The Future of European Welfare States.' Recasting Welfare for a New Century*, Oxford: Oxford University Press.
Fitz Gerald, J. (2000), 'The story of Ireland's failure - and belated success', in B. Nolan, P. J. O'Connell and C. T. Whelan(eds), *Bust to Boom? The Irish Experience of Growth and Ine-*

*quality*, Dublin: IPA, pp. 27 -57.

Government of Ireland(1991), *Programme for Economic and Social Progress*, Dublin: Stationery Office.

Government of Ireland(1999), *Ireland National Development Plan 2000 - 2006*, Dublin: Stationery Office.

Hardiman, N. (2002), 'From conflict to co-ordination: Economic governance and political innovation in Ireland', *West European Politics*, **25**(4), 1 -24.

Krugman, P. (1997), 'Good news from Ireland: A geographical perspective', in A. W Gray (ed.), *International Perspectives on the Irish Economy*, Dublin: Indecon, pp. 38 -53.

Layte, R., B. Maitre, B. Nolan, D. Watson, C. T. Whelan, J. Williams and A. Casey (2001), *Monitoring Poverty Trends and Exploring Poverty Dynamics in Ireland*, Dublin: ESRI.

National Anti-Poverty Strategy(1997), *Sharing in Progress*, Dublin: Stationery Office.

National Competitiveness Council(1998, 1999, 2000), *Annual Competitiveness Report*, Dublin: Forfas.

National Economic and Social Council(NESC)(1986), *A Strategy for Development 1986 - 1990*, Report No. 83, Dublin: NESC.

National Economic and Social Council(1990), *A Strategy for the Nineties: Economic Stability and Structural Change*, Report No. 89, Dublin: NESC.

National Economic and Social Council(1993), *A Strategy for Competitiveness, Growth and Employment*, Report No. 96, Dublin: NESC.

National Economic and Social Council(1996), *Strategy into the 21st Century*, Report No. 99, Dublin: NESC.

National Economic and Social Council(1999), *Opportunities, Challenges and Capacities for Choice*, Dublin: NESC.

National Economic and Social Council(2003), *An Investment in Quality: Services, Inclusion and Enterprise*, Dublin: NESC.

Nolan, B., B. Gannon, R. Layte, D. Watson, C. T Whelan and J. Williams(2002), *Monitoring Poverty Trends in Ireland.' Results from the 2000 Living in Ireland Survey*, Policy Research Series No. 45, Dublin: ESRI.

Nolan, B., P. J. O'Connell and C. T Whelan(eds)(2000), *Bust to Boom? The Irish Experience of Growth and Inequality*, Dublin: IPA.

O'Connor, J. S. (1997), 'Social partnership for social cohesion in Ireland', Working Paper no. 10 on New Partnership for Social Cohesion, Danish National Institute for Social Research.

O'Connor, J. S. (2002), 'Social partnership and response to new social demands in Ireland', in *New Social Demands: The Challenge of Governance Trends in Social Cohesion*, No. 4, Strasbourg: Council of Europe, pp. 91 -103.

O'Connor, J. S. (2003), 'Welfare state development in the context of European integration and economic convergence: Situating Ireland within the European Union context', *Policy and Politics*, **31**(3), 223 -40.

OECD(1996), *Ireland: Local Partnership and Social Innovation*, Paris: OECD.

OECD(1997), *OECD Economics Surveys: Ireland*, Paris: OECD.

OECD(2000a), *Economics Outlook Historical Statistics 1960 - 1997*, Paris: OECD.

OECD(2000b), *Taxhlg Wages 1999 - 2000*, Paris: OECD.

OECD(2002), *Employment Outlook*, Paris: OECD.

O'Hearn, D. (1998), *Inside the Celtic Tiger' Tlle Irish Economy and the Asian Model*, London: Pluto Press.

O'Leary, J. (2000), 'Growing by knowing How Ireland's economic expansion can be sustained', Davy Stockbrokers, Dublin.

O'Riain, S. (2000), 'The flexible developmental state: Globalization, information technology, and the "Celtic Tiger"', *Politics and Society*, **28**(2), 157 -93.

Travers, J. (1998), 'International perspectives on the Irish economy and the impli-cations for sustaining competitive advantage', in *Sustaining Competitive Advantage*: *Proceedings of NESC Seminar, Dublin: NESC*.

United Nations(2001), *Worm Population Prospects: The 2000 Revisions*, New York: UN.

Visser, J. and A. Hemerijck(1997), '*A Dutch Miracle*': *Job Growth, Welfare Reform and Corporatism in the Netherlands*, Amsterdam: Amsterdam University Press.